개러지밴드로 풀어보는 컴퓨팅 사고

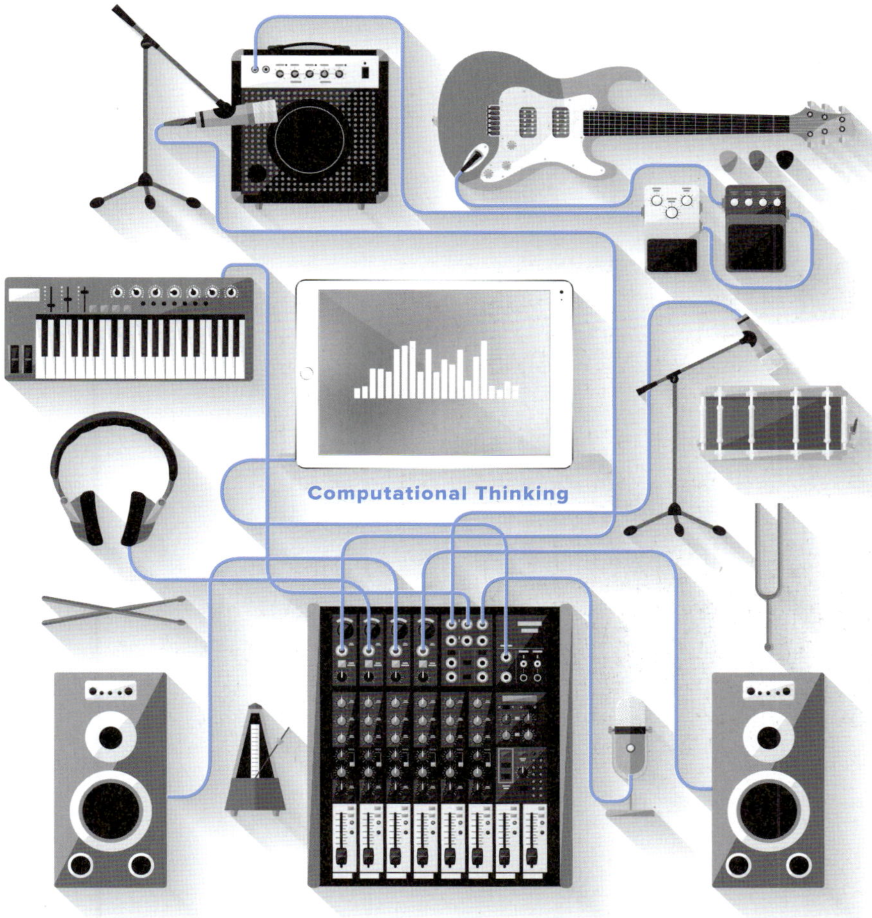

성영훈 지음

홍릉과학출판사

머리말
Preface

디지털 시대를 살아가는 현대인들에게 스마트폰은 삶의 편리함에 있어 필수적인 도구가 되었습니다. 소프트웨어교육과 코딩의 열풍이 전 세계적으로 커다란 흐름으로 강조되고 있는 지금 소프트웨어를 뒷받침하고 있는 주요한 생각의 틀은 바로 컴퓨팅 사고(Computational thinking)입니다.

컴퓨팅 사고는 여러 가지 상황에서 제시되는 다양한 문제를 해결하기 위한 컴퓨터적 사고 절차들을 의미하는 것으로 문제를 세부적인 요소로 분해하기, 공통적인 패턴들을 찾아보기, 패턴들 속에서 나타나는 요소들을 요약하기, 알고리즘 만들기, 평가하기의 절차들로 나눌 수 있습니다. 이러한 컴퓨팅 사고를 함양하기 위해서는 일반적으로 컴퓨터 없이 배우는 언플러그드 활동, 교육용 프로그래밍 언어를 통한 학습, 각종 센서보드를 활용하여 배우는 피지컬 컴퓨팅 등의 방법을 적용할 수 있습니다.

책에서는 컴퓨팅 사고 함양을 위한 방법으로 기존의 틀에서 벗어나 새로운 시각으로 바라보고자 합니다.

"소프트웨어? 프로그래밍? 코딩?"

초등학생에서부터 일반인들, 대학생들에 이르기까지 컴퓨터에 대해서 처음 접하는 사람들은 다소 생소하고 어렵게 느껴질 수가 있기 때문에 저자는 책에서 손쉽게 접할 수 있는 스마트기기를 가지고 음악의 예술적 영역을 컴퓨팅 사고로 풀어보면서 쉽고 재미있는 곡들을 만들어가는 과정을 담았습니다.

언제 어디서든지 이용할 수 있는 스마트폰이나 스마트패드의 시퀀싱 프로그래밍을 통한 '뮤직코딩'으로 즐겁게 만들어가다 보면 컴퓨팅 사고절차가 자연스럽게 함양될 수 있도록 구성하였습니다.

이 책은 전체 8장으로 구성되어 있으며 떠오르는 영감을 스마트하게 저장하는 방법, 간단하게 스마트기기의 앱을 활용하여 음악 만들기, 컴퓨팅 사고 기반의 멜로디 팅커링, 알고리즘 레시피와 디버깅, LIVE LOOPS, 믹싱과 퍼블리시에 대해 다루고 있습니다. 사용한 앱은 iOS용 개러지밴드를 이용하였으나 책에서 기술하고 있는 내용은 프로그램에 대한 설명보다 컴퓨팅 사고절차에 따라 문제를 해결하는데 초점을 두고 있으므로 개러지밴드와 비슷한 음악앱을 활용해도 얼마든지 쉽게 만들 수 있을 것입니다. 또한 독자의 이해를 돕기 위해 '생각보다 쉬운 컴퓨터' 카페를 운영하고 있으니 학습에 참고하시 기 바랍니다.

* 네이버카페 생각보다 쉬운 컴퓨터 :
  http://cafe.naver.com/opencomputer
* 유튜브 채널은 네이버카페 '생각보다 쉬운 컴퓨터'의
  '뮤직코딩' 게시판 공지사항을 참고해 주세요

마지막으로, 어느 때보다 더웠던 무더운 여름날 부족한 집필을 위해 아이들을 돌보느라 고생한 사랑하는 아내와 아비를 위해 배려해준 현, 우, 은에게 감사의 마음을 전하고 깊은 곳에서 영감을 이끌어주신 하나님께 영광을 돌려드립니다.

또한 본 저서의 출판을 위하여 아낌없는 지원을 해주신 홍릉과학출판사 사장님을 비롯한 임직원 여러분들께 깊은 감사를 드립니다.

2016년 9월

저자 성 영 훈

차례
Contents

CHAPTER 1

뮤직라이프

1.1 스마트한 생활의 변화

주말에 편안한 소파에 누워 어제 만났던 여자친구 또는 남자친구와의 즐거웠던 대화를 떠 올렸던 경험, 사랑하는 가족들과 공원에서 산책을 하며 나누었던 이야기들 속에 느낀 감정들을 떠올려 보십시오. 때로는 짙은 구름 속에서 귓가를 스치듯 지나가는 바람결을 느낀 적은 없었나요?

거리를 걸어가면서 들었던 귀에 익숙한 음악들, TV속에서 마음을 사로 잡았던 사운드들 말입니다. 이 글을 쓰는 저도 따뜻한 아메리카노를 옆에 두고, 즐겁게 들었던 음악들을 곁에 두고서 이야기를 시작하려고 합니다.

사실, 음악은 생활 속에서의 영감과 느낌을 표현해 주는 마법과도 같은 도구입니다.

디지털미디어 시대 이전에서 영감을 음악적으로 표현해 주기 위해서는 일정 수준의 연주능력과 작곡능력 등을 요구한 반면, 기술의 발전과 더불어 스마트 기기들이 보급되면서 사람들은 언제 어디서든 자신의 영감을 보다 쉽게 다양한 방법을 활용하여 음악적으로 표현할 수 있게 되었습니다.

글을 쓰다가 떠오르는 멜로디가 있어 강가에 나와 보았습니다.

지금 저의 눈 앞에 펼쳐진 풍경을 보고 있자니 대학시절 중간고사가 끝날 무렵 강가에 앉

그림 1-1 강가에서 멜로디를 떠올리다

아서 좋아하던 음악을 듣고 따라 부르던 모습이 생각납니다. 영감은 이렇게 언제 어디서든지 떠오를 수 있기 때문에 우리는 이런 생각들을 붙잡을 수 있는 기술이 필요합니다.

디지털 시대에 살아가면서 스마트폰은 생활의 필수 도구로 자리잡게 되었습니다. 스마트폰에 있는 다양한 메모앱, 녹음기능을 활용하면 보다 쉽게 자신의 생각을 스케치할 수 있을 것입니다.

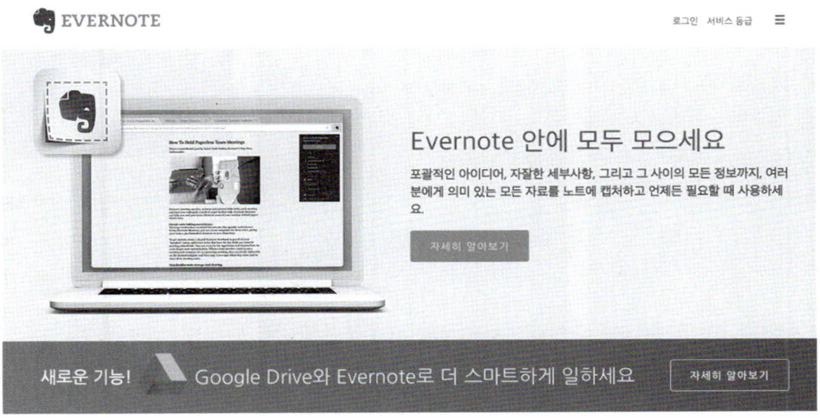

그림 1-2 에버노트 캡쳐화면

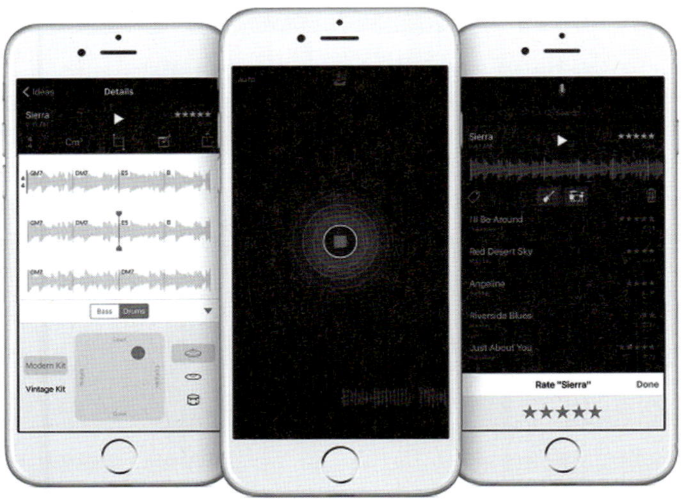

그림 1-3 아이폰 뮤직메모

간단한 예로 아이폰을 활용한 아이디어를 스케치하는 방법을 살펴보겠습니다. 아이폰의 뮤직메모는 음성 메모를 통해 작곡을 돕는 앱으로 실행하면 화면 중앙에 큰 녹음 버튼이 나타납니다. 버튼을 누르고 떠오른 아이디어를 녹음하면 됩니다. 베이스와 드럼을 추가할 수도 있으며 자동반주 기능과 기타 튜너 기능도 갖추고 있습니다.

이러한 스마트폰의 기능을 활용하여 영감이 떠오르는 순간의 아이디어를 언제든 녹음하면 되겠습니다.

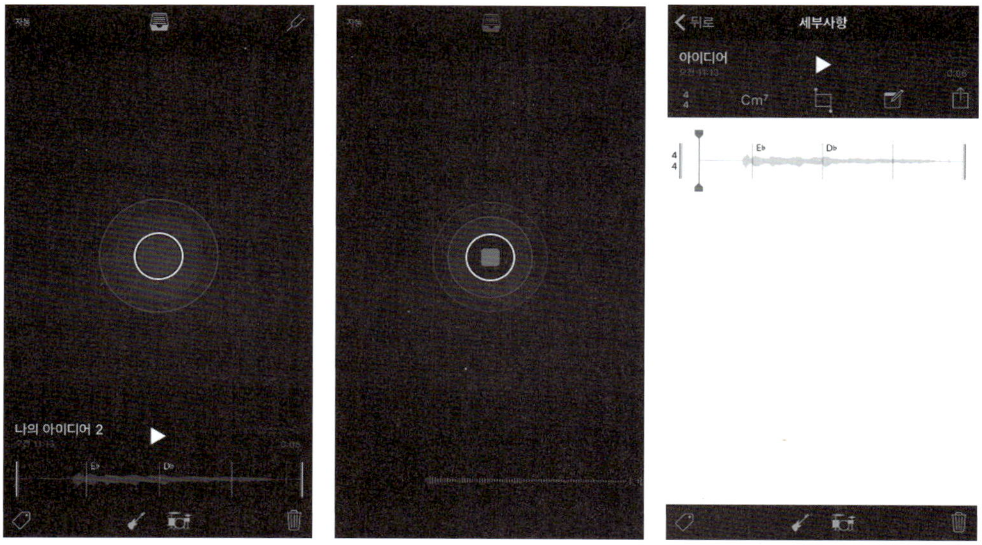

그림 1-4 뮤직메모 녹음 화면

1.2 따라하기

1.2.1 아이폰 뮤직메모

1) 흥얼거리는 멜로디 녹음하기

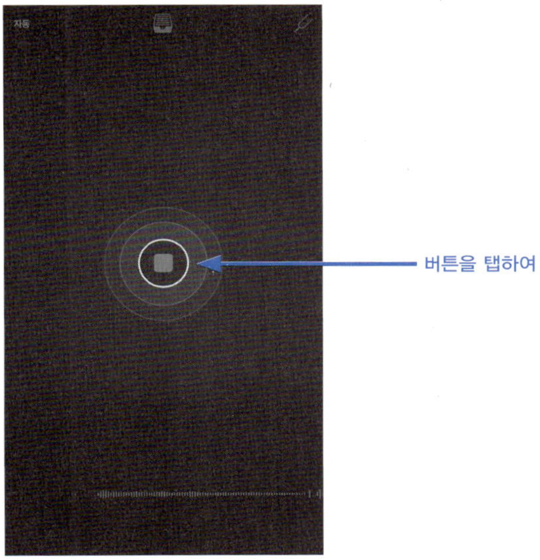

그림 1-5 뮤직메모 실행

버튼을 탭하여서 자신만의 멜로디나 아이디어를 녹음합니다.

2) 녹음된 내용 들어보기

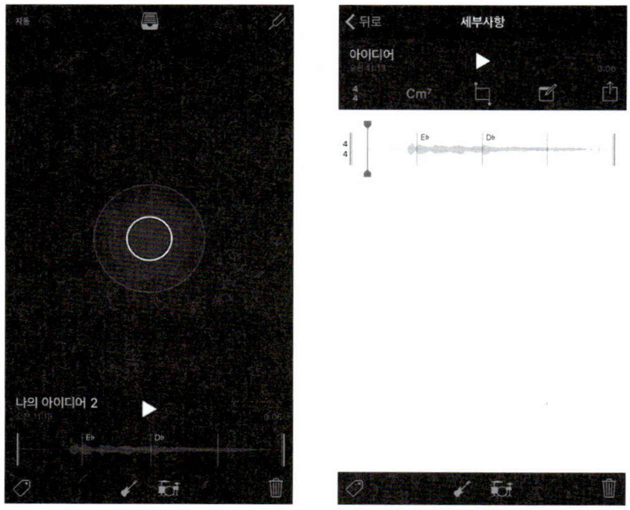

그림 1-6 아이디어 들어보기

생성된 아이디어를 클릭하면 자신이 녹음한 내용을 들을 수 있습니다.

3) 만든 소스 개러지밴드에서 가져오기

편집 아이콘을 탭하여 편집모드로 들어갑니다.

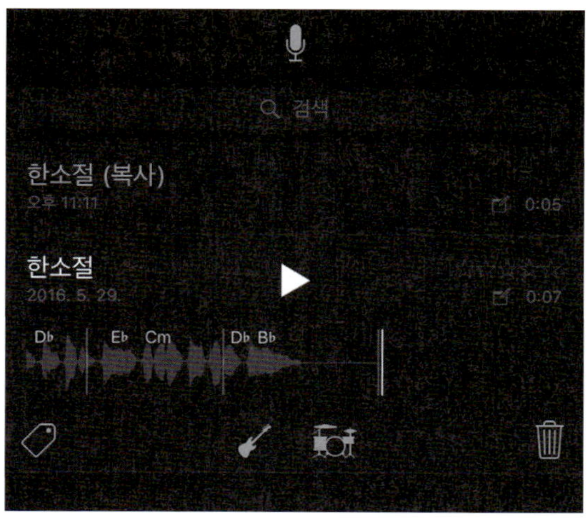

그림 1-7 생성된 아이디어 리스트

공유버튼을 탭합니다.
자신이 만든 아이디어를 공유할 수 있는 앱들이 나타납니다.
이 중에서 개러지밴드를 선택합니다.

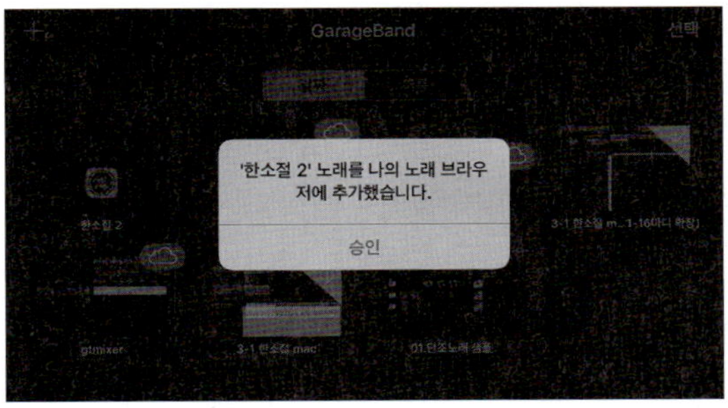

개러지밴드에 추가된 화면입니다.

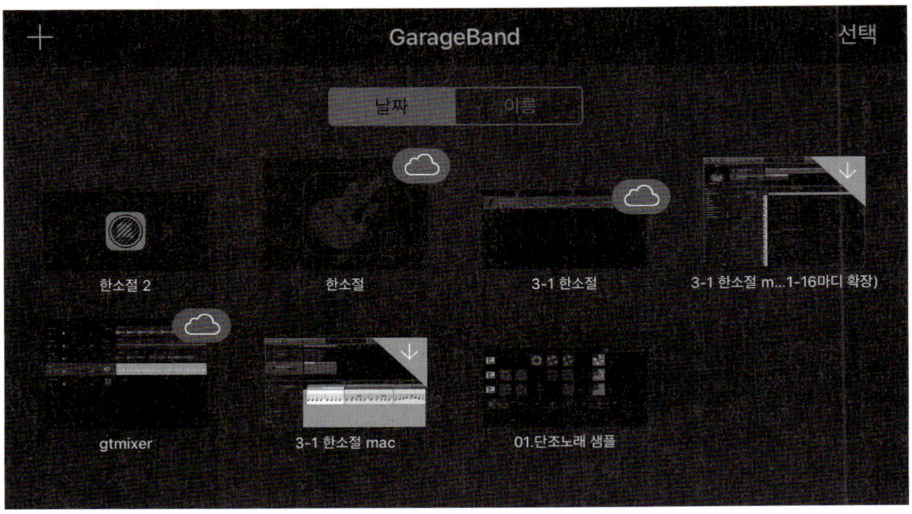

그림 1-8 개러지밴드에서 공유된 모습(한소절)

맛있는 요리를 만들기 위해서도 도구가 필요하듯이 음악을 만들기 위해서도 마찬가지로 도구가 필요합니다. 앞서 설명했던 것처럼 생활 속에서 떠오르는 영감을 여러분이 가지고 있는 스마트폰으로 쉽게 멜로디로 만들 수 있다는 것을 알았습니다.

멜로디는 요리에서 소스와 같은 것으로, 각각의 소스들을 어떻게 발전시키고 혼합하여 만드는가에 따라서 어머니의 편안함을 느끼게 할 구수한 된장국도 될 수 있고 상큼한 지중해식 샐러드 요리도 가능할 것입니다.

무엇보다 가장 중요한 것은 소스의 질적인 요소입니다. 만들고자 하는 소스(음악적 재료)가 좋아야만 품질이 좋은 곡을 만들 수 있는 것입니다.

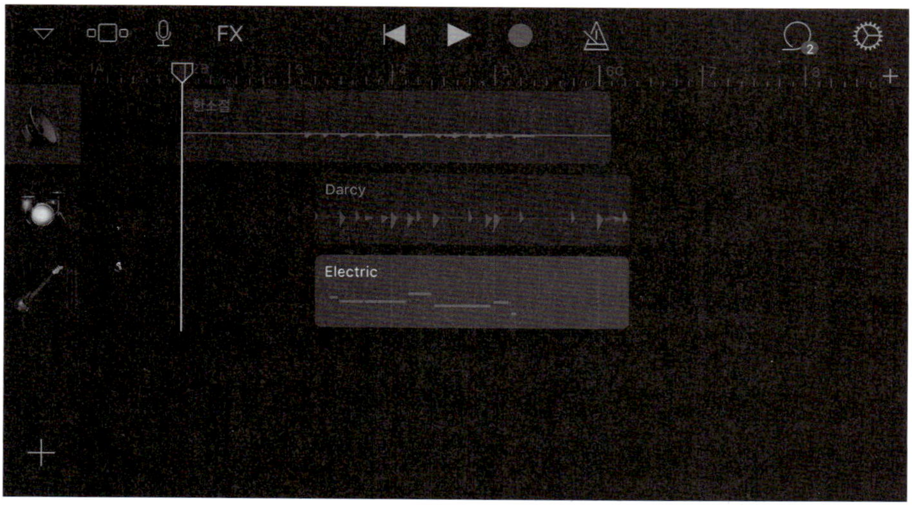

그림 1-9 뮤직메모 파일 편집모습(개러지밴드)

앞에서와 같이 불러온 파일은 음성 녹음 파일이라서 별도의 멜로디로 만들어 보기에는 어려움이 있습니다. 그렇다면, 이렇게 스케치한 멜로디를 어떻게 아름다운 선율들로 다듬고 확장하거나 할 수 있을까요?

이번 장에서는 생활 속에서 떠올린 멜로디를 간단한 음성메모 앱을 통해 자신의 생각을 저장하고 이것을 시퀀싱(개러지밴드)을 활용하여 다시 편집할 수 있게 불러오는 것을 살펴보았습니다.

자세히 살펴보면 아이디어를 스케치하고 저장한 다음 편집할 수 있는 앱을 통해 다시금 보완하고 만들어가는 과정이 있다는 것을 알게 되었습니다.

우리가 직면한 문제들을 해결하기 위해서는 어떠한 절차와 과정이 필요합니다. 다음 장부터는 컴퓨팅 사고 기반의 음악을 통해서 그러한 문제들을 어떻게 해결해 나가는지에 대해서 설명하려고 합니다.

CHAPTER 2

음악을 만드는 다양한 방법

2.1 음악 만드는 방법

이전 장에서 문제를 해결하기 위해서는 어떠한 절차가 필요하다는 것에 대해서 배웠습니다. 이 책에서 얘기하고 있는 음악을 만드는 방법도 하나의 문제에 해당하는 것입니다. 그렇다면 실생활에서 음악을 만들 수 있는 방법에 대해서 알아보도록 하겠습니다. 책에서 제시하고 있는 음악을 만드는 방법은 수 많은 방법들 중의 몇 가지를 예를 든 것으로 제시하고 있는 방법이 정답은 아닙니다. 음악을 가장 자연스럽게 만드는 방법은 떠올린 멜로디를 실제의 악기를 활용하여 연주하고 녹음하는 것입니다. 물론 연주를 녹음하는 것은 음악을 전공하거나 악기를 다룰 수 있는 사람들이 보다 손쉽게 할 수 있을 것입니다.

그렇다면, 일반인들을 위한 쉬운 방법은 없을까요? 스마트기기에서 제공하고 있는 다양한 작곡용 앱들을 사용하면 보다 쉽게 음악을 만들 수 있습니다.

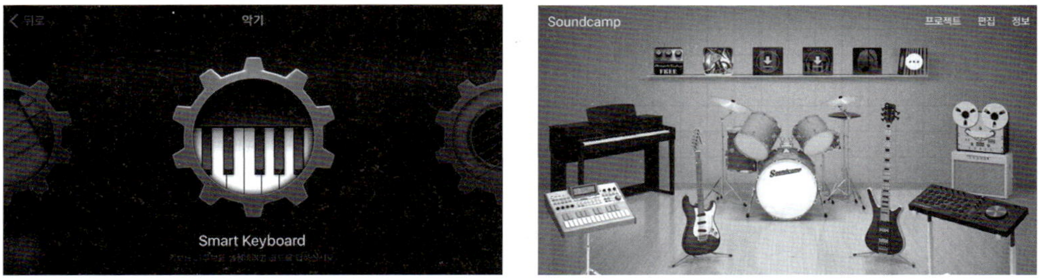

그림 2-1 개러지밴드(iOS)와 사운드캠프(안드로이드)

➡ 개러지밴드(GarageBand)

iOS 사용자를 위한 개러지밴드는 쉽고 간단하게 자신이 원하는 사운드를 만들어 낼 수 있는 프로그램입니다. 아이폰, 아이패드 및 애플PC에서 사용할 수 있으며 가상의 악기들을 활용하여 실제같은 사운드를 만들어 낼 수 있고 iCloud에서 바로 iOS용 개러지밴드의 노래를 가져올 수도 있어 언제 어디서든 음악을 만들어 낼 수 있습니다.

이 책에서는 주로 개러지밴드를 활용하여 컴퓨팅 사고를 기반으로 음악을 만드는 방법에 대하여 다루고 있습니다.

➡ 사운드캠프(SoundCamp)

iOS 사용자에게 개러지밴드가 있다면, 안드로이드 사용자에겐 사운드캠프가 있습니다. 사운드캠프는 모바일 기반에서 음악을 만들어내는 도구로 기본적으로 제공되는 가상악기들을 통해서 음악을 연주하고 녹음하고 친구들과 공유할 수 있습니다.

2.1.1 악기연주와 실녹음

앞서 얘기한 바와 같이 음악을 가장 자연스럽게 만드는 방법은 떠올린 멜로디를 실제의 악기를 활용하여 연주하고 녹음하는 것입니다.

악기를 연주하고 다룰 수 있다면 훨씬 인간적으로 감성적 접근이 가능하여 보다 나은 음악의 결과물을 만들 수 있을 것입니다. 그러나 기술이 발전하면서 이제는 시퀀싱앱을 통해서도 얼마든지 인간의 감성적 영역의 결과물인 예술적 작품을 만들 수 있습니다. 물론 그 이면에는 인간의 컴퓨팅 사고 기반의 음악적 작업에 대한 노력이 들어가야 하겠지요.

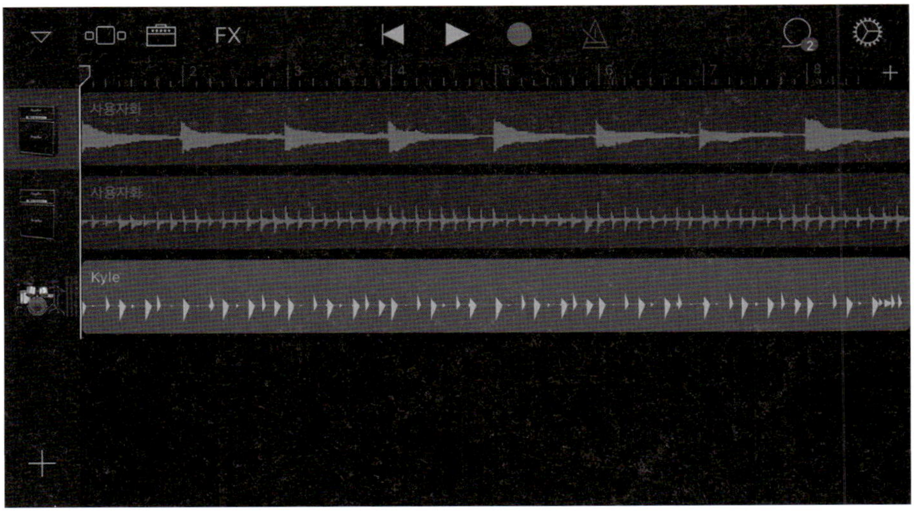

그림 2-2 개러지밴드에 입력된 실제악기 음원 소스들

요즘은 많은 사람들이 홈레코딩(Home Recording)을 통해 자신의 음악을 집에서 만들수 있게 되었습니다. 또한 고가의 장비들이 없이도 간단한 몇 가지의 장비를 가지고 충분한 수

준의 음악을 만들 수 있게 된 것입니다. 물론 연주의 품질은 부가적으로 활용하는 마이크의 품질, 녹음장비, 믹싱(Mixing)과 마스터링(Mastering)에 따라서 다양한 차이가 나타날 수 있습니다.

기초적인 이해를 돕기 위해서 컴퓨터 사고 기반의 음악을 만들기 위해 필요한 몇 가지 내용들을 살펴봅시다.

2.1.2 미디와 DAW

미디(MIDI)라는 표현을 들어보셨을 겁니다. 미디는 Musical Instrument Digital Interface의 약자로서 악기끼리 디지털 신호를 주고 받기 위해 각 신호를 체계화하여 음악 장비와 컴퓨터간 통신하는 일종의 규약입니다. 요즘에는 미디라는 용어는 컴퓨터 음악의 의미로서도 많이 사용되고 있습니다.

미디인터페이스(MIDI Interface)를 내장한 컴퓨터가 생산되면서 악기에 대한 연주실력이 없는 사용자들도 컴퓨터 키보드로 데이터를 입력하여 연주가 가능하게 되었으며, GUI(Graphic User Interface)의 발전으로 마우스로 화면에서 악보를 그리는 등, 다양한 음악작업을 손쉽게 만들 수 있습니다.

연주면에서도 적은 인원으로도 미디를 활용하여 그룹사운드, 다양한 퍼포먼스가 가능한 연주가 가능하게 되어서 일반 사용자들도 다양한 음악적 활동이 가능하게 해 주었습니다.

특히 DAW(Digital Audio Workstation)는 디지털 오디오를 재생하거나 녹음, 편집할 수 있는 워크스테이션을 의미하며, 컴퓨터 기반의 DAW 소프트웨어로는 Cubase, FL Studio, GarageBand, Logic Pro, Pro tools 등이 많이 사용되고 있습니다.

반면 이러한 프로그램은 사용하기 위한 방법을 익히고 배우는데 많은 시간과 노력이 들어 초보자들이 바로 접근하기 어려운 점이 많이 있습니다.

그렇다면 보다 쉽게 문제를 해결하는 방법(음악을 만드는 방법)은 없을까요?

그림 2-3 큐베이스, 개러지밴드

2.2 스마트한 음악

앞서 계속 얘기하고 있지만 우리가 가지고 있는 스마트기기는 모바일 기반의 운영체제(OS: Operating System)가 담겨진 하나의 컴퓨터라 볼 수 있습니다. 즉 모바일 기반의 운영체제에서 실행되는 DAW를 활용하여 보다 손쉽게 음악을 만들 수 있는 시대가 온 것입니다.

그림 2-4는 이 글을 쓰고 있는 곳에서 찍어본 어느 도시의 아침풍경입니다. 사진 속에 담긴 풍경은 고요하게 보일지는 모르지만 사실은 일상이 시작된 가장 바쁜 출근시간입니다. 음악적 영감과 눈과 귀를 번쩍 뜨이게 만드는 아름다운 멜로디는 이러한 자연적 환경 속에서 어느 날 바람처럼 찾아올지도 모릅니다. 우연히 길가를 걷다가 만나는 나비처럼 말입니다.

그림 2-4 글을 쓰고 있는 도시의 아침풍경

이러한 긴박한 순간에 언제 컴퓨터가 있는 곳을 찾아가서 전원을 켜고 프로그램을 실행시키고 자신의 멜로디를 재정비하고 키보드로 하나하나 미디 데이터를 입력할 수 있을까요? 아마 엘리베이터 버튼을 누르는 순간, 마치 꿈에서 깬 것처럼 아름다운 멜로디는 허공 속으로 날아가버릴지도 모르는 일입니다.

지금 필요한 것은 무엇일까요? 바로 여러분이 손에 쥐고 있는 스마트폰입니다. 떠올린 멜로디를 녹음버튼을 눌러 녹음하십시오. 그리고 자신만의 장소에 가서 노트를 꺼내던지 아니면 스마트폰에 있는 DAW, 예를 들면 개러지밴드 등과 같은 앱을 실행시켜 아이디어를 스케치한 뒤 하나의 미디 코드들로 완성해 나가는 것도 좋은 작업이 될 것입니다.

몇 장을 넘기기 전에 벌써부터 독자들에게서 이런 얘기들이 들려오는 것 같습니다.

'자, 이제 그런 고리타분한 얘기는 그만하고 빨리 음악을 만들어 보자구요!'

그러나 '코드' 얘기는 좀 해야할 것 같습니다.

우리가 활용하고자 하는 스마트기기에서 실행되는 앱의 핵심은 바로 코드들의 결합으로 이루어진 SW(소프트웨어, Software)이기 때문입니다.

음악을 만드는 것도 바로 그러한 시선에서 바라보려고 합니다.

컴퓨팅 사고(Computational Thinking)를 기반으로 해서 하나의 곡을 완성해 나가는 동안 여러분은 창의적인 능력과 문제해결력을 함양하게 될 것이라 기대합니다. 아울러 아름다운 선율과 감성에서 얻는 즐거움까지 느낄 수가 있다면 더할 나위가 없겠지요?

이 책에서는 사용되는 프로그램으로 iOS용은 개러지밴드(아이폰, 아이패드, 맥용)를 주로 활용하였습니다. 사실 다양한 운영체제에서 실행되는 많은 음악앱들도 책에서 얘기하고 있는 컴퓨팅 사고 절차를 기반으로 한다면 만드는데 어려움은 없을 것입니다. 대체적으로 만드는 과정들과 화면의 모습들이 비슷하기 때문입니다. 안드로이드 사용자들은 사운드캠프라는 프로그램이 있습니다. 이 프로그램도 개러지밴드의 형태와 비슷하니 참고하시면 될 것 같습니다.

2.2.1 iOS 음악연주

그렇다면 동기유발의 차원에서 간단한 비트를 가진 8마디의 음악을 한 번 만들어 보도록 합시다.

앱스토어에서 개러지밴드(GarageBand)를 검색하여 설치한 다음 앱을 실행합니다. 아이폰, 아이패드의 화면은 약간은 다르지만 이해하는데 어려움은 없을 것이라 생각합니다.

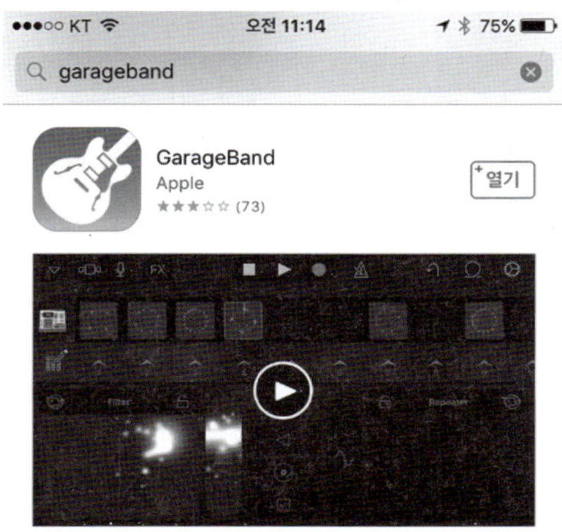

1) 드럼 사운드 녹음

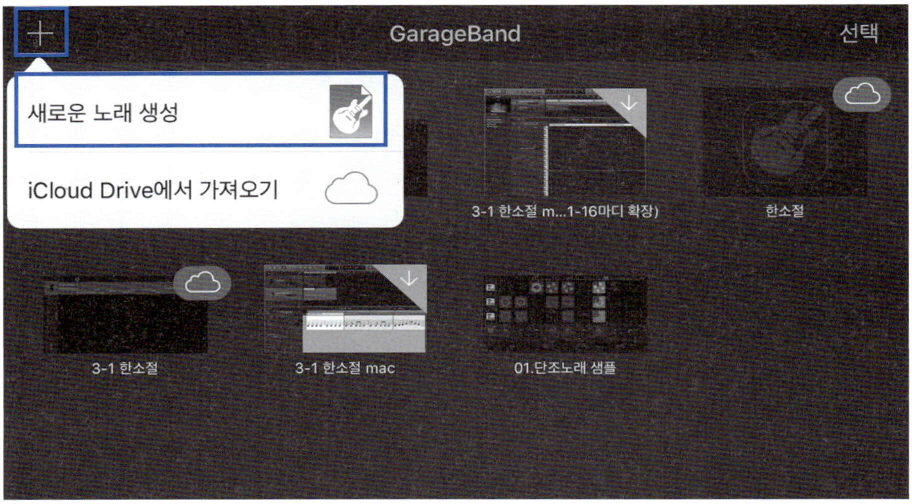

＋ 버튼을 탭하여 '새로운 노래 생성'를 누릅니다.

트랙을 눌러 Smart Drums을 선택합니다.

다음은 스마트 드럼이 실행된 화면입니다.

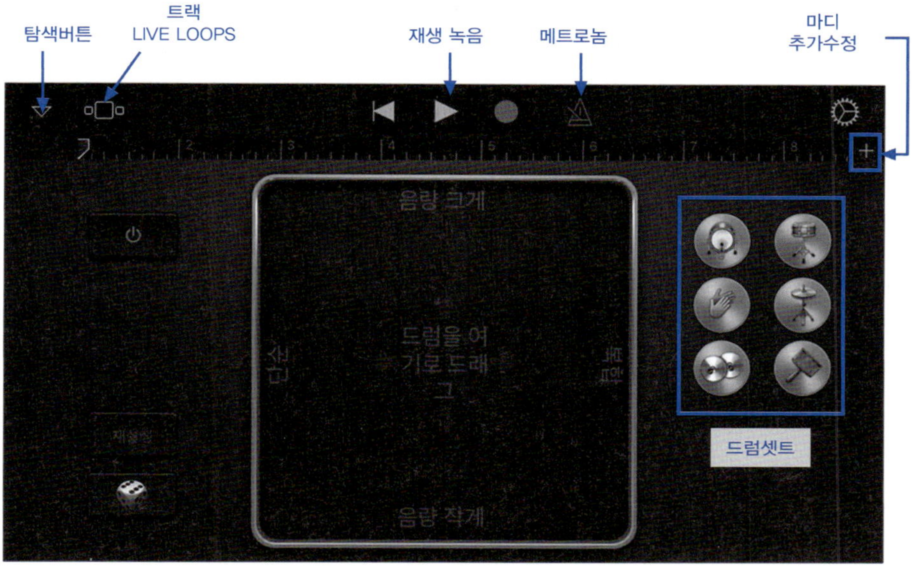

아이폰 화면을 기준으로 맨 위쪽에 위치하고 있는 제어바에서는 파일을 탐색할 수 있는 탐색버튼, 트랙 또는 LIVE LOOPS 모드를 선택할 수 있는 선택모드, 사운드의 재생과 녹음을 담당하는 버튼들, 박자를 카운트하는 메트로놈, 설정 버튼 등이 있습니다. 아이패드에서는 보다 많은 양의 정보가 표시됩니다.

제어바 하단의 눈금자에서 위치와 시점을 나타낼 수 있는 재생헤드가 있으며, 눈금자의 맨 오른쪽 끝에 있는 ＋는 전체 노래의 섹션 및 마디의 크기를 조절할 수 있는 기능을 가지고 있습니다. 아래 부분에는 선택한 사운드, 악기의 세부적인 연주영역이 있습니다.

■ 다양한 악기, 사운드 선택하기

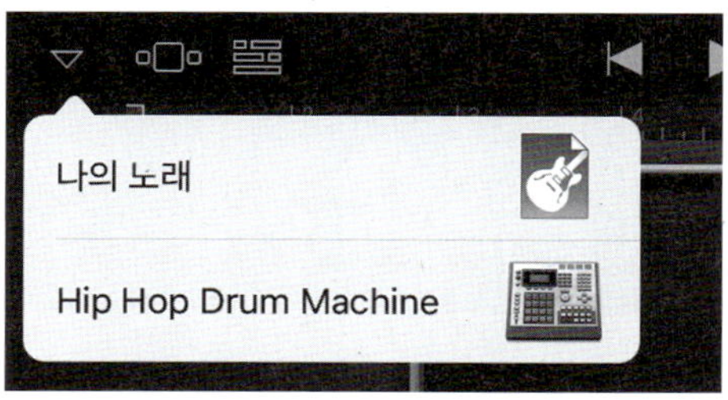

탐색버튼을 탭하면 '나의 노래'로 돌아갈 수 있거나, 현재 선택되어 있는 사운드 또는 악기가 나타납니다. 현재 Hip Hop Drum Machine이 선택되어 있으며 이 부분을 다시 탭하면 그림 2-5와 같이 다른 사운드를 선택할 수 있는 메뉴가 나타납니다.

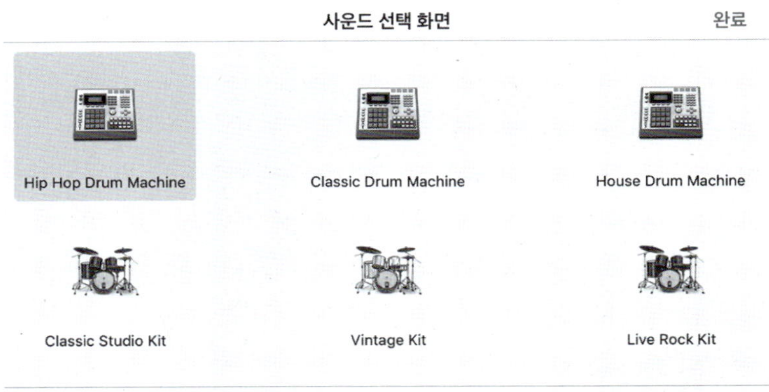

그림 2-5 아이폰의 사운드 선택화면

아이패드에서는 다음과 같은 화면이 나타납니다.

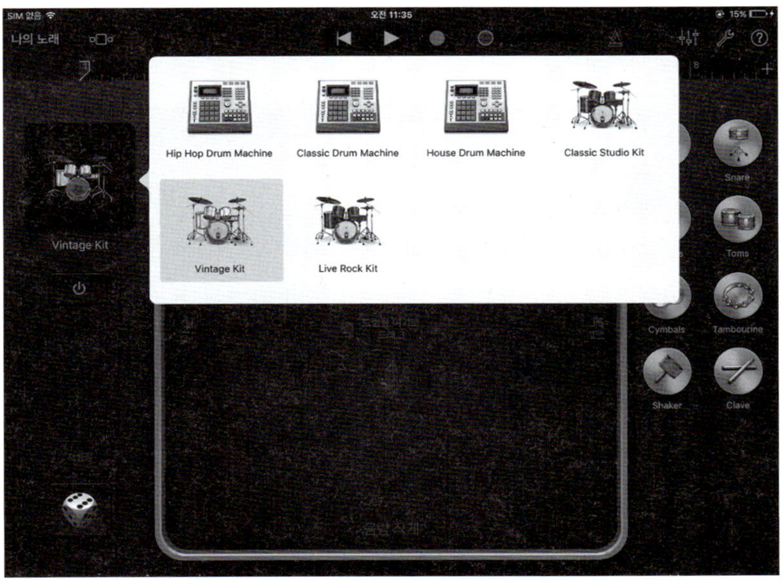

그림 2-6 아이패드의 사운드 선택화면

힙합 드럼머신에서부터 라이브락킷트까지 다양한 드럼셋트를 선택하여 적용할 수 있습니다.

■ 드럼 셋팅하기와 녹음

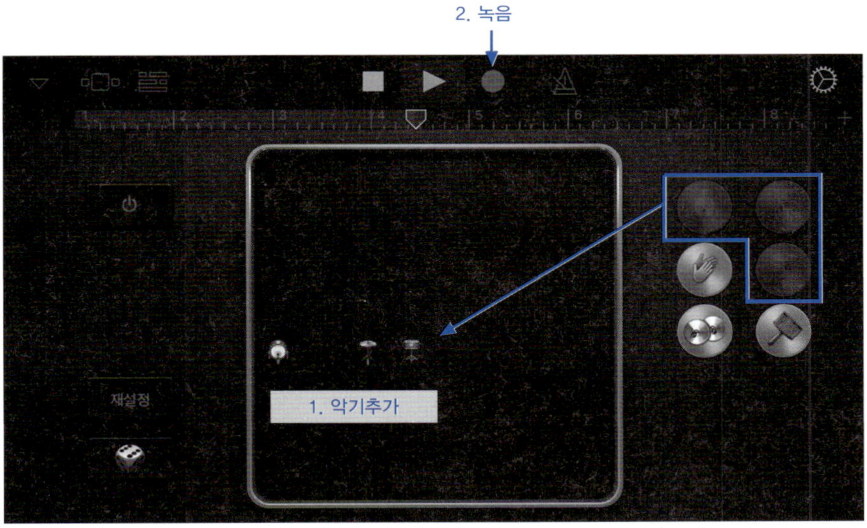

사운드 선택이 끝났으면 비트를 만들기 위해서 오른쪽에 있는 드럼키트 피스에서 악기들을 선택하여 화면 가운데에 있는 큰 사각형으로 드래그(끌어다 놓기)합니다. 왼쪽의 전원버튼을 클릭하면 드럼소리가 들리기 시작할 것입니다. 상단의 녹음 버튼을 클릭하여 연주하는 사운드를 녹음합니다. 악기의 배치를 다양하게 바꾸어서 여러분의 마음에 맞는 사운드를 표현해 보십시오.

왼쪽에 있는 주사위를 탭하면 다양한 형태의 드럼키트 피스가 조합되어 다양한 형태의 사운드를 들려줄 것입니다.

➜ 드럼의 템포 및 설정 바꾸기

그림 2-7 아이폰의 사운드 설정 화면

아이폰의 경우 오른쪽 상단의 톱니바퀴 모양의 버튼을 탭하면 드럼의 세부적인 설정을 변경할 수 있습니다.

그림 2-8 아이패드의 사운드 제어메뉴

아이패드에서는 맨 위의 제어바 메뉴에서 오른쪽 스패어 모양의 버튼을 탭하면 됩니다.

설정 버튼을 클릭하여 템포(빠르기), 키(Key), 박자표, 카운트 인(녹음 전 빠르기 이해를 돕기 위한 카운트) 등 사용자의 사운드 녹음환경에 맞게 변경하여 보시기 바랍니다.

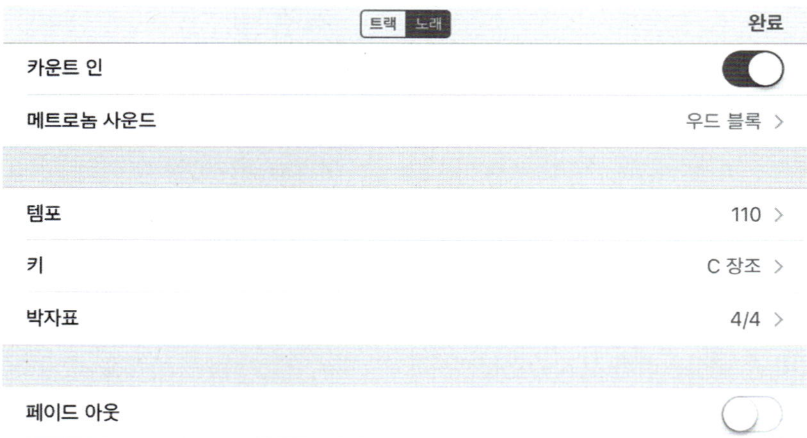

그림 2-9 아이폰의 사운드 설정 화면

그림 2-10 아이패드 사운드 설정 화면

■ 녹음한 결과 들어보기

녹음한 내용을 보기 위해서 트랙보기 를 탭합니다.

다음과 같이 트랙에 드럼사운드를 재생할 수 있는 미디코드가 녹음되어 있는 것을 확인할 수 있습니다.

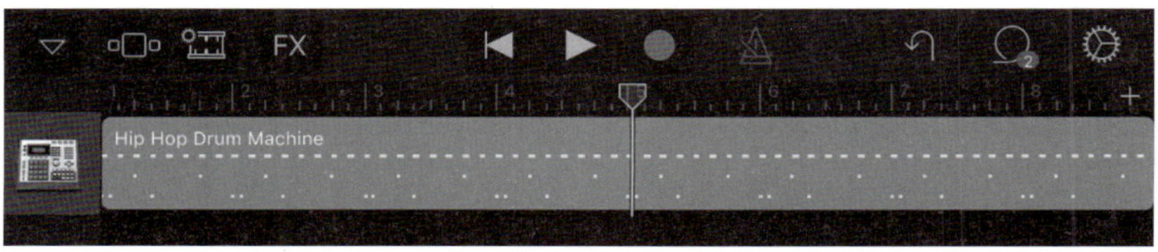

이렇게 8마디의 드럼사운드가 간단하게 만들어졌습니다.

2) 피아노 사운드 녹음

■ 스마트 키보드 선택

이제는 간단한 피아노 멜로디도 같이 녹음해 보겠습니다.

위와 같이 트랙보기가 선택되어 있는 상태에서 하단에 있는 + 버튼을 클릭하여 새로운 악기 Smart Keyboard를 선택합니다.

그림 2-11 Smart Keyboard

■ 오토플레이 설정하기

아래의 화면은 아이폰에서의 Smart Keyboard의 화면입니다.

버튼을 탭하면 다음과 같이 Autoplay(자동연주) 설정 화면이 나타납니다. 버튼 레버를 오른쪽으로 돌려서(드래그하여) 1단계로 설정합니다.

다시금 버튼을 클릭하면 다음과 같이 Autoplay가 설정된 피아노 연주화면으로 돌아옵니다.

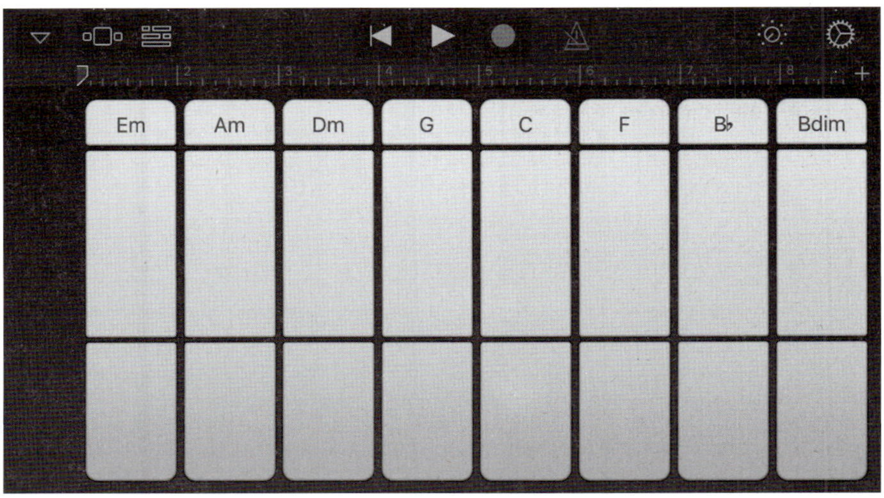

피아노 연주영역을 한 번 살펴보면 Autoplay 설정으로 되어 있기 때문에 코드(Em, Am 등)가 표시되어 있고 사각형 영역을 탭하면 설정된 연주형태가 재생이 됩니다.

■ 다장조에 맞는 기본 플레이 녹음하기

맨 위에 있는 제어바에서 재생하기를 탭합니다. 8마디의 드럼사운드가 연주되고 있을 것입니다. 몇 번 반복해서 듣고 비트감각을 익혀봅시다.

이제는 연주되는 드럼사운드에 맞추어 여러분의 피아노 연주를 녹음해 보시기 바랍니다.

메트로놈 버튼이 활성화(파란색)되어 있는지 먼저 살펴봅니다. 파란색으로 표시되어 있지 않다면 버튼을 탭하여 활성화 합니다. 녹음 버튼을 탭하면 기본 4박자를 먼저 카운트한 다음 재생헤드가 움직이며 재생바에 있는 녹색창이 빨간색으로 바뀌면서 녹음이 될 것입니다. 박자에 맞추어서 여러분의 감성을 녹음하시면 됩니다.

책에서는 총 8마디에 다음과 같은 순서대로 녹음하였습니다.

➜ 코드진행

마디	1	2	3	4	5	6	7	8
코드	C	Am	Dm	G	C	Am	F G	C

■ 완성된 8마디 사운드

녹음을 한 다음 아래의 트랙보기를 탭합니다.

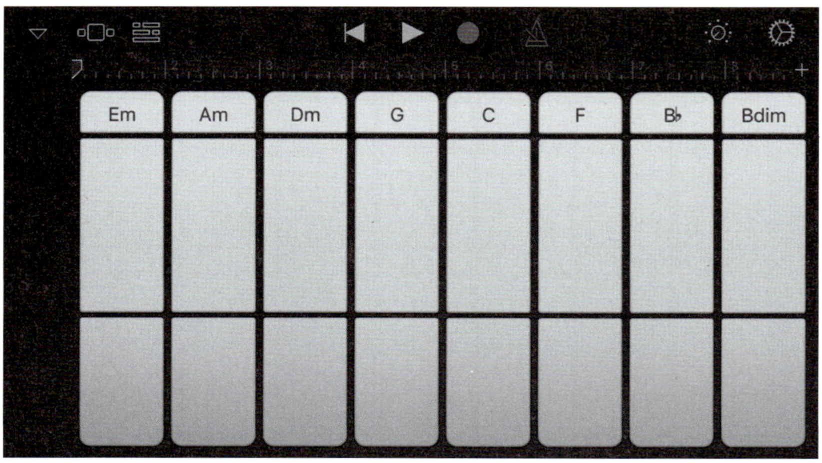

그림 2-12 스마트 피아노 연주 화면

다음과 같이 트랙보기에서 스마트 피아노 사운드에 입력된 미디코드가 보일 것입니다.

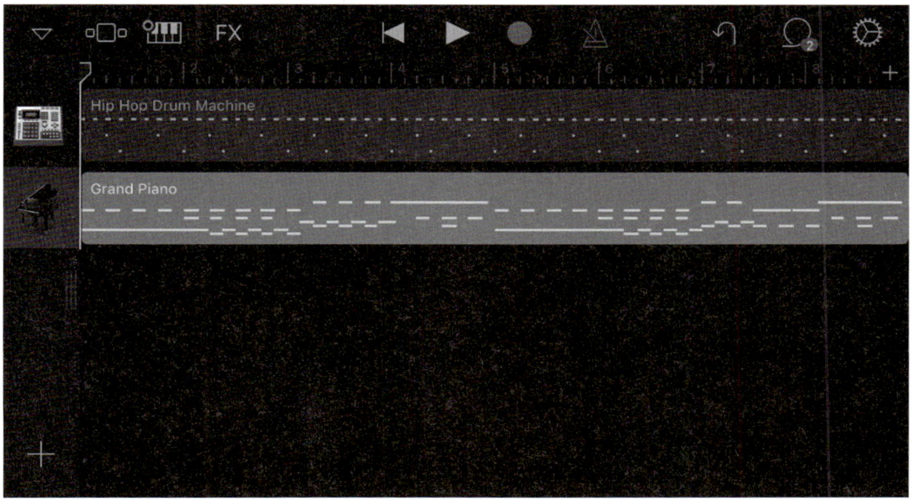

그림 2-13 아이폰 트랙편집 화면

기본적인 드럼비트에 간단한 피아노 사운드를 만들어 보는 방법에 대해서 배워보았습니다.

3) 공유하기

만들어진 여러분만의 사운드는 어떻게 공유할 수 있을까요?
이 부분에 대해서도 한 번 알아봅시다.

■ 에버노트 공유하기

개러지밴드의 첫 화면에서 오른쪽 상단에 있는 '선택'을 탭하여 공유하고자 하는 프로젝트 파일을 선택합니다.

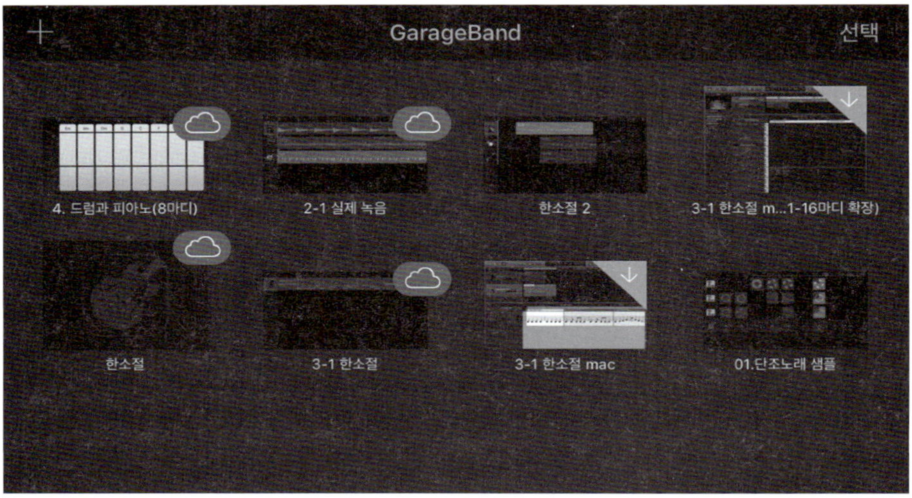

그림 2-14 개러지밴트 프로젝트 파일 보기

여기에서 공유버튼 을 탭합니다.

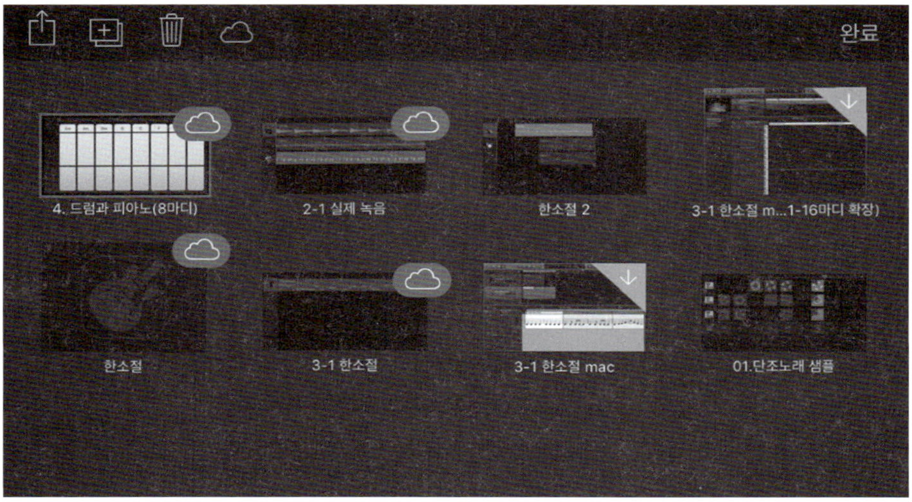

다음과 같은 공유할 수 있는 앱들이 나타납니다. 앱이 나타나지 않으면 공유할 수 있는 앱들이 설치되어 있는지 먼저 확인해 보시기 바랍니다.

에버노트 앱 아이콘을 탭합니다.

공유하고 싶은 내용을 적고 저장버튼을 탭합니다.

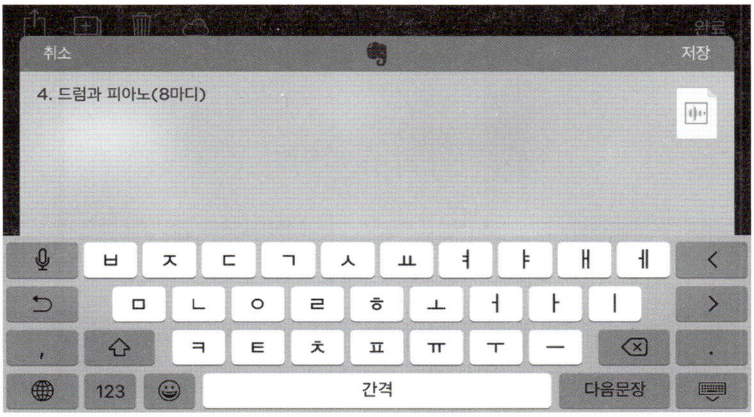

자신의 개러지밴드의 프로젝트 파일이 음원형태로 저장되어 있는 것을 볼 수 있습니다.

■ 유튜브에 공유하기

에버노트에 공유하기와 마찬가지의 순서대로 선택한 파일을 공유하기 버튼을 탭합니다. 나타나는 팝업메뉴에서 유튜브 앱 아이콘을 탭하면 다음과 같은 화면이 나타납니다. 공유할 제목과 이미지를 선택하고서 '계속'을 탭합니다.

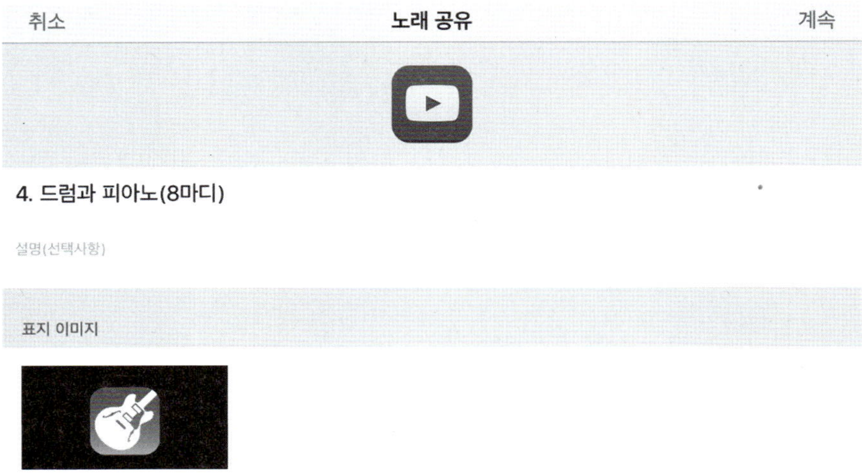

여러분이 만든 사운드가 다음과 같은 형태로 공유된 것을 볼 수 있습니다.

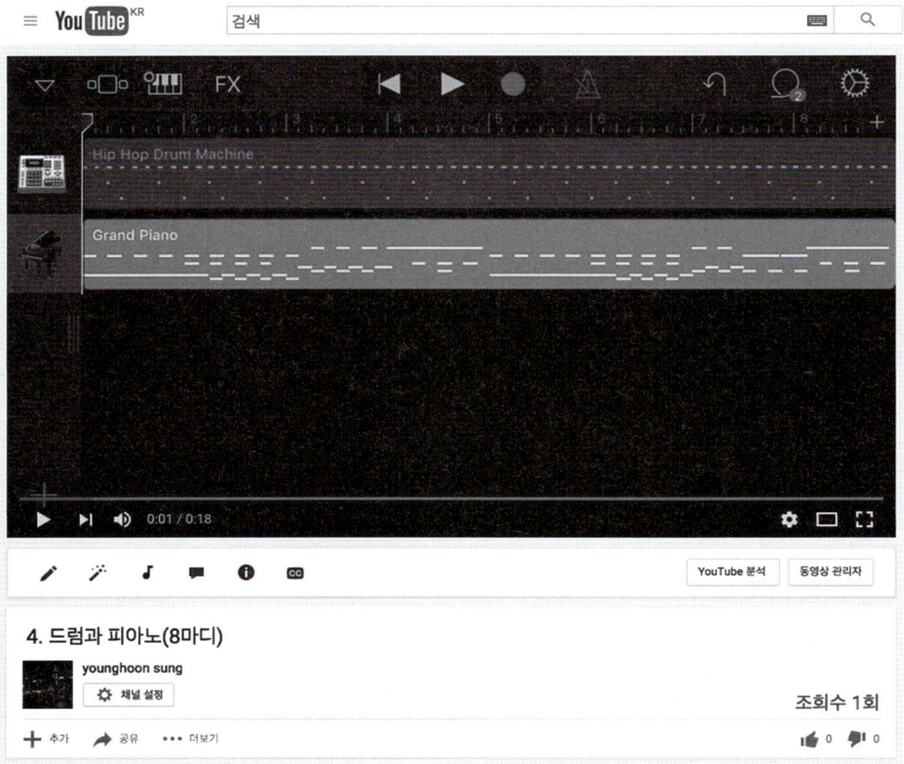

공유하기 버튼을 클릭하였을 때 나타난 다른 앱들도 한 번 탭하여서 공유해 보시기 바랍니다.

2.3 개러지밴드 살펴보기

이번 장에서는 개러지밴드의 기본적인 사항에 대해서 살펴보도록 하겠습니다. 설명에 사용된 화면들은 사용자들의 이해를 돕기 위해 보다 많은 화면이 포함된 아이패드에서 실행한 개러지밴드의 화면입니다.

2.3.1 새로운 노래 생성하기

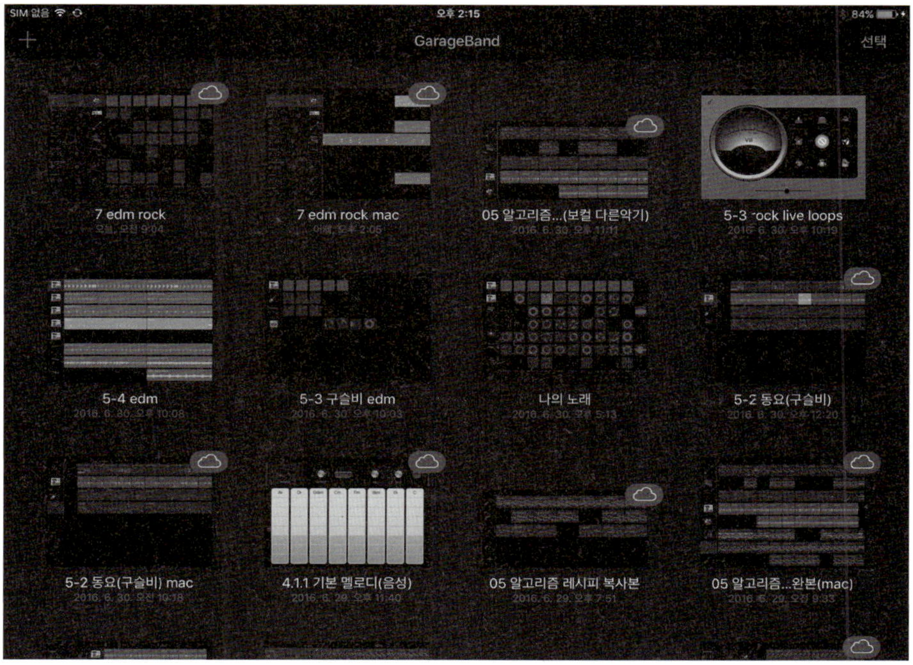

그림 2-15 개러지밴드 실행화면

개러지밴드를 실행하면 자신이 만든 다양한 프로젝트 파일을 볼 수가 있습니다. 왼쪽 위에 있는 제어바의 +를 탭하면 새로운 노래를 생성하거나 iCloud Drive에 업로드되어 있는 개러지밴드 파일을 불러올 수 있습니다.

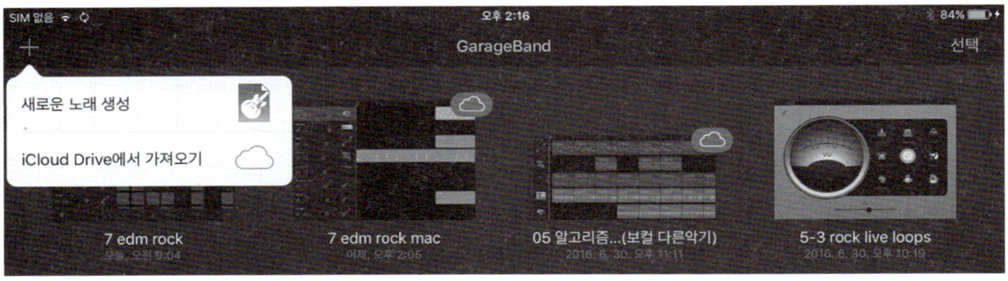

새로운 노래 생성을 탭하면 트랙 또는 LIVE LOOPS의 프로젝트 파일을 만들 수 있습니다.

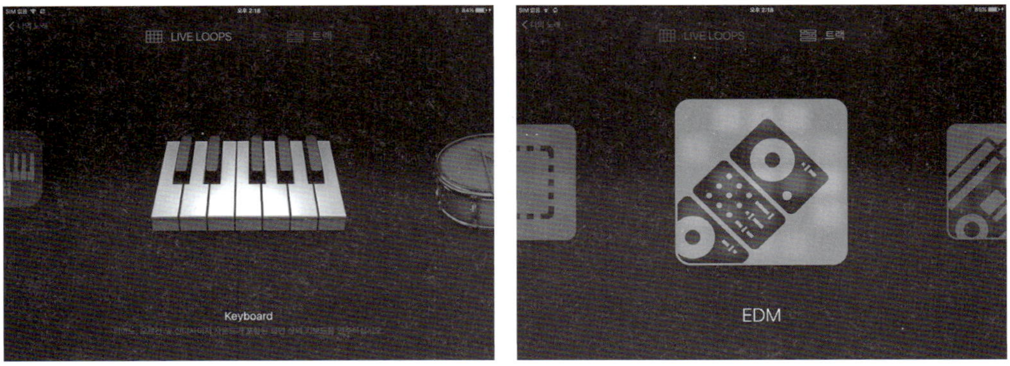

그림 2-16 트랙, LIVE LOOPS 메뉴

선택한 사운드가 아닌 전체적인 프로젝트에 대한 설정은 다음과 같습니다.

화면의 맨 오른쪽 위에 있는 를 클릭하면 카운트인, 템포, 키 등 다양한 프로젝트에 대한 내용을 조정할 수 있습니다.

➜ 카운트인

사운드를 녹음하기 전에 먼저 박자를 카운트 해 주는 기능입니다. 곡에 대한 템포(빠르기)를 이해하는데 도움을 주기 때문에 많이 사용하는 기능입니다.

➜ 메트로놈 사운드

박자 카운터에 필요한 메트로놈 사운드에 대한 설정입니다. 클릭, 우드블록, 하이-햇, 림쇼트 등의 사운드를 선택할 수 있으며 메트로놈 사운드 레벨도 변경할 수 있습니다.

➜ 템포

곡의 빠르기를 변경할 수 있는 메뉴로 특히 자신이 생각하는 곡의 빠르기를 손가락으로 탭하면 해당되는 템포가 변경됩니다.

➜ 키

곡의 키를 설정하는 것으로 장조, 단조 및 기타 스케일에 대한 내용을 조정할 수 있습니다.

➜ 박자표

4/4, 3/4, 6/8박자 중에서 선택할 수 있습니다. 2/4박자의 경우는 한 섹션의 구성을 2마디로 하여 구성하면 됩니다. 다른 박자의 경우에도 섹션의 마디수를 조정하여 변경하

면 됩니다.

이 밖에도 즉흥연주, 페이드아웃(마지막 섹션이 연주될 때 자연적으로 음의 레벨이 감소하여 점점 소리가 작아지도록 처리하는 것) 등 다양한 옵션이 있으니 테스트해 보시기 바랍니다.

➔ 노래 섹션

노래 섹션을 편집하는 것에 대해 알아봅시다.

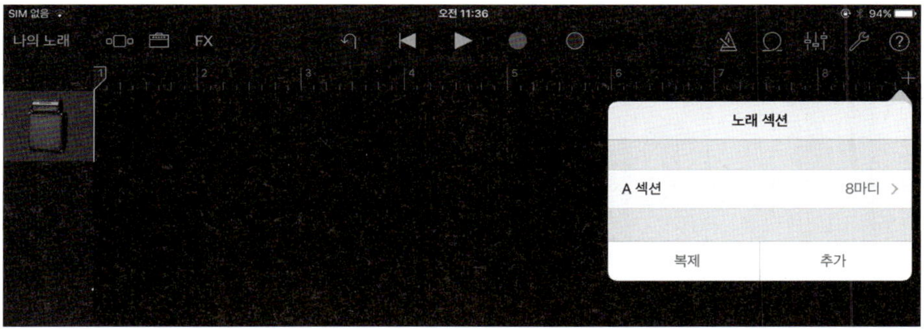

노래 섹션은 섹션을 추가, 복제 등을 통하여 크게 전체 곡의 길이를 조정할 수 있는 것을 의미합니다. 각 섹션을 탭하면 선택한 섹션에 대한 마디수를 조정할 수가 있습니다. 다른 방법으로 섹션에 대한 구분이 없이 하나의 섹션에 전체 마디를 설정하는 방법도 있습니다.

2.3.2 사운드 트랙

트랙 메뉴에서는 크게 Keyboard, Drums, Amp, Audio Recorder, Sampler, Smart Drums, Smart Strings, Smart Bass, Smart Keyboard, Smart Guitar, Drummer로 구분할 수 있습니다. 개러지밴드와 호환되는 앱이 사용자의 스마트기기에 설치되어 있으면 이에 대한 부분은 8) Inter-App 오디오 App에서 다루도록 하겠습니다.

1) 키보드(Keyborad)

트랙메뉴에서 키보드를 탭합니다. 다음은 아이패드에서 실행한 전체적인 화면의 모습입니다.

악기를 선택하고자 하는 경우에는 화면의 가운데에 있는 악기를 탭하면 악기의 종류별로 자신의 원하는 악기를 선택할 수 있습니다.

설명은 개러지밴드의 기능이 한 화면에서 많이 표현되는 아이패드의 화면을 주로 예를 들어 설명하고, 아이폰의 경우에는 필요시 별도 화면으로 제시하도록 하겠습니다.

아이폰 화면

왼쪽 위에 있는 드롭다운 버튼 ▽ 을 탭하면 '새로운 노래생성'과 현재 선택되어 있는 악기가 나타납니다. 현재 선택되어 있는 악기를 탭하면 다음과 같이 다양한 악기를 선택할 수 있습니다.

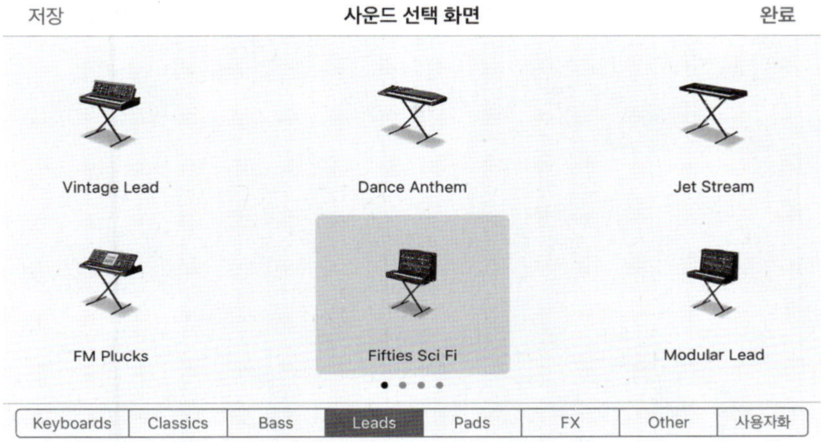

자신이 선택한 악기를 저장하고 싶다면, 저장을 탭하여 저장하고 싶은 악기의 이름으로 저장하고 언제든지 자신의 취향대로 설정된 악기를 불러 올 수 있습니다.

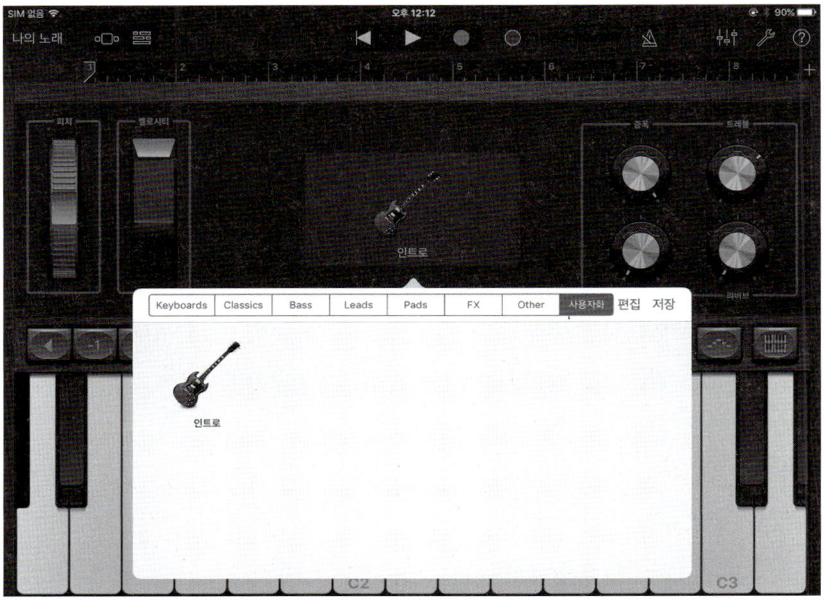

다음으로 키보드에서의 각종 값을 설정하고 변경하는 방법에 대해서 알아보겠습니다. 키보드는 크게 다음과 같은 구조를 가지고 있습니다.

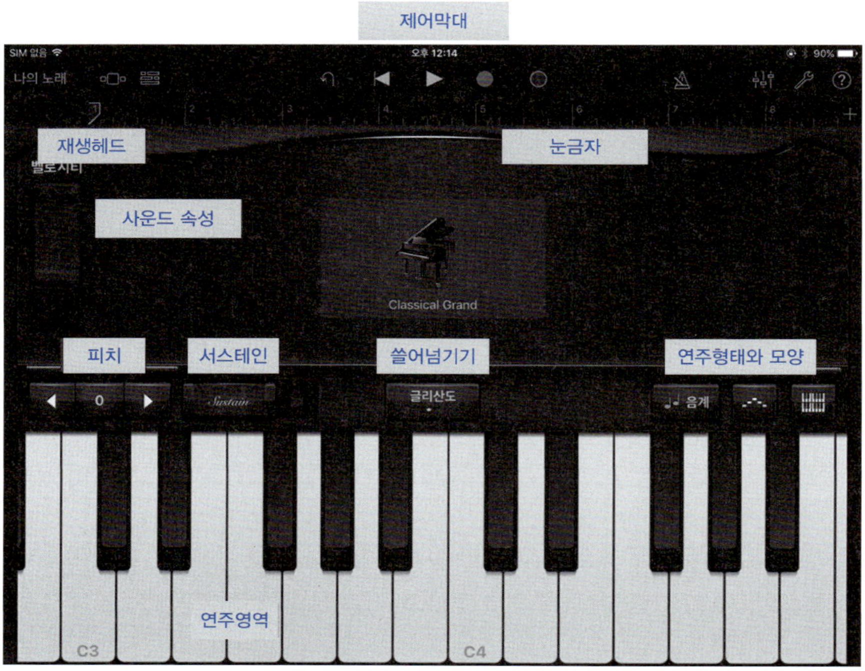

➜ 제어바

재생, 녹음, 볼륨크기, 메트로놈, EQ 설정, 프로젝트 전체 설정 등으로 구성되어 있습니다.

➜ 눈금자

전체섹션 또는 선택된 섹션에 대한 범위를 나타내주며, 현재 재생헤드가 가리키고 있는 위치를 마디단위로 표시해 주는 기능을 하고 있습니다.

➜ 재생헤드

사운드가 재생되는 시점을 표시하는 것으로 눈금자에 있는 막대를 의미합니다.

➔ 피치

선택한 음계에 대한 사운드의 높낮이(음정)를 조절할 수 있습니다. 1개를 올리거나 내릴 경우 선택된 음계의 한 스케일씩 올라가거나 내려가게 됩니다.

➔ 서스테인

서스테인은 입력된 미디의 값을 그대로 유지시키는 기능으로 딜레이되는 효과를 내게 됩니다. 예를 들어 키보드의 건반을 탭할 경우 일정한 시간동안 지속하여 연주하게 됩니다. 단, 실제 미디블럭에는 탭한 길이만큼 누르고 있는 동안 입력됩니다.

➔ 쓸어넘기기

쓸어넘기기 방법에는 글리산도, 스크롤, 피치 방법이 있습니다. 글리산도인 상태에서 건반들을 쓸어넘기듯 탭을 하게 되면 각각의 건반에 해당하는 음들이 연속적으로 연주되지만 스크롤을 선택하여 하나의 건반을 탭하고 누른 상태에서 쓸어넘기면 건반의 전체가 이동하여 스케일을 올리거나 낮출 수 있습니다. 피치의 경우에는 건반을 쓸어넘기듯 연주를 하게 되면 음들이 구분되어 있지 않고 연속적으로 연결되는 사운드를 표현해 줄 수 있습니다.

➔ 사운드속성

선택한 사운드에 대한 세부적인 속성을 변경할 수 있습니다.

키보드 연주의 형태와 모양에 대해서 알아봅시다.

➔ 음계

음계의 경우에서는 자신이 연주하고자 하는 음계를 설정할 수 있습니다.

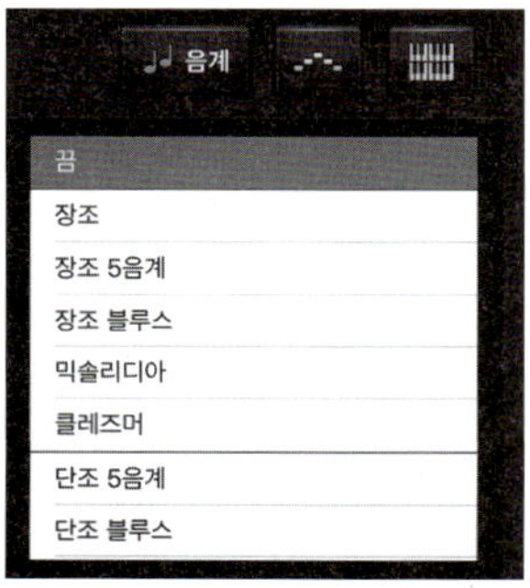

➔ 아르페지에이터

입력한 음들에 대한 반복적인 아르페지오 연주를 위해 사용되는 기능입니다.

아르페지에이터를 적용하기 위해서 오른쪽에 있는 버튼 슬라이더를 오른쪽으로 탭하면 설정값들이 나타납니다.

음 순서

아프페지오의 연주형태입니다. 위로, 아래로, 위아래로, 임의의 순서,연주한 대로 방식이 있습니다.

음의 빠르기

입력한 음들을 반복적으로 연주하기 위한 음들의 길이를 정합니다.

옥타브 범위

연주되는 음역의 범위를 정합니다. 옥타브가 높을수록 보다 넓은 음역대로 반복적으로 연주하게 됩니다.

➜ 키보드 모양 변경

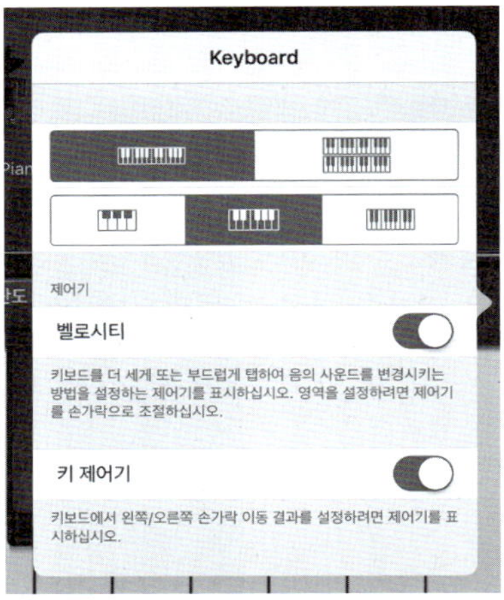

다음으로 을 탭하면 건반의 모양을 변경할 수 있습니다. 스마트기기는 손가락이나 터치도구를 활용하여 입력을 하는 경우이기 때문에 건반의 간격이 너무 좁거나 아니면 보다 많은 건반을 연주하여야 하는 경우 사용자에게 편리하게 크기를 변경하여 입력할 수 있는 기능을 제공하고 있습니다.

다음은 선택한 메뉴에 따라 건반의 너비가 달라진 모습입니다.

벨로시티는 건반을 탭하였을 때 입력되는 강도를 의미합니다. 벨로시티가 클수록 사운드의 크기가 크게 납니다. 키제어기는 화면 가운데에 있는 쓸어넘기기 방법에 대한 것의 표시 여부를 나타내 줍니다.

2) 드럼(Drums)

비트를 입력할 수 있는 드럼 사운드에 대해서 알아보겠습니다.

아이패드의 경우에서는 화면의 오른쪽에 있는 ?(도움말)을 탭하면 다음과 같이 선택되어 있는 사운드에 대한 간단한 도움말을 살펴볼 수 있으며, 오른쪽 하단에 해당 사운드에 대한 도움말을 보다 더 상세하게 볼 수 있습니다.

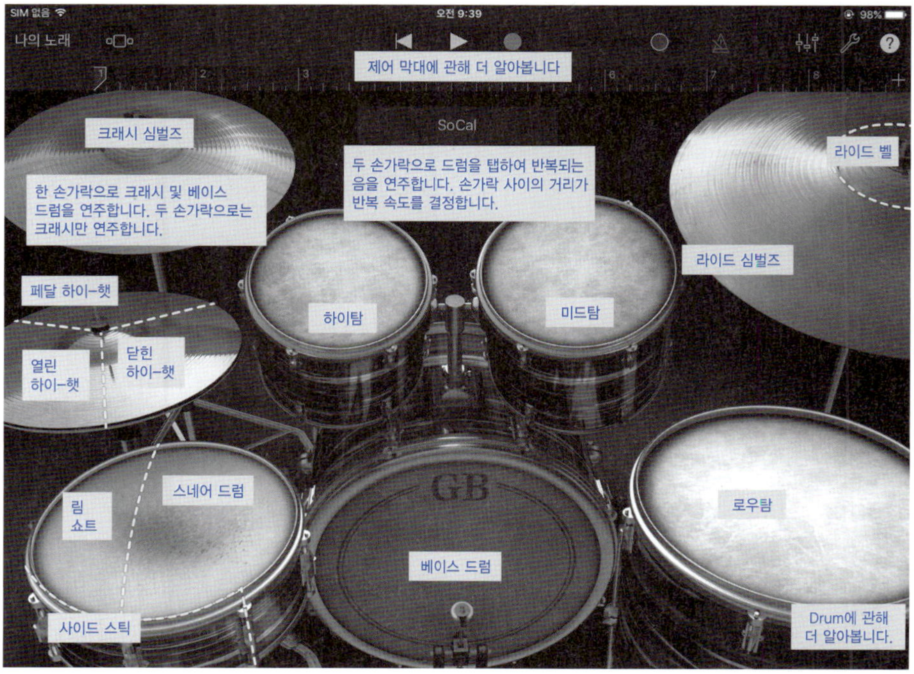

드럼의 사운드 입력방법은 앞의 화면을 참고하여 다양하게 연습해 보면 됩니다. 또한 구글에서 드럼 비트라고 검색을 하게 되면 수많은 드럼악보들이 있으니 연주실력을 보다 더 업그레이드할 수 있습니다.

제어바에서 빨간색 녹음버튼을 탭하면 자신이 입력한 내용으로 녹음이 가능하며 반복하여 선택한 섹션의 마디가 다 입력이 되었을 경우 다시 빨간색 녹음버튼을 탭하여 기존에 입력되어 있는 것들에 추가하여 자신의 사운드를 입력할 수 있는 녹음항목 병합 기능이 제공됩니다. 다음 화면은 드럼 사운드를 반복하여 입력한 결과입니다.

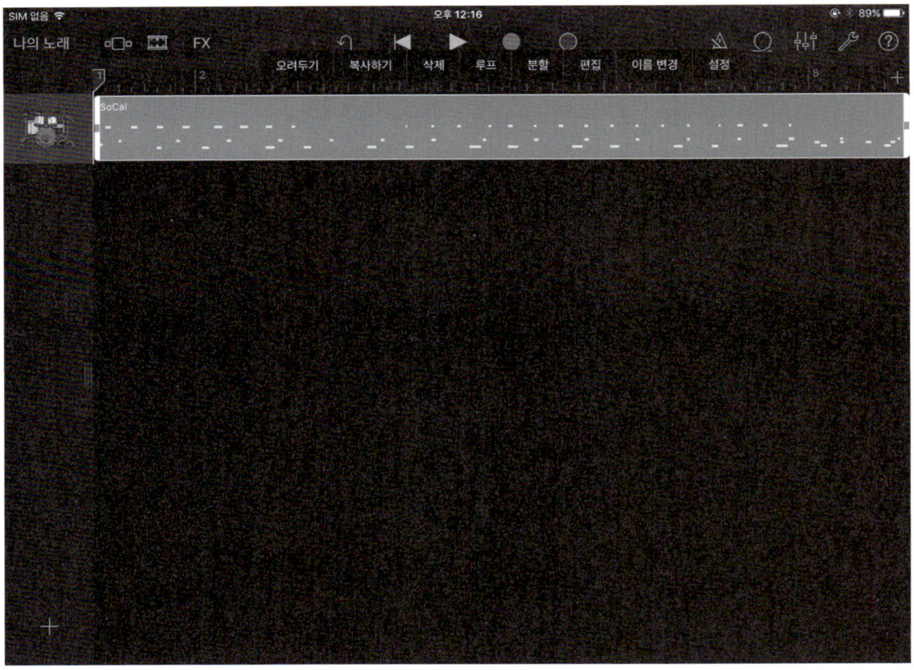

개러지밴드에서는 녹색의 내용은 미디값들이 입력되어 있는 경우를 나타냅니다.

■ 팝업메뉴

녹색의 트랙을 두 번 탭하게 되면 다음과 같이 나타나며 세부적인 내용은 다음과 같습니다.

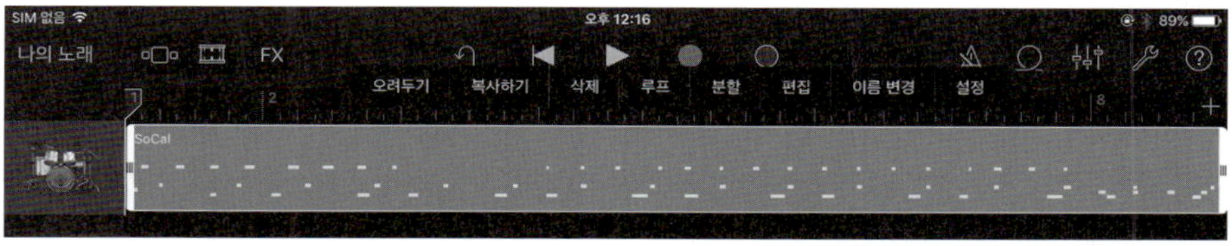

➡ 오려두기

선택한 트랙을 잘라냅니다.

➡ 복사하기

선택한 트랙을 복사합니다.

➡ 삭제하기

선택한 트랙을 삭제합니다.

➡ 루프

선택한 트랙을 반복적으로 사용할 수 있도록 만듭니다.

루프 트랙을 만들어 봅시다.

트랙을 선택합니다.

탭을 한 번 더 하게되면 팝업메뉴가 나타납니다. 루프를 탭합니다.

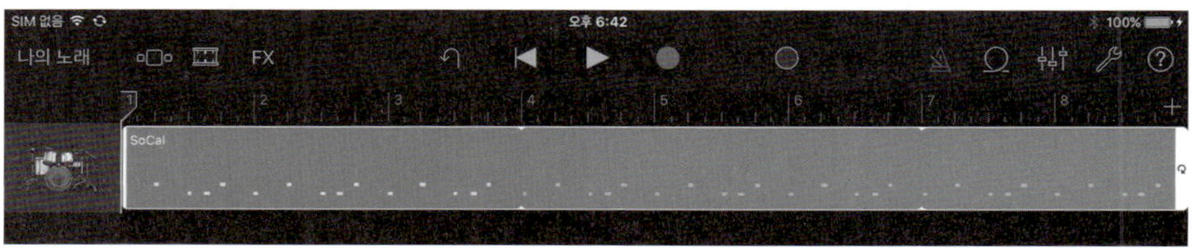

현재 편집 섹션의 끝마디까지 자동으로 선택한 미디블럭들이 채워집니다.

루프된 트랙을 더블탭하게 되면 팝업메뉴가 나타나는데 다듬기를 탭합니다.

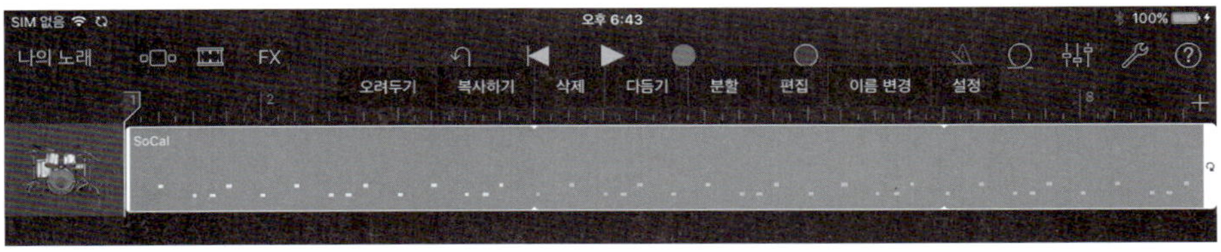

선택영역을 드래그하여 조정할 수 있습니다.

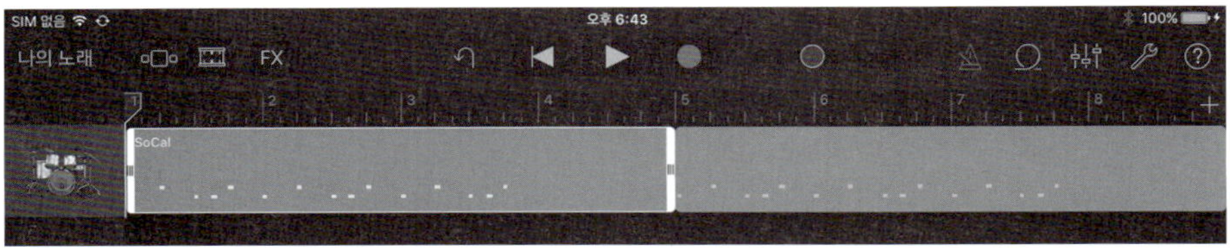

➜ 분할

재생헤드가 위치한 시점을 기준으로 트랙을 2개로 분할합니다.

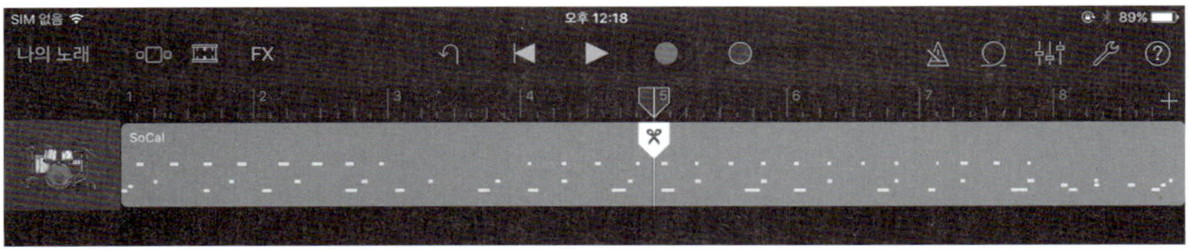

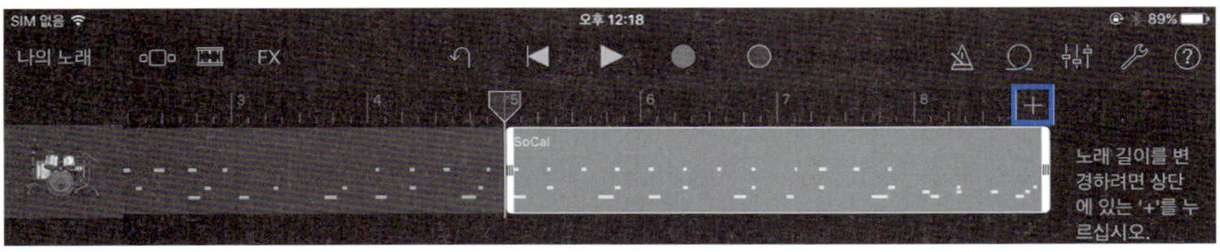

➜ 편집

선택한 트랙의 세부적인 미디 블럭들을 편집할 수 있는 미디편집창을 불러옵니다.

➔ 이름변경

선택한 트랙을 지칭하는 이름을 변경합니다. 이름을 저장해 놓으면 많은 멀티트랙들 사이에서 쉽게 알아볼 수 있습니다.

➔ 설정

선택한 트랙에 대한 세부적인 설정값을 변경할 수 있습니다.

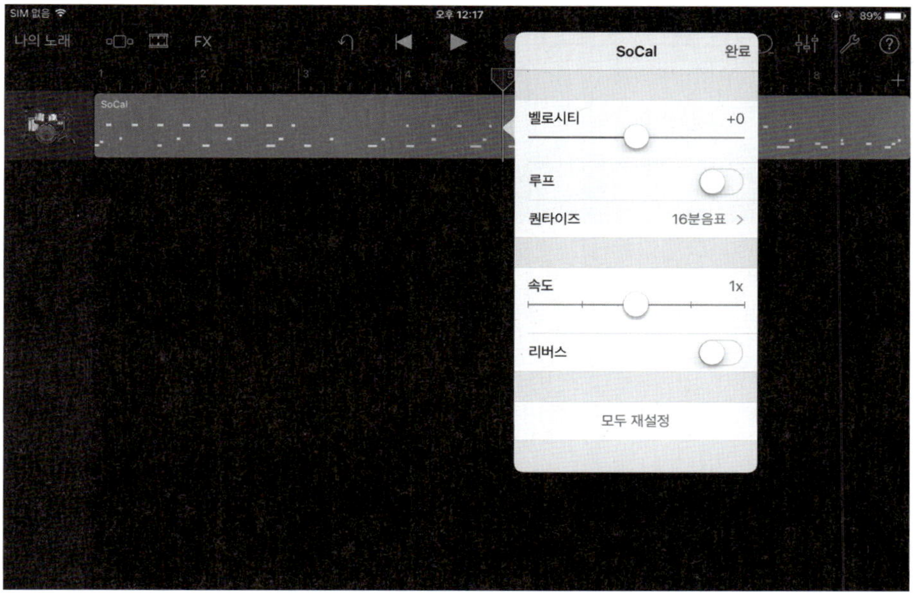

미디블럭의 세부적인 사운드 속성인 벨로시티, 루프, 퀀타이즈에 대한 일괄적인 변경이 가능하며 재생되는 형태(속도, 리버스)도 변경이 가능합니다.

➔ 퀀타이즈

일반적으로 사용자가 키보드나 기타 장비들을 활용하여 탭하거나 음들을 입력하게 되면 자신이 입력하고자 하는 곳에 정확하게 입력이 되지 않는 경우가 많이 있습니다. 약간씩 밀리기도 하고 3화음을 입력해도 3개의 음이 동시에 같은 시점을 기준으로 입력되는 경우가 많이 없습니다. 따라서 퀀타이즈는 설정된 음표를 기준으로 미디블럭들을 정렬함으로써 보다 깔끔한 사운드 재생이 가능하게 하는 기능입니다.

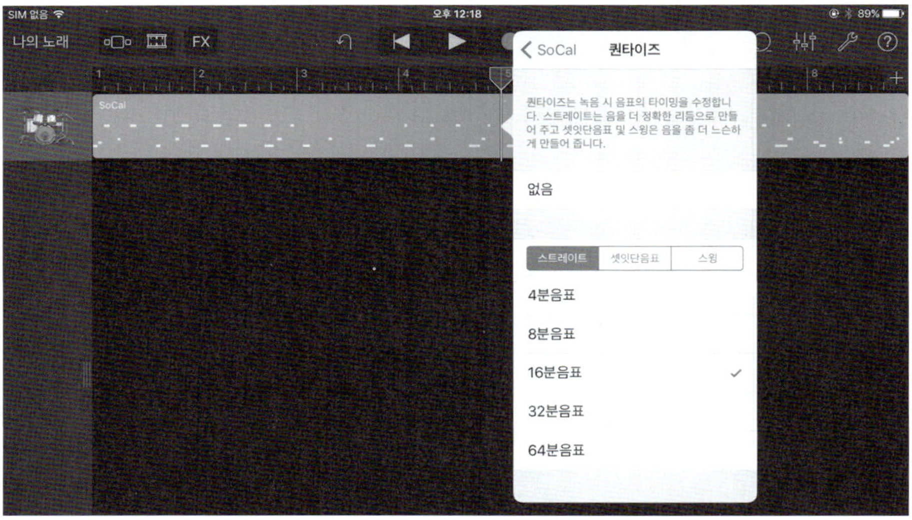

드럼비트 입력 등에서 퀀타이즈를 너무 많은 곳에 적용하게 되면 음악적 감성 부분에서는 의미가 옅어지고, 딱딱하고, 컴퓨터가 연주하는 듯한 느낌을 받을 수 있으므로 이 부분에 대해서 유의하여야 합니다.

■ 미디블럭 편집

미디블럭을 편집할 수 있도록 편집을 탭하여 미디편집창을 열어봅시다. 아주 많은 미디블럭들을 하나씩 편집하기란 쉬운 일이 아닙니다.

미디 블록들을 쉽게 편집하려면 다음과 같이 합니다.

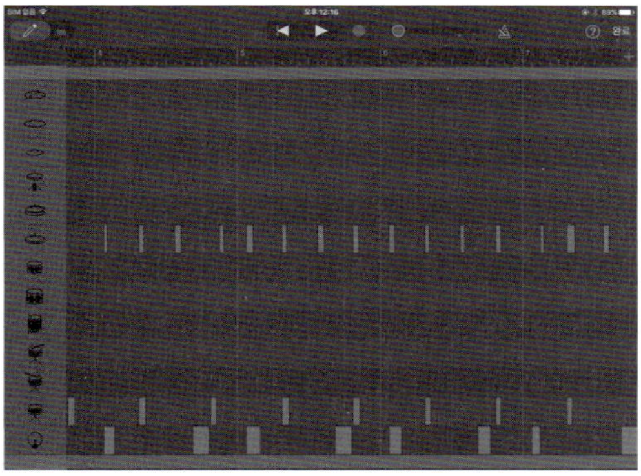

손가락을 오므리거나 펴서 영역을 축소하거나 확대할 수 있습니다.

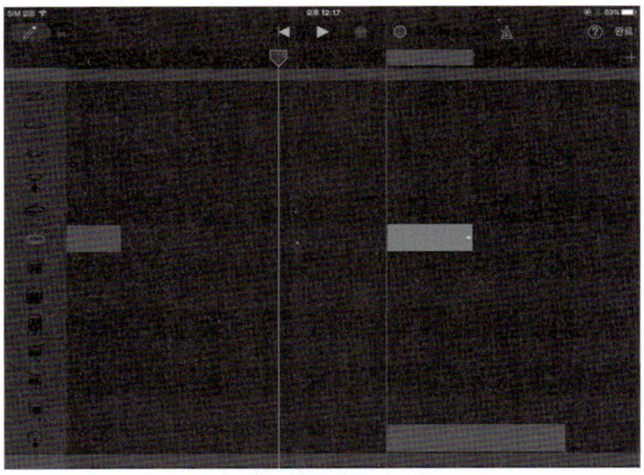

미디 블록들이 확대된 모습입니다.

이 중에서 옮기고 싶은 미디 블록을 탭하여 드래그하면 미디 블록이 옮겨집니다. 선택한 미디블록의 길이를 변경하고 싶으면 선택한 미디블록의 뒷부분을 탭하여 드래그하면 미디블럭의 길이를 변경할 수 있습니다.

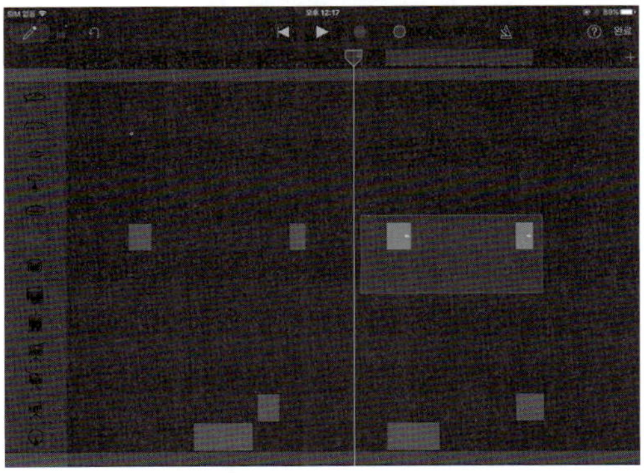

또한 빈 영역을 손가락으로 탭하고 있으면 선택 사각형이 나타납니다. 이때 선택하고 싶은 미디블럭들을 포함할 수 있도록 드래그하면 왼쪽과 같이 여러 미디블럭들을 선택할 수 있습니다.

미디블럭을 선택한 상태에서 한 번 더 탭하게 되면 미디블럭을 오려두기, 복사하기, 삭제, 벨로시티와 같은 팝업메뉴가 나타납니다.

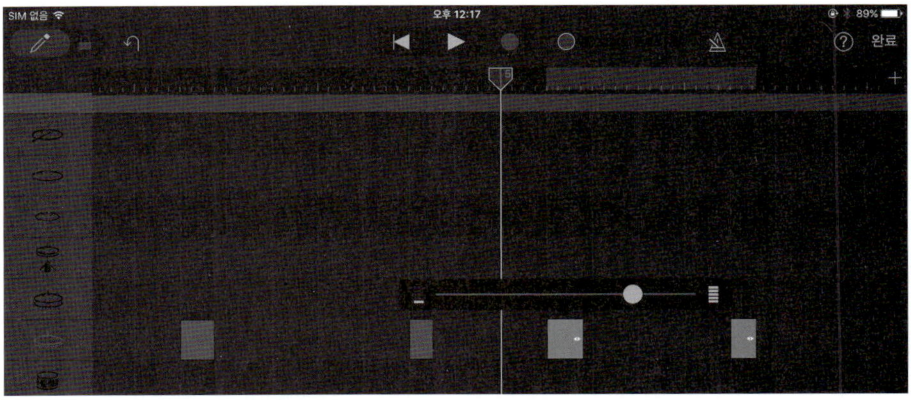

그림 2-17 미디블럭 벨로시티 입력

그림 2-17은 벨로시티를 선택하여 값을 변경하는 화면입니다.

3) 앰프(Amp)

기타를 연결하고 녹음할 수 있는 기능을 가진 메뉴입니다.

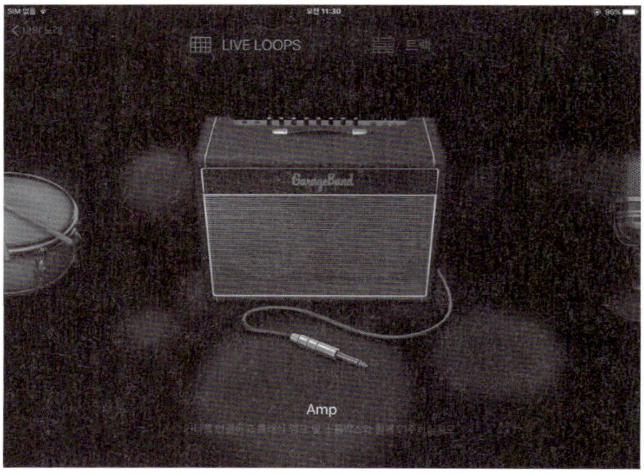

다음은 앰프를 실행한 화면에서 도움말을 탭한 경우입니다.

화면 가운데에 선택한 앰프가 있습니다. 개러지밴드에서는 앰프 세부적인 내용을 직관적으로 변경할 수 있도록 실제 앰프를 모델링하여 제공해 주고 있습니다.

■ 입력 설정

입력설정은 앰프에 입력되는 사운드의 크기, 실제 입력되는 사운드를 들을 수 있는 모니터에 대한 구성 및 노이즈 게이트(잡음처리)를 조정할 수 있습니다.

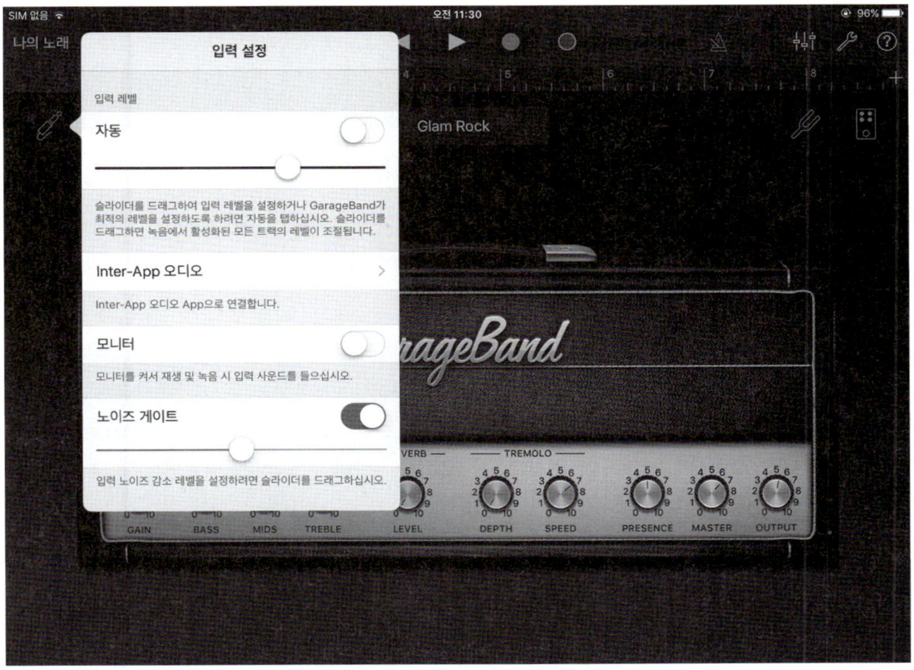

우측의 를 탭하면 간단하게 입력되는 사운드의 음정을 확인할 수 있는 튜너가 제공됩니다.

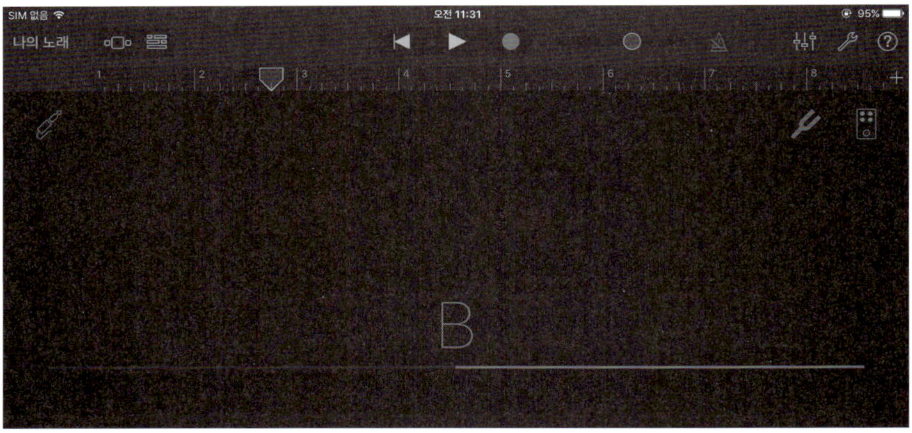

우측에 있는 이펙터 버튼 을 탭하면 다양한 기타, 베이스의 이펙터를 추가하거나 변경할 수 있습니다.

제어바 메뉴에 있는 를 클릭하면 사운드에 대한 EQ(이퀄라이저)를 수정할 수 있습니다.

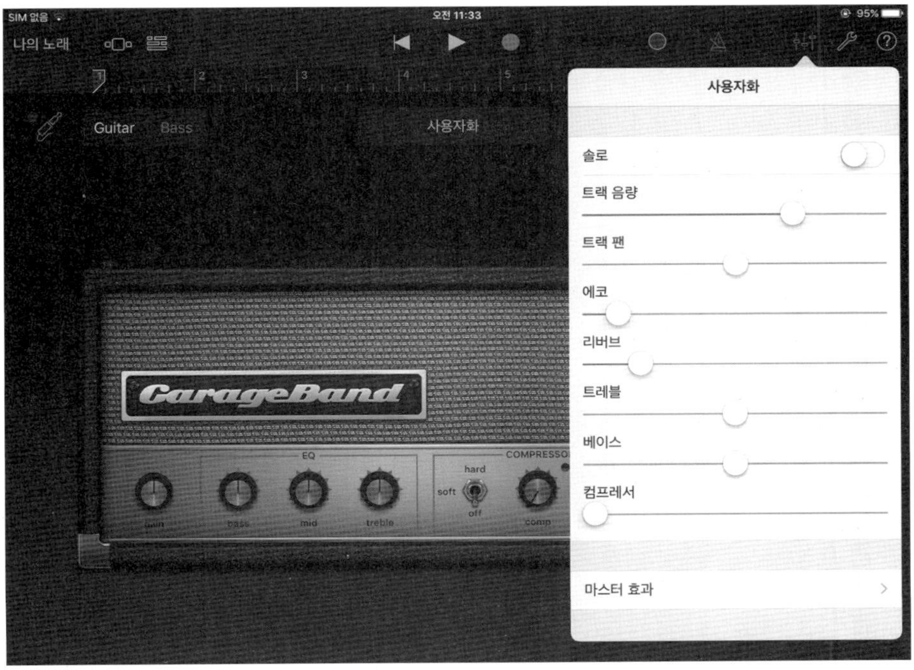

4) Audio Recorder

아이패드, 아이폰에 내장되어 있는 마이크나 기타 외부 입력장비를 통해 사운드를 입력받을 수 있는 메뉴입니다.

왼쪽은 입력되는 사운드의 레벨을 표시해 주며, 오른쪽에 있는 아이콘들은 사운드의 변조를 통해 다양한 효과를 나타내 주는 것입니다.

보통 록밴드에서 확성기에서 나오는 보컬사운드를 활용하거나 전화목소리 등을 이용할 때 위의 메뉴를 사용하면 편리합니다. 또는 왼쪽의 라인입력잭 모양을 선택하여 직접 사운드를 입력받을 수도 있으니 참고하시기 바랍니다.

5) Sampler

샘플러는 사운드를 녹음한 다음 편집을 통해 화면 상에 나타난 키보드 건반을 통해 다양한 음정을 가진 사운드로 활용하기 위한 메뉴입니다.

샘플로 만들 사운드를 입력받기 위해 빨간 시작버튼을 탭합니다.

자신의 목소리나 다른 사운드 입력을 통해 사운드를 녹음합니다.

사운드 녹음이 끝나면 중단을 탭하고 나면 다음과 같이 녹음된 사운드가 파형으로 나타납니다.

자신의 목적에 맞게 파형을 조정하고 다듬는 작업을 진행합니다. 파형, 조정 다듬기, 역으로, 루프 같은 기능을 활용할 수 있습니다.

사운드 샘플이 만들어졌다면 원하는 멜로디라인을 입력하기 위해 제어바에 있는 녹음버튼 을 탭한 다음 멜로디를 녹음하면 됩니다.

6) 스마트 사운드

개러지밴드에서는 대표적인 사운드(드럼, 스트링, 베이스, 키보드, 기타)를 보다 쉽게 연주할 수 있도록 Autoplay와 같은 다양한 패턴을 가진 연주가 가능하고 입력되는 코드반주 등도 할 수 있는 기능을 제공합니다.

■ Smart Drums

스마트 드럼은 다양한 비트를 보다 쉽게 입력할 수 있습니다. 스마트 드럼을 탭하여 선택하고 자신이 원하는 사운드 악기를 선택합니다.

오른쪽에 배열된 악기를 중앙의 사각형 패드에 위치시키면 자동으로 연주가 됩니다. 물론 녹음버튼을 탭하면 연주되는 내용이 미디코드로 입력됩니다. 왼쪽 하단의 주사위를 탭하면 오른쪽에 있는 드럼키트 피스들이 다양한 형태로 조합되어 여러가지 형태의 연주가 가능합니다. 물론 조합된 형태의 피스들을 자신이 원하는 곳에 드래그하여 연주 형태를 변경할 수도 있습니다.

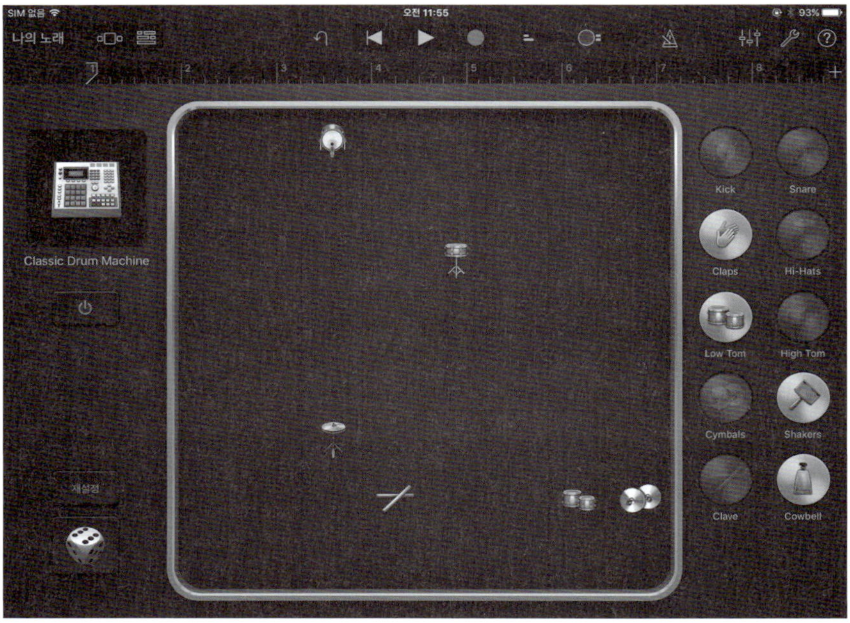

■ Smart Strings

다양한 현악기들을 조합하여 구성한 연주 스타일을 가지고 사운드를 녹음할 수 있는 메뉴입니다.

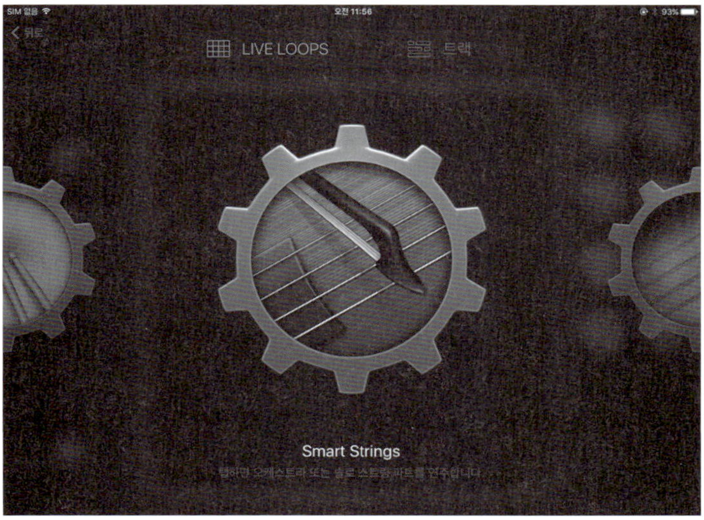

곡에서 설정된 키(Key, 조성)에 맞게 해당되는 코드가 자동으로 나타납니다. 간단하게 탭하여 연주할 수 있습니다. 곡의 스타일은 Cinematic, Modern, Pop, Romantic으로 설정할 수 있습니다. 스타일마다 곡의 연주형태가 달라지므로 여러가지 형태로 변경하여 직접 들어보시기 바랍니다.

또한 Autoplay 기능을 제공하여 각각의 스타일 마다 4가지 연주형태로 사운드를 재생하거나 녹음할 수 있습니다.

또한 나열되어 있는 악기를 탭하면 해당 악기를 구성에서 제외하거나 추가할 수 있습니다. 제외된 악기는 다음과 같이 흐릿하게 처리됩니다(Cellos, Basses가 흐릿하게 처리됨).

악기의 연주는 반주형태인 Chords 모드나 계이름을 연주할 수 있는 Notre 모드가 있습니다.

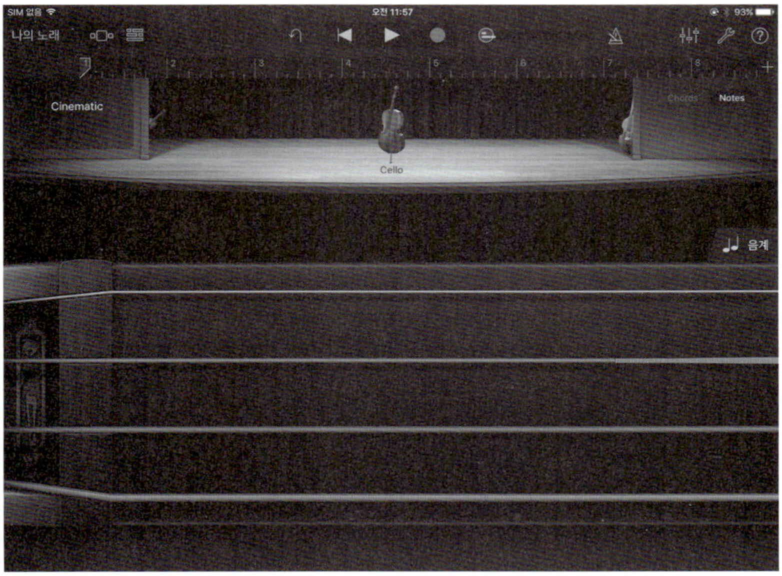

곡의 특성이나 연주의 방법에 따라 자신이 원하는 타입의 연주형태를 설정하여 녹음하시면 됩니다.

■ Smart Bass

베이스 사운드를 다양한 형태와 패턴으로 입력할 수 있는 메뉴입니다. 아래의 화면에서와 같이 왼쪽에는 다양한 베이스 사운드를 선택할 수 있고 자동연주패턴인 Autoplay, 반주형태(코드) 또는 계이름 연주 형태로 구분할 수 있는 스위치가 자리잡고 있습니다.

Autoplay를 off하면 실제 베이스를 모델링하여 프로젝트에 설정되어 있는 키(Key)를 기준으로 연주할 수 있습니다. Autoplay의 설정 값을 바꾸면서 다양한 연주패턴을 익혀볼 수 있습니다.

■ Smart Keyboard

다양한 피아노, 키보드, 리드, 패드 등 사운드를 연주하고 입력할 수 있는 메뉴입니다.

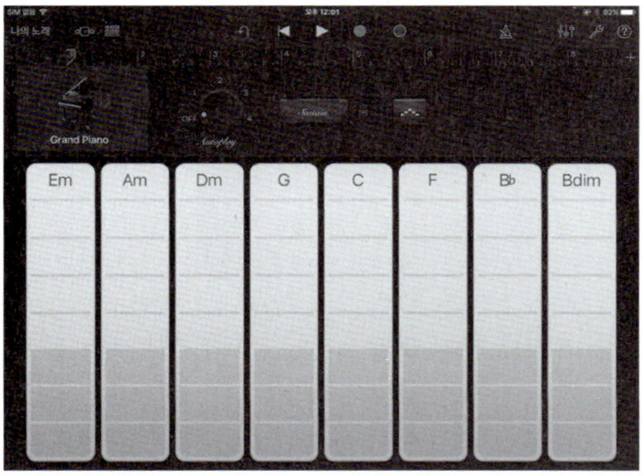

화면에 나누어진 부분에 간단하게 손가락으로 탭하면 해당되는 코드의 반주가 진행됩니다. Autoplay의 설정값을 변경시켜 다른 스타일의 자동연주를 한 번 살펴보도록 하십시오.

■ Smart Guitar

스마트 기타의 경우 어쿠스틱, 클래식 클릭, 하드락 등 다양한 기타를 연주할 수 있습니다. 스마트 키보드, 스마트 베이스와 마찬가지로 다양한 연주패턴을 변경하여 적용할 수 있습니다.

그림 2-18 어쿠스틱 사운드

그림 2-19 클래식 클린 사운드

어떠한 기타는 다양한 이펙터를 설정하여 보다 다채로운 사운드를 만들어 낼 수 있으며 직접 기타를 연주하는 듯한 느낌을 받을 수 있도록 구성되어 있습니다.

화면에서 보이는 바와 같이 스트링(줄)을 쓸어내리거나 프랫들을 손가락으로 탭하여 연주할 수 있습니다.

7) Drummer

개러지밴드에서는 실제 전문 드러머가 연주하는 듯한 가상의 세션 드러머를 사용하여서 다양한 그루브와 비트를 만들 수 있습니다.

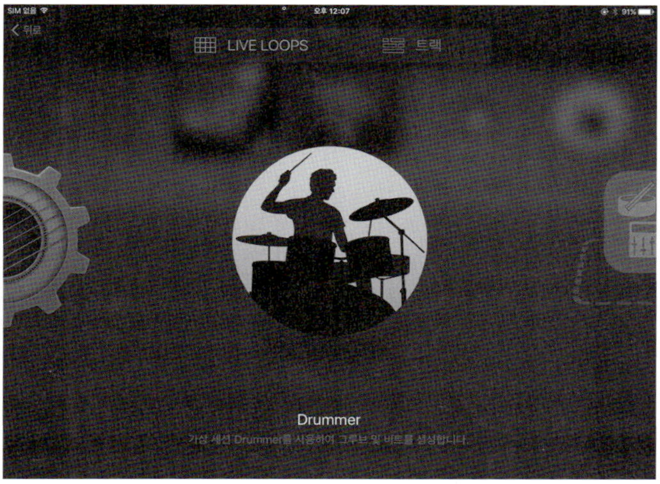

새로운 드럼세션을 만들게 되면 아래와 같이 가상의 세션 드러머가 선택되고 해당 섹션에 대해서 연주패턴이 자동으로 채워지게 됩니다.

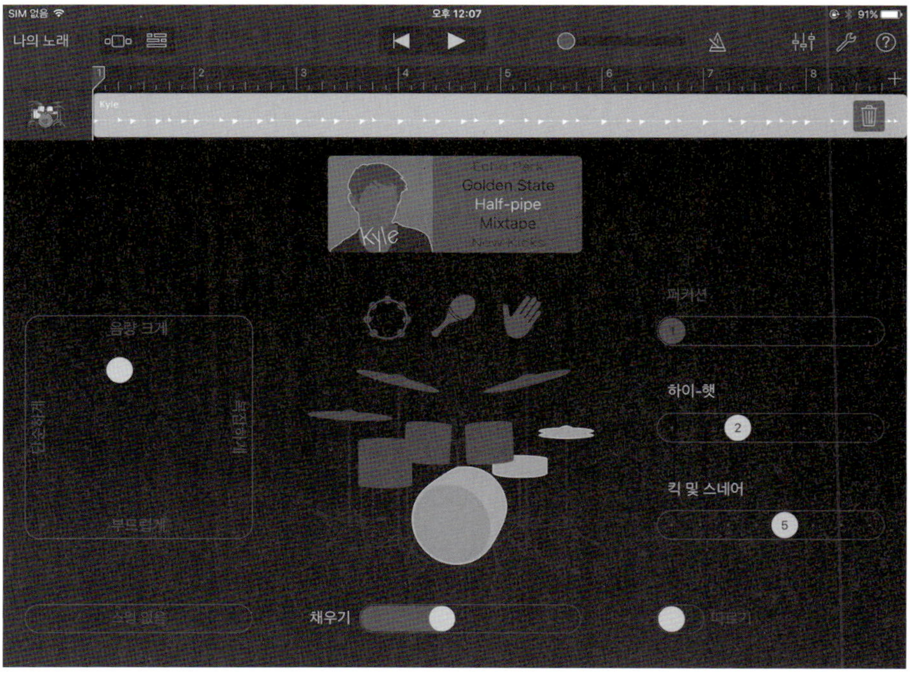

자신이 원하는 형태의 사운드를 만들기 위해 왼쪽에 있는 사각형 패드에서 퍽의 위치를 조정하면 왼쪽으로 갈수록 단순한 패턴으로 연주하고 오른쪽으로 갈수록 복잡한 패턴의 드럼을 연주하게 됩니다. 퍽의 위치가 높을수록 드럼사운드 레벨이 올라가 더욱 센 비트를 만들어냅니다.

가운데에 있는 키트피스들은 드럼을 구성하고 있는 세부적인 악기들이며 키스피스를 탭하여 연주에 포함시키거나 제외할 수 있습니다. 또한 피스를 선택하게 되면 오른쪽에 관련된 설정값을 슬라이드를 쓸어넘김으로써 변경할 수 있습니다.

다양한 설정값을 변경하여 자신에 맞는 사운드를 만들어 보시기 바랍니다.

만든 트랙을 이중탭(탭-탭)하면 팝업메뉴가 나타나는데 이름변경을 탭하여 자신이 만든 사운드에 대해 다음과 같이 이름을 지정하여 다른 트랙에서도 사용하기 쉽고 알아보기 쉽도록 해보시기 바랍니다.

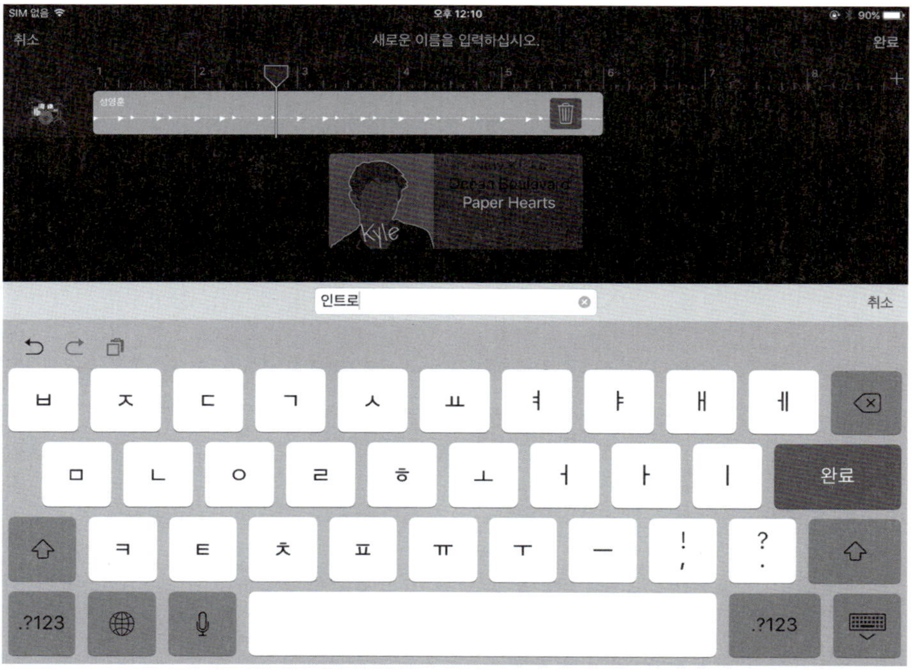

8) Inter-App 오디오 App

개러지밴드에서는 다른 음악앱에서 재생하는 사운드를 녹음할 수 있는 기능을 제공하고 있습니다. 악기를 추가할 때, 다음과 같이 Inter-App 오디오 App을 선택하십시오.

자신의 스마트기기에 설치되어 있는 앱들 중에서 개러지밴드와 호환이 되는 앱의 리스트가 다음과 같이 나타날 것입니다.

또는 다음과 같이 이전의 Audio Recoder를 선택하여 입력되는 악기에 호환되는 앱을 선택하여 적용할 수 있는 방법도 있습니다.

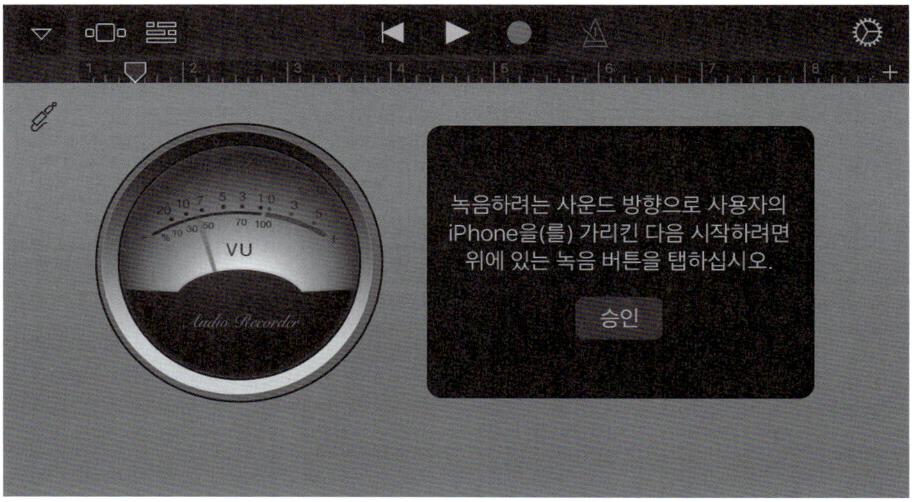

입력단자를 탭하면 다음과 같이 가져오고자 하는 악기 또는 효과가 나타납니다.

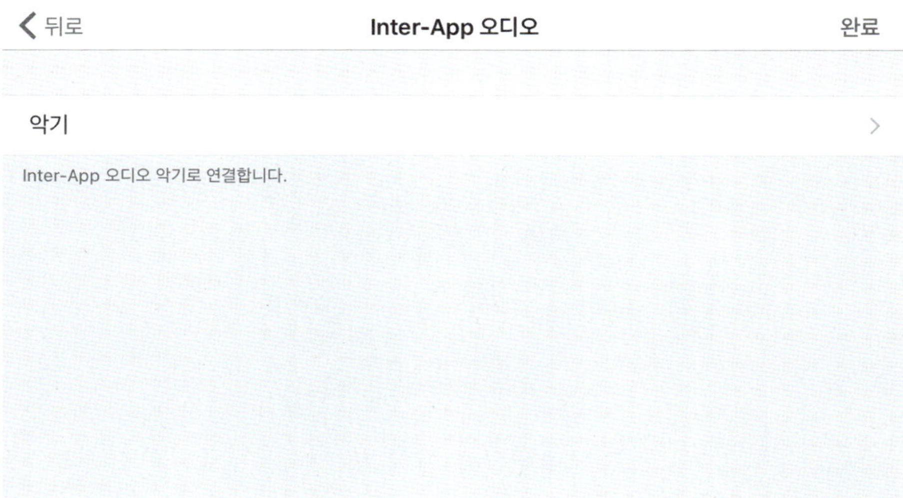

악기를 탭하면 다음과 같이 호환되는 앱이 나타납니다. 여기서 Launchpad를 탭하여 선

택합니다(설치되어 있지 않다면 앱스토어에서 설치해 보시기 바랍니다).

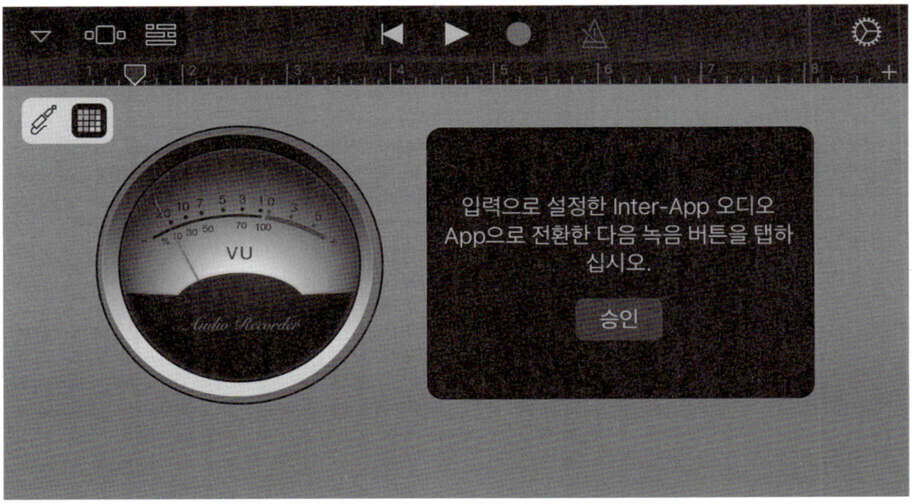

다음과 같이 Launchpad앱에서 나오는 사운드가 입력될 준비를 마친 상태입니다. 입력단자에는 Launchpad 앱의 아이콘이 연결되어 있습니다.

다음과 같이 입력되는 사운드에 다양한 효과를 적용할 수 도 있습니다.

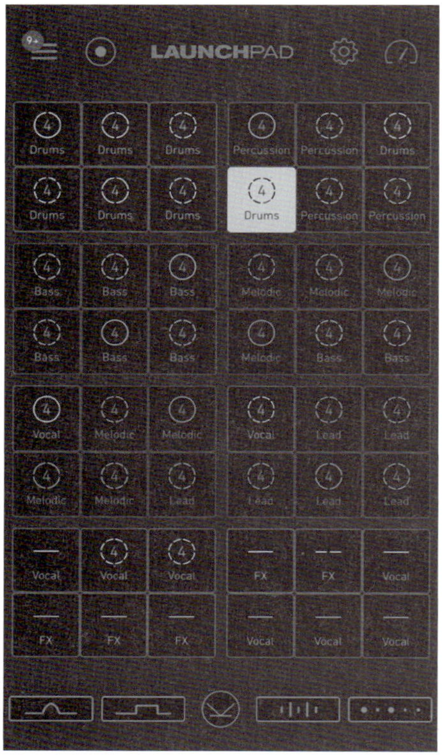

녹음할 준비를 마치고 Launchpad에서 다양한 사운드를 연주합니다.

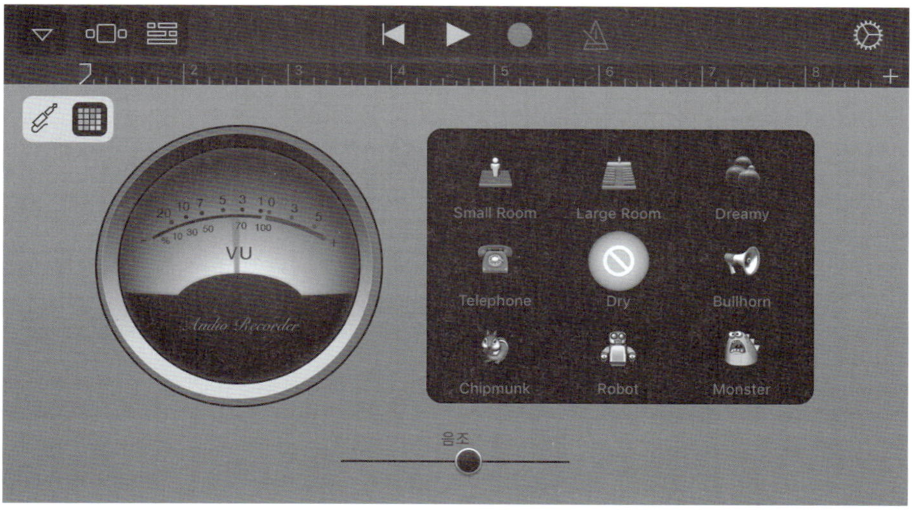

다음과 같이 VU 입력 레벨게이지를 보면 사운드가 입력되고 있는 것을 알 수 있습니다.

녹음 버튼을 눌러서 사운드를 입력받으면 다음과 같이 다른 앱에서 재생한 사운드가 녹음되어 있는 것을 알 수 있습니다.

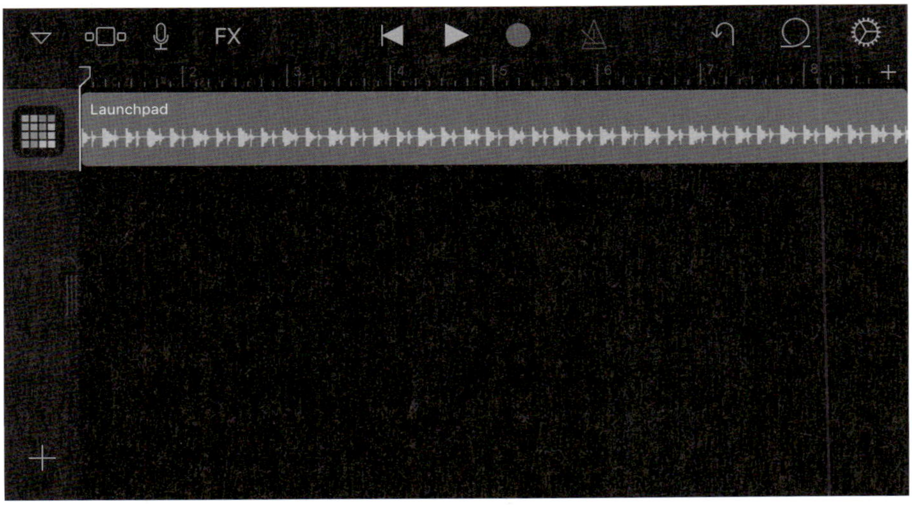

CHAPTER 3

음악과 컴퓨팅 사고

3.1 컴퓨팅 사고

우리는 앞 장에서 실생활 속에서 떠올리는 음악적 영감을 아이디어로 만들어 간단하게 저장할 수 있는 방법을 배웠습니다.

왁자지껄한 사람들의 목소리가 들리고 있는 곳에서 글을 쓰고 있습니다.

사실 디지털시대에서 장소는 크게 중요한 것이 아닙니다. 무엇인가에 집중하게 되면 그것 외에는 다른 것들은 보이지도 들리지도 않으니까요. 다들 어렸을 적 '수학의 정석'을 풀어보면서 그러한 기분을 느끼지 못하셨나요?

'아재개그입니다'

개러지밴드에 대한 기본적인 설정과 간단한 사용법에 대해서 배웠습니다. 그렇다면 이번 장에서 컴퓨팅 사고 기반으로 음악을 풀어나가는 원리에 대해서 얘기하도록 하겠습니다.

여러분이 가지고 있는 스마트기기도 결국에는 소프트웨어라고 하는 코드들로 이루어진 프로그램으로 구성되어 있습니다. 마찬가지로 스마트기기로 음악을 만드는 것도 결국 소프트웨어로 만들어진 프로그램이 제공하는 기능을 이용하여 창작물을 만드는 것이므로 이 것에 대해서 많이 알수록 더 빠르고 쉽게 음악을 만들수 있을 것입니다.

다음의 그림을 봅시다. 일반적인 컴퓨팅 사고에 관한 내용을 표현한 그림입니다.

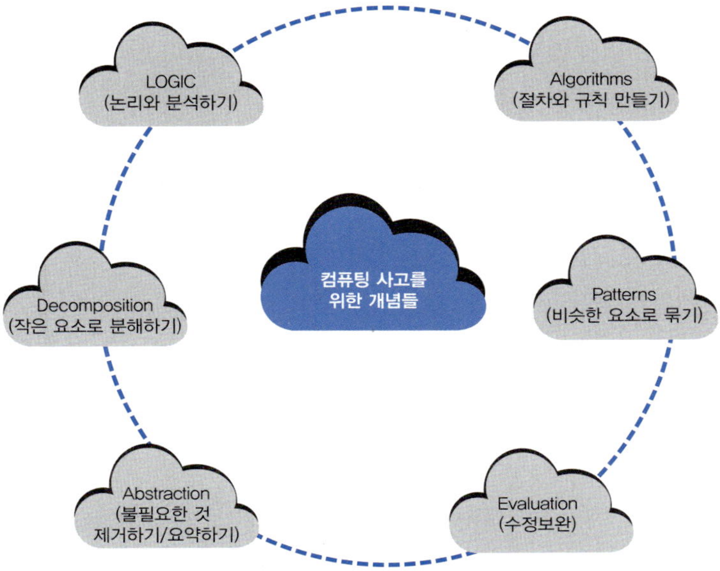

참고: www.barefootcas.org.uk

앞서 이야기한 것처럼 우리는 컴퓨팅 사고를 기반으로 하여 음악을 만들 것입니다.

컴퓨팅 사고가 무엇이냐구요?

Wing(2006)은 컴퓨팅 사고(Computational Thinking: CT)가 컴퓨터 과학자들뿐만 아니라 21세기 정보화 사회를 넘어 디지털 시대 SW 중심사회를 살아가는 모든 사람들에게 필요한 사고로서 읽기, 쓰기, 셈하기 능력에 이를 더하면 아동들의 분석 능력을 향상시킬 수 있다고 제안하였습니다. 또한 CT는 다양한 사고체계와 결합하여 복잡한 여러 단계를 추상화하고 이를 자동화하는 과정 속에서 일상생활의 문제를 해결하는 데 이용할 수 있다고 하였습니다.

그렇다면 컴퓨팅 사고의 개념들은 어떤것 들이 있을까요?

컴퓨팅 사고는 앞의 그림에서와 같이 로직(논리적 흐름), 알고리즘(절차와 규칙들을 만드는 것), 분해(커다란 요소를 작은 단위들로 나누는 것), 패턴들(비슷한 내용을 찾는 것), 요약(필요한 것들만 간추리는 것), 평가(making judgement)하는 요소로 구성되어 있습니다.

다시 한 번 표로 정리해 보면 다음과 같습니다.

표 3-1 컴퓨팅 사고의 주요 개념

컴퓨팅 사고의 주요 개념(Concepts)		설명
Logic	로직	논리와 분석하기
Algorithms	알고리즘	절차와 규칙들을 만드는 것
Decomposition	분해	커다란 요소를 작은 단위들로 나누는 것
Patterns	패턴들	비슷한 내용을 찾는 것
Abstraction	요약	필요한 것들만 간추리는 것
Evaluation	평가	만든 것을 수정, 보완

컴퓨팅 사고 기반의 문제해결활동은 다음과 같은 특징을 가지고 있습니다.

- 다양한 실험과 활동을 통해서 아이디어나 생각을 떠올립니다.
- 떠올린 생각을 가지고서 디자인과 창작을 통해 창의성을 키우게 됩니다.
- 만들어지는 결과물을 끊임없이 수정하고 고치는 과정에서 잘못된 오류들을 보완하게 되는 것입니다.
- 이러한 절차와 과정 속에는 반드시 인내하는 능력이 필요하게 되고 문제를 해결할 수 있는 문제해결력과 협업능력들도 같이 길러지게 됩니다.

이제는 보다 쉽게 이 컴퓨팅 사고를 이해하기 위해서 요리와 관련지어 이야기해 봅시다.

저는 야심한 밤, 가족들이 모두 잠든 시간에 이 글을 쓰고 있습니다.

아이들이 있는 집에서는 늘 있는 일이겠지만, 차분한 분위기에서 글을 쓴다는 것은 차라리 로또에 당첨되는 것만큼이나 어려운 일입니다. 이 와중에 티비속에 나오는 라면광고가 무척이나 저를 유혹하고 있습니다.

여러분은 라면을 끓일 때 어떠한 방법으로 끓이시나요? 구글에서 '라면 레시피'로 이미지 검색을 해 보았습니다. 그림 3-1과 같이 다양한 레시피가 있습니다.

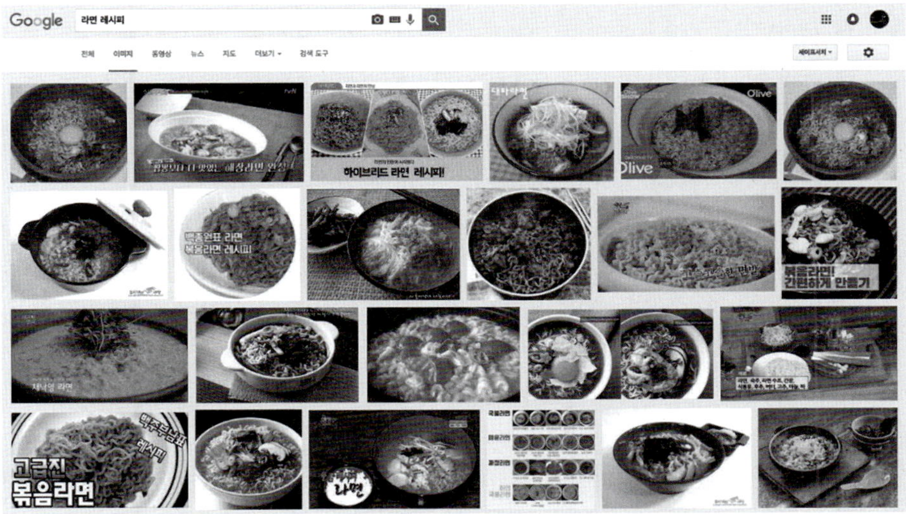

그림 3-1 구글 라면레시피 검색결과

한 번 스마트폰 메모앱을 열어서 여러분만의 스마트한 라면 레시피를 적어보시기 바랍니다.

표 3-2 라면 끓이는 방법

1. 물을 끓인다
2. 팔팔 끓으면 스프를 넣는다
3. 다시 물이 끓기 시작하면 면을 넣는다
4. 건더기 스프와 계란 탁!
5. 라면이 끓으면 2분뒤에 불을 끄고....

여기 새로운 레시피가 있습니다.

1. 물을 끓인다
2. 면을 넣는다
3. 스프와 건더기 스프를 넣는다
4. 라면이 끓으면 치즈를 올린다

자, 여기서 공통적인 것을 생각해 봅시다. 즉 패턴을 찾아내는 것입니다.

라면을 끓이는 레시피에서 찾을 수 있는 공통점은 무엇일까요?

첫 번째 물을 끓인다는 것,
두 번째 면과 스프를 넣는다는 것

공통적인 패턴에서 자신만의 방법(순서와 추가 요소들)을 가지고 라면을 끓이게 되면 금상첨화겠지요? 일단, 끓인 라면은 드시고 시작해 봅시다.

음악도 마찬가지입니다. 자신이 만든 멜로디를 재료로 하여 자신만의 방법대로 나열하고, 확장시키고, 때로는 간소하게 꾸미는 것입니다.

라면을 끓일 때 다들 라면 레시피 한 번쯤은 살펴보지 않았나요? 음악도 완전한 무(無)에서 새로움을 창조하기보다는 만들고자 하는 음악의 장르, 음악의 비트, 리듬, 곡의 진행과 내용을 참고할 수 있는 레시피가 필요합니다. 요즘은 인터넷의 발달로 인해서 검색을 통해서 얼마든지 자신에게 필요한 레시피를 구할 수 있습니다. 예를 들어 유튜브(Youtube)와 같은 동영상 공유 사이트를 활용하면 다양한 형태의 음악 만드는 방법들을 접할 수 있습니다.

3.2 음악의 요소

본격적으로 컴퓨팅 사고를 기반으로 음악을 한 번 풀어봅시다.

음악을 만들기 위해서는 음악을 이루고 있는 핵심 요소를 알아봐야(Decomposition, 분해) 합니다. 음악은 리듬, 멜로디, 화성이라는 세 가지 요소로 구성되어 있으며 음악이 연주(흐르는 시간)될 때 세 가지 요소가 조화롭게 이루어지는 것이 음악이라고 할 수 있겠습니다.

3.2.1 리듬(Rhythm)

첫 번째로 리듬은 무엇일까요?

리듬이란 음이 가지고 있는 길이(길고 짧음)와 셈여림(강약)이 조화된 것을 말하며, 단순히 음의 길이가 다른 것을 붙여 놓는다고 해서 리듬이 되는 것은 아닙니다.

다음의 음을 한 번 들어 보실까요?

1) 일정한 강약으로 8번 반복

어떠한가요? 아무런 감정이 느껴지지 않습니다. 감정이 느껴지신다면 타고난 천재시거나 영감이 풍부하신 분이라고 할 수 있겠네요. 이것은 단순하고 일정한 세기로 8번 음을 입력한 것입니다.

2) 음의 길이를 다르게하고 강약도 다르게하여 만들기

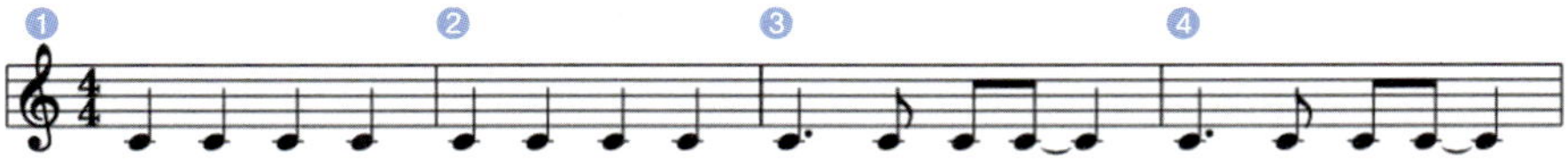

어떠한가요? 3-4마디에서 어떤 리듬이 규칙성을 가지고 있습니다. 즉 패턴이 있는 것입니다. 3번째 마디와 4번째 마디의 리듬이 서로 똑같습니다. 이것이 바로 컴퓨팅 사고에서 패턴 찾기를 의미하고 있는 것입니다. 음의 길이가 다르면서 규칙성을 가지고 있으니까 느낌이 새롭게 다가올 것입니다.

3.2.2 멜로디(Melody)

두 번째로 멜로디에 대해서 살펴봅시다.

멜로디란 음들을 서로 높낮이를 다르게 하여 연결하는 것을 의미합니다. 위에서 만든 4마디의 곡을 좀 더 확장하여 음들을 높낮이가 있게 펼쳐보도록 하겠습니다.

아까 일정하게 반복되었던 음표를 펼쳐서 두 번 반복하였습니다(5-6마디, 7-8마디).

이제는 만들었던 리듬을 좀 더 펼쳐서 반복하여 보겠습니다. 즉 3-4마디를 확장하여 음의 높낮이를 다르게 하였고(9-10마디), 이것을 다시 11-12마디에서 반복하였습니다.

여러분 놀라지 마세요. 일이 점점 커지고 있습니다. 벌써 12마디를 만들어 버렸습니다. 여기에서 앞서 얘기한 컴퓨팅 사고와 관련된 요소들을 다시 한 번 살펴볼까요?

컴퓨팅 사고의 주요 개념(Concepts)	
Decomposition	분해
Logic	로직
Patterns	패턴들
Abstraction	요약
Algorithms	알고리즘
Evaluation	평가

그렇다면 앞에서 알 수 있는 로직(논리적인 흐름)은 악보의 어디에 있을까요? 자세히 살펴보면(분해-Decomposition) 우리는 두 개의 마디가 반복적으로 움직이고 있는 것을 알 수 있습니다.

즉, 이 곡의 흐름을 결정짓고 있는 로직에 해당한다고 볼 수 있습니다. 라면에 비유하자면 반드시 필요한 면과 스프의 역할이겠지요.

그렇다면 이 곡에서 알고리즘은 어떻게 표현되고 있을까요? 위에서 표시한 두 개의 로직을 가지고 아래의 형태로 확장시키고 있습니다.

패턴 1(로직 1)

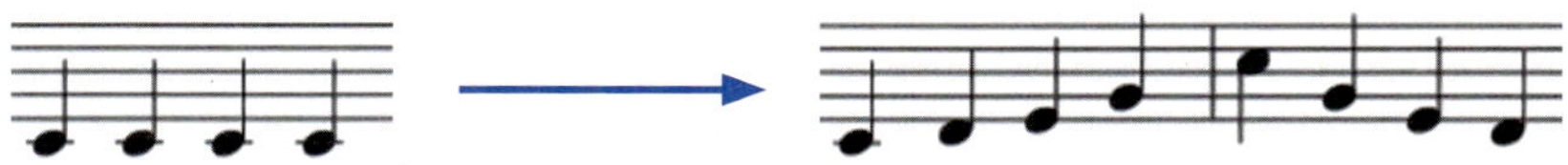

패턴 2(로직 2)

1~4번째 마디에 있는 패턴 1개와 5~8번째 마디에 있는 패턴 1개로 위의 12마디 곡을 구성하고 있습니다.

앞에서 구성하였던 곡을 정리하여 다음과 같은 조합으로 만들어 보았습니다. 개러지밴드에서 구현되어 있는 화면을 보면 훨씬 이해하기 쉬울 것입니다.

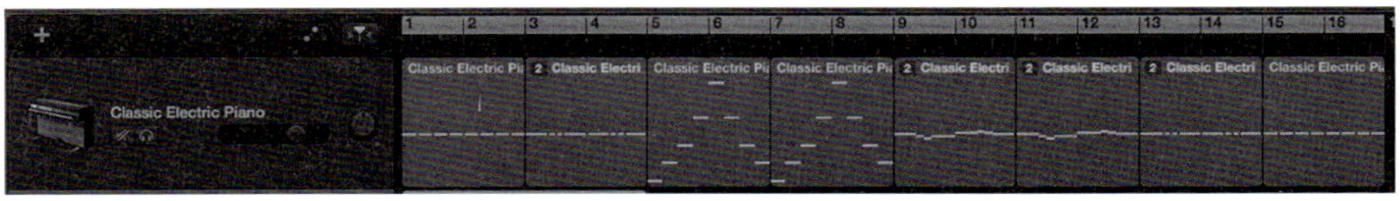

앞에서 만든 로직들을 다시금 재편집하여 1-8번마디의 알고리즘으로 만들었습니다.

이제 컴퓨팅 사고의 절차로 한 번 다시 정리해 보도록 하겠습니다. 물론 이 과정들은 앞으로 계속 나오게 될 것이므로 조금만 반복하면 익숙해 질 것입니다.

전체적인 16마디의 악보를 한 번 살펴보도록 합시다.

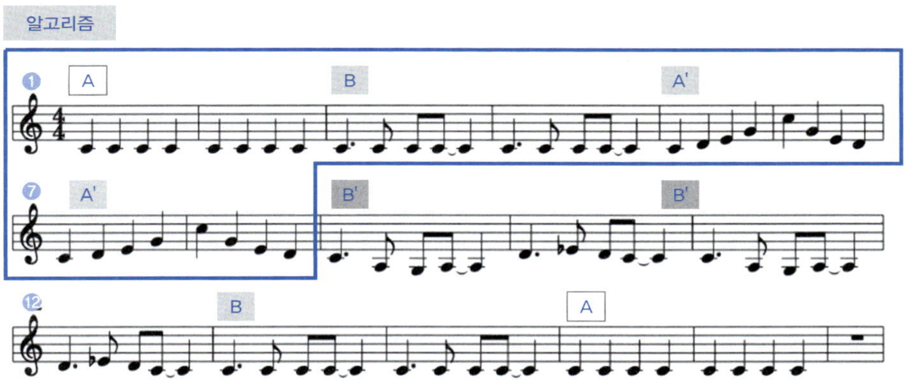

➜ 분해하기(Decomposition)

이것을 분해해보면 다음과 같습니다.

- 1-2마디(A): 하나의 로직을 만듭니다.
- 3-4마디(B): 음의 길이를 다르게하고 강약에 변화를 주어 리듬을 만들었습니다.
- 5-6마디(A'): 로직 A를 가지고 음의 높낮이를 변화시켜 멜로디를 만들었습니다.
- 7-8마디(A'): 5-6마디의 로직을 반복하여 강조하였습니다. 그리하여 1-8마디까지

하나의 알고리즘(A-B-A'-A')을 구성하게 되었습니다.

- 9-10마디(B'): B를 변형하여 멜로디를 만들었습니다. 그러나 앞서 5-6마디와는 달리 리듬 기반 위에 멜로디가 추가되는 형태입니다.
- 11-12마디(B'): 9-10마디의 B'를 반복하여 강조하였습니다.

그리고, 여기에서 중요합니다.

- 13-14마디: 다시 3-4마디(B)로 돌아가고 있습니다. 즉 앞에서 B' 형태로 반복되던 것을 다시 B의 원형으로 되돌리고 있습니다. 마치 새로운 로직을 구성한 느낌입니다.
- 15-16마디: 처음 시작되었던 1-2마디(A)의 형태로 완전히 돌아갔습니다.

➜ 요약하기(Abstract)

전체적으로 1-16마디까지의 하나의 알고리즘으로 나타내면서 간추려 보았습니다. 만들어진 곡을 로직 번호로 순차적으로 나타내어 보면 다음과 같습니다.

A-B-A'-A'
B-B'-B-A

여기서 하나 착안해 볼 것(Tinkering)은 원래 만들었던 알고리즘 I은 A-B-A'-A'과 같이 진행되고 있다면 알고리즘 II에서는 B-B'-B-A로 역순으로 배열하여 진행하고 있다는 사실입니다.

➜ 평가하기(Evaluation)

눈치가 빠르신 분들은 벌써 알고 있을 거라 생각이 됩니다. 바로 자신이 만든 곡을 평가해 보는 단계입니다. 즉, 만든 것을 들어보고 수정해야 할 부분들을 찾아보거나 보완하는 단계입니다. 작성되어 있는 멜로디 라인을 보다 자연스럽게 수정해야 합니다. 물론 이 과정에서는 다른 사람의 레시피를 참조하는 것도 좋은 방법이겠지요?

3.2.3 화성(Harmony)

어떻습니까? 제법 하나의 곡으로 만들어져가고 있는데 뭔가 부족한게 있습니다. 머니중에서 제일 달콤하다는 하모니, 바로 화성이라는 음악의 세 번째 요소를 넣어서 아름답게 데

코레이션 해야할 필요가 있겠습니다.

화성(하모니)이라는 것은 둘 이상의 음을 동시에 울리게 되는 것, 즉 수직적인 것을 의미하며 음악의 흐름에 따라서 각각 쌓여져 있는 음들이 연속적으로 연결되는 것을 말하고 있습니다.

자, 그렇다면 우리가 만든 알고리즘을 가지고 두번째의 확장판을 만들어 보도록 합시다. 결국 음악은 감성을 기반으로 하는 변화 속에서 다양함을 추구하는 것이니까요.

기존에 있던 로직(1마디)을 다음과 같이 바꾸었습니다.

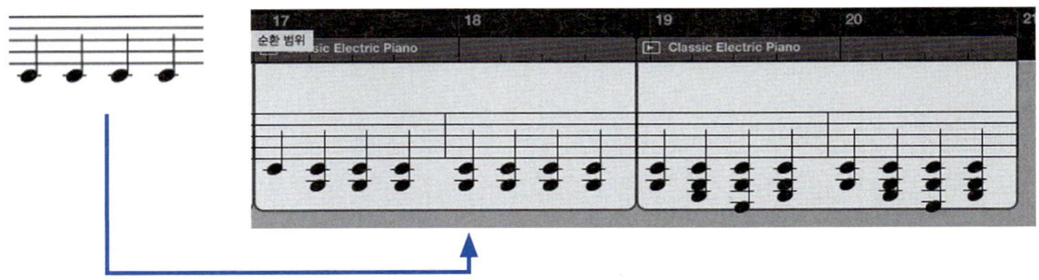

17-18마디에서 보면 하나의 음(C)에 간격을 두고 솔(G)음을 배치시켜서 쌓았습니다. 본문의 표현은 어디까지나 컴퓨팅 사고에 관련된 접근이므로 일반적인 음악용어 사용과는 거리가 있을 수 있습니다.

1) 간단하게 확장하기

보다 이해를 쉽게하기 위해서 위에서 쌓여진 음들을 표현해 보면 다음과 같습니다.

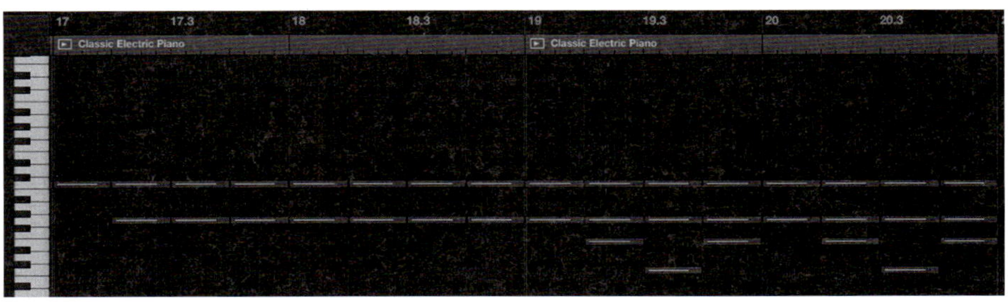

각각의 음들이 간격을 두고서 레고를 쌓듯이 블럭형태로 쌓아진 것들이 보이시나요?

자세히 살펴보면 앞서 얘기한 것처럼 17-18마디에서 진행한 것과 19-20마디에서 진행한 것의 내용이 조금 다르다는 것을 느낄 수 있을 겁니다.

17-18마디에서는 처음 도(C)음 아래에서 솔(G)음을 쌓아서 진행하였으나, 19-20마디에서는 쌓아놓은 음을 좀 더 다이나믹하게 간격을 넓혀서 확장하였습니다. 그러면 만들어진 화음을 한 번 들어보시기 바랍니다. 유튜브(Youtube) 채널을 참고하시면 됩니다.

2) 로직을 가지고 화성 확장하기

다시금 로직을 가지고 화성을 진행해 봅시다. 물론 일정한 간격으로 말입니다. 이것은 마치 놀이와도 같은 것입니다. 원래의 로직인 4분음표를 8분음표로 나누어서 리듬을 만들었고 아래에 음을 쌓아서 화성을 입혔습니다.

그림 3-2 로직을 바탕으로 화성을 확장

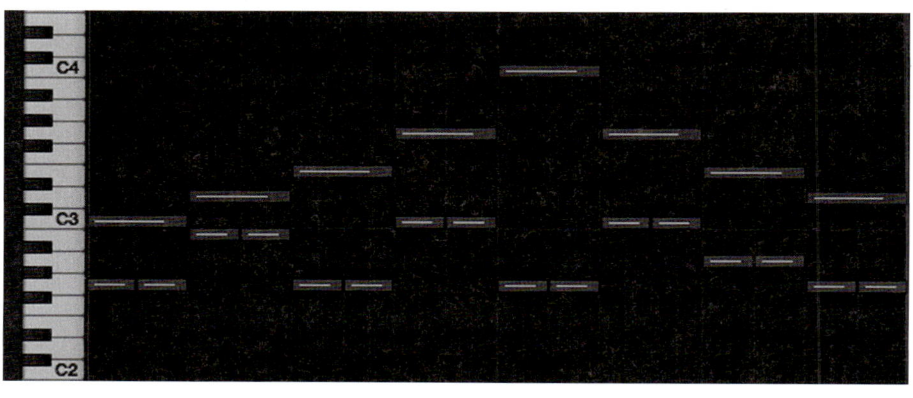

그림 3-3 확장된 화성을 미디블럭으로 표현

그림을 통해 진행되고 있는 화성들이 보이시나요?

이렇게 음악 한 곡에는 다양한 멜로디라인, 진행하는 방법 등이 포함되어 복잡하게 연결되어 있습니다. 우리는 한 소절에서 시작한 멜로디를 가지고 멋진 하나의 작품으로 완성 시켜가는 동안 여러분은 컴퓨팅 사고를 기반으로 문제를 해결하는 방법을 이해하고 음악을 만들 수 있는 사람으로 변화되고 있을 것입니다.

3.2.4 스케일(Scale, 음계)

다음의 노래는 '나비야'입니다. 초등학교 다닐 때 한 번쯤은 불러보았을 노래입니다.

> 나비야 나비야 이리날아오너라
> 노랑나비 흰나비 춤을 추며 오너라
> 봄바람에 꽃잎도 방긋방긋 웃으며
> 참새도 짹짹짹 노래하며 춤춘다

그리고 다음의 악보를 한 번 보시기 바랍니다.

'어라? 이건 단순히 계이름을 쭉 이어붙인거 아닌가?'

하고 생각하시는 분들이 많으실 것입니다.

이제는 앞서 부른 멜로디에 다음의 음계들을 한 번 붙여서 불러보시기 바랍니다.

맞습니다. 모든 음계를 음이름과 숫자로 표현한 것입니다. 계이름은 '도(C) 레(D) 미(E) 파(F) 솔(G) 라(A) 시(B) 도(C)'로 표현됩니다.

외우기 쉽게 멜로디에 계이름을 붙여서 다음과 같이 불러봅니다.

나비야 나비야 이리날아오너라	도다0 레라2 미바4 파바5
노랑나비 흰나비 춤을 추며 오너라	솔사7 라가9 시-나-11-
봄바람에 꽃잎도 방긋방긋 웃으며	도다0 레라2 미바4- 파바5
참새도 짹짹짹 노래하며 춤춘다	솔사7 라가9 시-나-11-

이러한 방법은 제가 어렸을적 고등학교의 음악 선생님께서 가르쳐 주셨던 방법인다. 물론 다른 노래를 붙여서 불러도 좋습니다. 여기서 나오는 숫자는 무엇을 의미하고 있을까요?

피아노 건반 위에 새겨진 숫자들을 보며 다시 한 번 살펴봅시다.

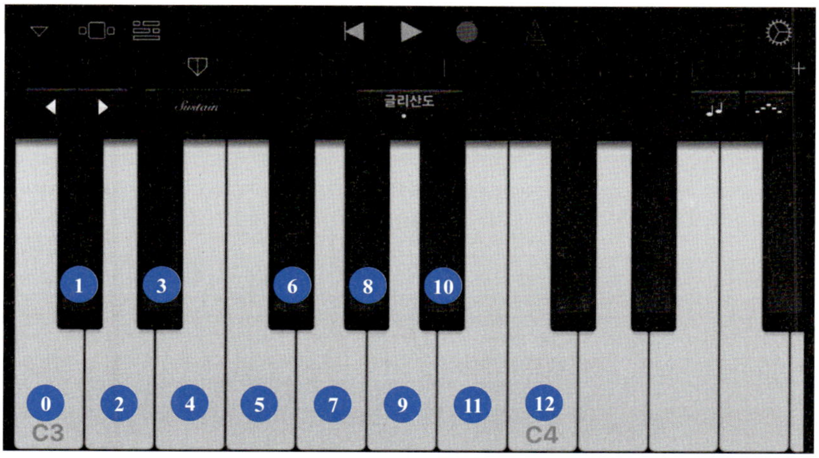

바로 그 숫자들은 하나씩 올라갈 때마다 반음의 갯수도 같이 올라가는 것입니다.

만약 조를 옮겨야 할 필요성이 있을 때 예를 들어 설명해 보겠습니다.

다장조의 곡을 라장조로 옮기고 싶을 때는 다음과 같은 계산방식으로 하면 됩니다.

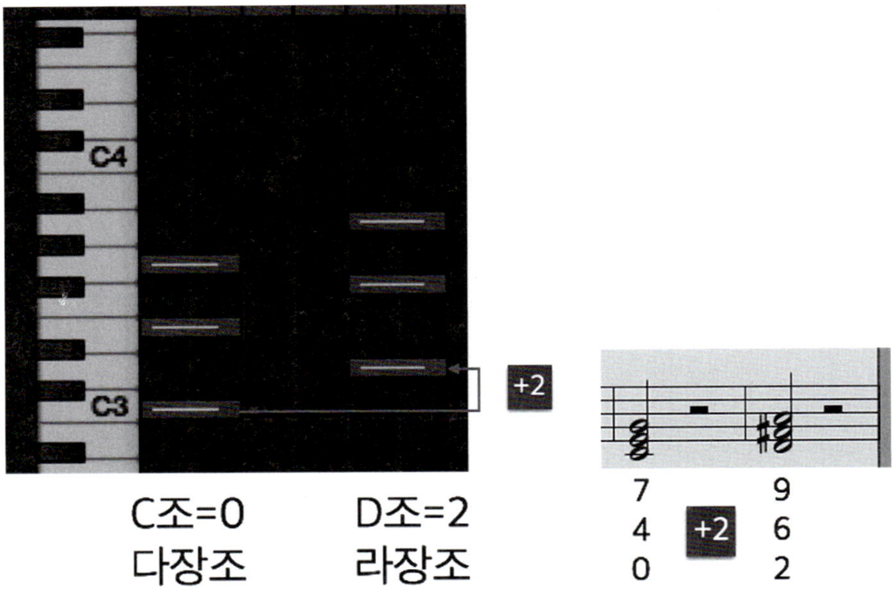

옮기고자 하는 조성(다장조 → 라장조)의 으뜸음 관계에서 숫자가 얼마나 증가 또는 감소했는지를 파악하면됩니다.

다장조의 값은 '도다0'이므로 으뜸음은 '도'가 되고 숫자로는 '0'이 됩니다.

라장조는 '레라2'이므로 으뜸음은 '레'가 되고 숫자로는 '2'가 됩니다.

다장조에서 라장조로 옮기는 것이기 때문에 '0'에서 '2'로 '증가'가 되는 것입니다.

즉, 해당되는 모든 음의 숫자값을 '+2'만큼 더한 값을 그대로 표시해 주면 됩니다. 무척이나 간단하면서 화음, 화성을 연결하거나 수정할 때 쉽게 사용할 수 있습니다.

컴퓨터에서는 더욱 간단하게 조옮김을 할 수 있습니다. 블럭처럼 만들어진 코드들을 전체 선택하여 앞서 얘기한 계산방식대로 그대로 드래그해주면 간단하게 해결되는 것입니다.

이 책은 음악에 대한 거창한 이론보다 실전과 경험에서 우러나는 것을 바탕으로 처음 접하는 사용자들이 쉽게 자신의 생각과 문제해결(곡을 쓰는 것)을 돕기 위해 쓰여진 책입니다. 나중에 화음을 이루고 있는 코드에 대해서도 얘기하게 될 것인데 그 때 좀 더 자세하게 알아봅시다.

잊지마세요 'C D E F G A B C' !!!

3.3 음악의 장르

사실 하나의 마디에 들어가 있는 일련의 음악적 요소들이 바로 컴퓨팅 사고에서 로직에 해당한다는 것을 알았습니다. 물론 로직은 논리적인 흐름이기 때문에 꼭 하나의 마디에서 그 로직이 다 이루어진다고 보기는 어렵습니다. 짧은 동요곡 같은 경우에는 4마디가 하나의 주제를 표현하고 있을 때고 있고, 록음악의 경우에는 기타의 리프(Riff)가 하나의 로직을 구성하고 있습니다.

음악을 만들기 위해선 다른 사람들이 만든 음악을 들어보는 것도 중요합니다.

무작정 아무 음악이나 찾아서 들어보는 것 보다는 장르에 맞는 음악을 골라서 들어 보는 것을 추천합니다.

음악의 장르에는 어떤 종류가 있을까요? 클래식, 재즈, 록음악, CCM, 팝음악, 전자음악 등 다양한 음악들이 있을 겁니다. 유튜브(Youtube)에서 여러분이 좋아하는 음악을 찾아 들어보시기 바랍니다.

요리도 좋은 레시피를 참조하여 만들면 일정 수준 이상의 요리를 만들 수 있듯이 음악도 마찬가지입니다. 자신이 좋아하는 음악을 선곡하여 그것을 레시피로 하여 만들어보면 무작정 곡을 만드는 것보다 훨씬 접근하기가 좋을 것입니다.

이 책에서는 주로 쉽게 접할 수 있는 음악들을 레시피로 하여 진행합니다.

팝음악은 대중음악이라고 불리우며 일반 대중을 대상으로 단순함과 통속성 및 오락성을 지니고 대중매체를 통해 전파되는 음악을 말하고 있습니다. 팝음악의 구성은 보컬, 일렉기타, 베이스 기타, 드럼, 건반악기, 어쿠스틱 기타, 피아노, 신디사이저, 드럼머신, 샘플러 등으로 구성되며 다른 악기들도 수시로 사용됩니다. 록음악은 다양한 형태의 장르가 있는데 얼터너티브록, 메탈, 크리스천록, 프로그레시브록, 펑크록 등 그 종류가 매우 다양합니다.

반면 인디음악은 음악의 유통면에서 독립적인 특징을 가지고 있어 팝음악과는 다른 점이 있습니다. 음반을 제작하고 프로듀싱, 믹싱, 마스터링의 과정을 음악가 스스로 해결하고 공연, 유통 등 매니지먼트의 업무는 일반적으로 레이블이 도와주는 형태로 가고 있습니다. 국내의 경우 크라잉넛, 옐로우키친, 델리스파이스, 언니네이발관, Nell 등 수많은 인디밴드들이 존재하고 있습니다.

인터넷 기술의 발달은 인디밴드들에게 커다란 기회를 가져다 주게 되었습니다. 유통의 변화를 가져다 주었으며 유튜브, 사운드클라우드(soundcloud.com)와 같은 공유 플랫폼 위에서 자신이 만든 창작물을 공유하고 홍보하는데 어려움이 없을 정도로 접근성이 강화 되었습니다. 또한 최근 홈레코딩 기술의 발전으로 누구나 쉽게 집에서 간단한 장비만으로도 자신만의 음악을 만들고 음반 발매까지 할 수 있을 정도의 수준으로 올라오게 되었습니다.

무엇보다 인디음악의 가장 중요한 역할 중의 하나는 바로 새로운 장르와 다양한 형식에 대한 시도를 통한 창작자의 자유를 보장하고 있다는 것이라 볼 수 있습니다.

새로운 레시피로 만들어진 음악들을 다양한 방법을 통해 많이 들어보시길 추천합니다. 결국 새로운 다양성에 대한 탐구가 곧 또다른 창의적 결과물을 만들어 낼 거라 믿습니다.

표 3-3 컴퓨팅 사고기반 음악 만들기

곡을 만들기 위한 순서		설명	음악적 적용
Decomposition	분해	커다란 요소를 작은 단위들로 나누는 것	곡을 구성하고 있는 세부적인 내용을 파악하는 것
Logic	로직	논리적 흐름	곡을 이루는 주요한 뼈대, 근간
Patterns	패턴들	비슷한 내용을 찾는 것	곡에서 공통적으로 나타나는 로직들
Abstraction	요약	필요한 것들만 간추리는 것	로직들을 적절하게 구성하여 만든 하나의 음악적 테마
Algorithms	알고리즘	절차와 규칙들을 만드는 것	전체의 곡을 알고리즘으로 표현하여 간략하게 표현하는 것
Evaluation	평가	Making judgement	만든 곡을 평가하고 수정, 보완하는 것

이번 장에서 우리는 컴퓨팅 사고를 기반으로 하는 음악을 만들기 위한 기본적인 원리와 구성법에 대해서 배워보았으며 컴퓨팅 사고의 절차대로 곡을 만들어 보기 위한 과정을 알아보았습니다.

CHAPTER

4

멜로디 로직

우리는 3장에서 스케일에 대해 배웠습니다. 계이름에 대해서 알고 조성에 맞는 음계들로 옮기는 방법에 대해서도 알아보았습니다. '나비야' 노래를 기반으로 으뜸음과 관련된 계이름들을 숫자들로 변경하여 계산하는 방법입니다.

사실 컴퓨팅 사고의 관점에서 보면 멜로디는 곡의 뼈대가 되는 로직에 해당한다고 볼 수 있습니다. 결국 음악은 다양한 음들이 수직적으로 쌓이고(화음), 쌓여있는 화음들이 수평적으로 진행(흐름)될 때 그 속에서 아름다움을 느낄 수 있는 것입니다. 더 나아가면 로직은 바로 이러한 수직적이고 수평적인 음들 간의 핵심적 근본이 되는 멜로디로 귀결됨을 의미합니다.

물론 음악을 만드는데 천재적인 소질을 가지고 있는 사람은 자신의 영감을 그대로 악보로 옮겨적어 단숨에 곡을 써 나갈 것입니다. 아마도 그런 능력을 가진 사람은 그리 많지는 않을 것입니다. 대부분의 사람들(저와 같은 평범한 사람들)은 자신의 아이디어를 스케치하고 이것을 계속해서 다듬어 나가면서 좋은 곡들을 만들게 될 것입니다.

4.1 코드 팅커링

아이디어를 떠올릴 때 머리속에 라인을 그리는 경우도 있겠지만 반주라고 하는 준비되어 있는 화음들의 진행속에서 멜로디라인을 만들어가는 경우도 많이 있습니다. 일종의 코드진행이라고 합니다. 코드는 음이 일정한 간격으로 수직적으로 쌓여있는 화음 체계를 말하는 것입니다.

우리 귀에 익숙한 노래들은 일정한 코드 패턴들을 가지고 있습니다. 예를들면 Axis of Awesome 밴드는 4개의 코드들로 진행되는 대표적인 노래들을 불러서 큰 호응을 얻기도 했습니다. 일명 머니코드(Money Chord)라는 4개의 코드 E-B-C#m-A로 구성된 대표곡들 중 제임스 블런트(James Blunt)의 'You're Beautiful', 제이슨 므라즈(Jason Mraz)의 'I'm Yours', 마룬파이브(Maroon 5)의 'She Will Be Loved', 비틀즈(The Beatles)의 'Let It Be' 등의 히트곡이 있습니다.

음악을 만들면서 기본 배경이 되는 코드진행들은 주요한 로직이 되는 멜로디 라인을 완성하는데 중요한 역할을 합니다. 앞 장에서 배웠던 숫자로 된 계이름 체계를 떠올리면서 머니코드(E-B-C#m-A)를 다장조(C Major)에서 4개의 코드로 변경하여 봅시다.

코드를 변환하는 단계를 표로 만들어 보았습니다. 쉽고 간단하죠? 어떠한 형태의 코드, 화음이든 숫자로 변환하여 계산하면 쉽게 바꿀수 있습니다.

표 4-1 코드변환 단계

단계	기존	변경	비고
으뜸음	E (미마4)	C (도다0)	4에서 0으로 -4 감소
코드진행	E - B - C#m - A		
숫자변환	4 - 11 - 1(13) - 9	0 - 7 - 9 - 5	기본: 4를 빼주면 됨 1에서 4를 빼면 -3이므로 보정을 위해 1+12=13에서 4을 뺌
변환된 코드		C - G - Am - F	코드변환에서 장조가 단조로 바뀌지 않으므로 조만 바뀌고 그대로 표기(예: C#m 〉 Am)

그러면 다장조(C Major)에서 바장조(F Major)로 변환하려면 'b'이나 '#'이 몇 개가 붙어야되는지 한 번 살펴볼까요?

다장조의 으뜸음은 'C'이며 숫자로 나타내면 '0'입니다. 변환하고자 하는 바장조의 으뜸음은 'F'이며 숫자는 '5'입니다. 따라서 '+5' 증가가 되므로 나머지 계이름들이 가진 숫자값에 순차적으로 '5'를 더하면(피치를 5 올림) 위와 같은 스케일이 완성되는 것입니다.

왼쪽에 있는 스케일이 다장조이고, 오른쪽이 바장조입니다. 바장조에는 'B(시나11)'이 10

으로 원래 11보다 하나 작습니다. 이것을 표현하기 위해 'b(플랫)'이 붙은 것입니다. 반음올리려면 '#(샾)'이 붙습니다. 따라서 바장조에는 'b(플랫)'이 하나가 붙게 되는 것입니다.

그렇다면 먼저 3코드 진행으로 불리우는 다장조의 I도, IV도, V도 화음진행에 대해서 알아보겠습니다.

도	I	II	III	IV	V	VI	VII
으뜸음	도	레	미	파	솔	라	시
코드명	C	Dm	Em	F	G	Am	Bdim
화음	도미솔	레파라	미솔시	파라도	솔시레	라도미	시레파
숫자	0 4 7	2 5 9	4 7 11	5 9 12	7 11 14	9 12 16	11 14 17
변환	4 3	3 4	3 4	4 3	4 3	3 4	3 4

위의 악보는 다장조의 음계를 순서대로 나열하였습니다. 계이름마다 일정한 간격을 두고 음들을 쌓아올려서 화음을 만들었습니다. 각각의 화음들(예: 도미솔)에 숫자를 매칭하여 보았습니다.

컴퓨팅 사고에서 '패턴찾기'가 기억나시나요? 중요한 로직들을 찾아내기 위해 공통점이 발견하는 과정입니다.

어떠한 것들이 보이시나요? 바로 '4 3', '3 4'라는 숫자들이 보일 것입니다.

그러면 이것을 다시 정리(Abstraction)해 봅시다.

표 4-2 코드에서 패턴찾기

구분	관련 코드들	느낌	비고
4 3 계열	C, F, G	장조의 느낌 밝다, 긍정적이다	I, IV, V도 화음
3 4 계열	Dm, Em, Am, Bdim	단조의 느낌 우울하고 블루지하다	II, III, VI, VII도 화음

'4 3'패턴들, '3 4'패턴들은 각 코드들에서 음들의 간격을 숫자로 계산한 결과들 중 같은 유형들을 모아 놓은 것입니다.

앞의 표에서와 같이 '4 3 계열'에 해당되는 코드들은 모두 I, IV, V도 화음으로 장조계열의 코드들입니다. 다장조에서 C, F, G 코드에 해당되는 것입니다. 반면 '3 4 계열'의 코드들은 II, III, VI, VII도 화음으로 단조계열의 코드들에 해당됩니다. 다장조에서는 Dm, Em, Am, Bdim 코드라 불립니다.

조금만 더 나아가 봅시다. 이것은 나중에 곡을 편곡할 경우에도 많이 사용되므로 알아두면 유용하게 쓰일 것입니다. 수학에서 마치 구구단을 배우는 것과 같다고 생각하시면 되겠습니다.

다장조에서 'C F G' 코드는 라장조에서는 어떻게 바뀔까요? 앞서 얘기한 조옮김의 과정을 그대로 적용하여 봅시다.

표 4-3 조옮김 과정

단계	기존	변경	비고
으뜸음	C (도다0)	D(레라2)	0에서 2로 변경(+2 증가)
해당코드	C (도다 0) F (파바 5) G (솔사 7)		
숫자변환	C 0 + 2 = 2 F 5 + 2 = 7 G 7 + 2 = 9	2 7 9	코드값에서 '+2' 계산
변환된 코드		D (레라 2) G (솔사 7) A (라가 9)	변환된 숫자에 해당하는 코드를 찾아 적어준다

따라서 다장조에서의 'C F G' 코드는 라장조에서는 'D G A' 코드로 바뀌는 것을 알 수 있습니다. 실제 피아노나 기타를 통해서 연주해 보면 진행은 똑같지만 피치(음높이)가 2도 증가된 것을 알 수 있을 것입니다.

이러한 원리로 조별 주요 3화음을 적어보면 다음과 같습니다. 다장조의 기본 3화음(C, F,

G)의 숫자값을 기준으로 각 조별에 해당하는 증가값을 더해서 코드를 찾아보면 됩니다.

F장조의 경우 F의 값이 5이므로 여기에 5을 더하면 10이 됩니다. 따라서 B의 값인 11에서 반음을 뺀 10을 만들어야 하기에 Bb이 되는 것입니다.

표 4-4 조옮김 결과

구분	C (0)	D (2)	E (4)	F (5)	G (7)	A (9)	B (11)
0	C (0)	D (2)	E (4)	F (5)	G (7)	A (9)	B (11)
+5	F (5)	G (7)	A (9)	Bb (10)	C (12, 0)	D (14, 2)	E (16, 4)
+7	G (7)	A (9)	B (11)	C (12, 0)	D (2)	E (4)	F# (6)

눈치채신 독자들도 있을 것입니다. 4개의 코드들로 이루어진 진행하는 셋팅도 마찬가지입니다. 여러분은 이제 주어진 하나의 '로직'을 가지고 있으면 얼마든지 다른 형태로 변형(조옮김)이 가능한 능력을 갖추게 되었습니다.

그렇다면 아까 나왔던 4개의 코드 'E-B-C#m-A'는 다른 조성으로 어떻게 정리되는지 한 번 살펴봅시다.

표 4-5 E-B-C#m-A 조옮김

구분	C (0)	D (2)	E (4)	F (5)	G (7)	A (9)	B (11)
0	C (0)	D (2)	E (4)	F (5)	G (7)	A (9)	B (11)
+7	G (7)	A (9)	B (11)	C (12)	D (14, 2)	E (16, 4)	F# (18, 6)
+9	Am (9)	Bm (11)	C#m (13, 1)	Dm (14, 2)	Em (16, 4)	F#m (18, 6)	G#m (20, 8)
+5	F (5)	G (7)	A (9)	Bb (10)	C (12, 0)	D (14, 2)	E (16, 4)

이제 실제 음악에서는 주요 화음들이 어떻게 진행되면서 이뤄지는지 한 번 알아봅시다.

영화 '라밤바'에서 Ritchie Valens가 부른 '라밤바(La Bamba)'라는 노래를 아시나요? 이 노래를 알고 있다면 저와 같은 연배일 가능성이 매우 높습니다. 유튜브에서 한 번 검색하여 들어보시길 바랍니다. 구글에서 'la bamba Score'라고 검색하면 많은 무료악보들을 볼 수 있습니다.

이 노래는 다장조(C Major)에서 만들어진 아주 간단한 'I - IV - V' 코드 진행으로 이루어져 있습니다. 익숙한 코드들을 진행시켜가면서 멜로디를 떠올린다면 보다 쉽게 자신의 아이디어를 팅커링할 수 있습니다.

'라밤바'의 반복되는 코드진행을 나타내면 다음과 같습니다.

표 4-6 La Bamba 코드 진행

마디	1		2	3		4
코드	C	F	G	C	F	G

C, F 코드가 1번째 마디 안에 두 번 들어가고 2번째 마디에서 G 코드로 채워져 있습니다. 3개의 코드만을 가지고서 이렇게 훌륭한 곡을 만들 수 있다니 참 놀랍습니다.

곡의 전체적인 흐름과 관련하여 구성은 어떻게 되어 있는지 한 번 살펴봅시다.

구분	1	2	3	4	5	6	7	8	9
내용	인트로	가사 1	가사 2	코러스	가사 1	솔로	가사 2	코러스	엔딩

처음엔 못갖춘 마디에서 베이스로 인트로를 시작하고 바로 1번째 마디에서 위의 표에서 제시하고 있는 코드진행으로 곡이 흘러갑니다. 1, 2절의 가사가 끝나고 코러스가 나온 뒤 기타솔로가 연주됩니다. 그 다음 약간 소강상태를 보이다 솔로 부분이 연주됩니다. 다시금 가사 2가 나오고 코러스를가 나온 뒤 엔딩으로 마칩니다.

음악은 하나의 이야기라고도 볼 수 있습니다. 특히 팝음악, 가요와 같은 대중음악은 사람들이 쉽게 듣고 알 수 있도록 비교적 간단한 구조로 만들어져 있습니다.

앞에서 얘기했듯이 컴퓨팅 사고 절차(로직알기-분해하기-패턴찾기-알고리즘 만들기-평가하기)의 순서대로 곡을 만들고 구성하는 방법에 대해서 알아보았습니다. 화음의 진행과 더불어 가장 중요한 로직을 만드는 것, 즉 곡의 뼈대가 되는 주요한 멜로디 라인을 완성하고 그것을 바탕으로 하나의 이야기로 구성해 나가는 것이 이 책에서 컴퓨팅 사고의 관점에서 음악을 만드는 주요한 포인트가 되는 것입니다.

4.2 리듬

이제 코드의 기본적인 진행에 대해서 배웠기 때문에 3코드 진행, 4코드 진행들을 바탕으로 멜로디를 한 번 만들어 봅시다.

La Bamba 악보에서 코러스에 들어가기 전의 내용에서 나타난 주요한 로직에 대해서 알아보면 다음과 같습니다.

그림 4-1 La Bamba 주요 멜로디

처음 A 진행은 이 곡의 뼈대를 이루는 로직에 해당합니다. 그것을 두 번 반복함으로써 이 곡에 대한 첫 이야기를 강조하고 있는 것입니다. 그 다음 A 로직을 약간 변형한 A' 로직이 등장합니다. 좀 더 이야기를 부드럽게 풀어나가고 있는 중입니다. 다음 단계로 A"로 변형한 A' 로직을 좀 더 변형하고 있습니다. 하고 싶은 이야기의 전개가 끝나고 이제 후렴구가 나올 차례이나 이 책에서는 싣지 않았습니다.

"That's enough!"

이것으로도 충분하거든요. 사실 아까부터 계속 숫자계산이다 악보다 스케일이다 코드다

하면서 너무 몰아부쳤으므로 지쳐있는 머리 속을 좀 쉬게해 줄 필요가 있습니다.

저도 강가로 나가서 에버노트에 다시 적고 있습니다. 장마라 그런지 빗방울이 간간히 내리는 강가여서 운치가 남다릅니다. 사람마다 곡을 쓰는 타입은 각기 다릅니다. 계속해서 이야기하고 있는 것이지만 어느날 갑자기 멜로디 라인이 번뜩하고 떠올라서 기타를 잡고 관련된 화음진행을 곁들여서 멋진 곡을 만드는 사람이 있는 반면 이와는 반대로 코드진행을 기반으로 떠오르는 흥얼거림을 멜로디로 나타내는 사람도 있습니다. 저는 후자에 가깝습니다. 강가에 조용하게 앉아 기억들을 떠올리면서 코드진행을 만든 뒤에 멜로디를 만드는 타입입니다. 물론 어떤 강렬한 영감이 떠오르는 날에는 먼저 스마트폰에 음성녹음부터하고 거기에 맞는 화음과 코드를 연결시키기도 합니다.

가사가 있는 음악인 경우 가사에서 영감을 얻어 멜로디를 만들고 화음진행을 붙여서 이야기를 만들어 가며 음악을 만드는 경우도 많이 있습니다. 어디까지나 자신에게 맞는 방법으로 음악을 만들면 되는 것이지 정답이 있는 것은 아닙니다.

음악의 세부적인 요소들과 스마트폰으로 간단한 앱을 구동하여 음악을 만드는 방법에 대해서 배우고 있습니다. 이것은 마치 다음 사진과 같습니다.

처음에는 왼쪽에 있는 꽃사진과 같이 음악을 이루고 있는 리듬, 멜로디, 화성에 대해서 기본적인 사항에 대해서 알아보았습니다.

다음으로 오른쪽 그림에 있는 꽃 주위에 있는 환경에 대해서 배웠습니다. 즉 계이름으로 된 하나의 스케일에 대해서 알아보았습니다. 계이름마다 숫자들을 매칭하여 음악도 수학적으로 계산이 가능하며 이것은 추후 조옮김, 코드변경 등에 있어서 유용하게 쓰일 것이라는 것을 알게 되었습니다.

또한 위의 그림과 같이 크로버잎에 놓여있는 빗방울까지 세세하게 컴퓨팅 사고를 기반으로 음악을 구성하는 방법에 대해서 알아보았습니다.

그러나 여기서 가장 큰 목적은 무엇일까요? 바로 내가 원하는 음악을 가장 쉬운 방법으로 만드는 것입니다. 바로 아래 그림처럼 말입니다.

세부적인 요소들에 대해서 배워가고 있으니 이제는 전체적인 그림을 그릴 수 있는 안목을 가져야 합니다. 이런 면에서 멜로디를 만들 때 가장 중요한 것 중의 하나는 바로 '리듬'입

니다. 리듬은 음의 길이의 짧고 긴 것, 강약에 따라 만들어지는 조화로움이라 하였습니다.

즉, 멜로디는 바로 코드진행과 리듬을 기반으로 쉽게 만들수 있습니다. 그러기 위해서는 먼저 리듬을 표현할 수 있는 드럼에 대해서 알아볼 필요가 있습니다. 기본적인 리듬을 선택하고 3화음 진행을 하면서 그 위에 멜로디를 만들어 봅시다. 물론 3화음 진행을 한다고 해서 꼭 '라밤바' 스타일의 멜로디를 만들 필요는 없습니다. 여러분이 현재 있는 그 환경에서 떠오르는 영감을 멜로디로 옮기면 되니까요. 자 그러면 다시 시작해 볼까요?

4.2.1 드럼 로직

개러지밴드를 실행시켜서 나의노래를 하나 생성합니다. 왼쪽 아래의 ＋버튼을 탭하여 악기를 추가합니다.

1) 드럼 선택하기

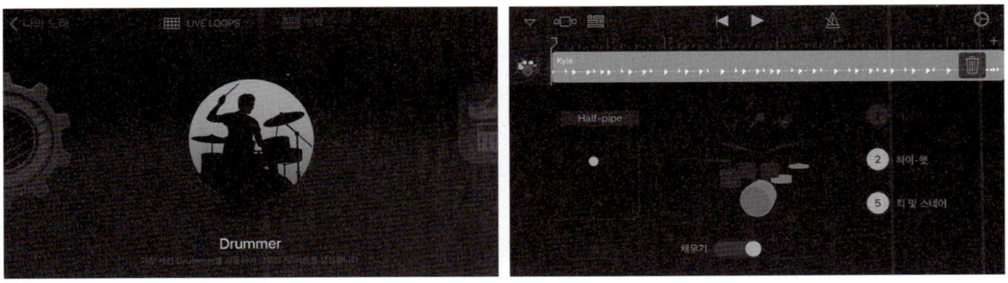

그림 4-2 Drummer 선택화면(아이폰)

오른쪽의 설정톱니바퀴를 탭하여 만들고자 하는 곡의 템포(빠르기)를 정합니다.

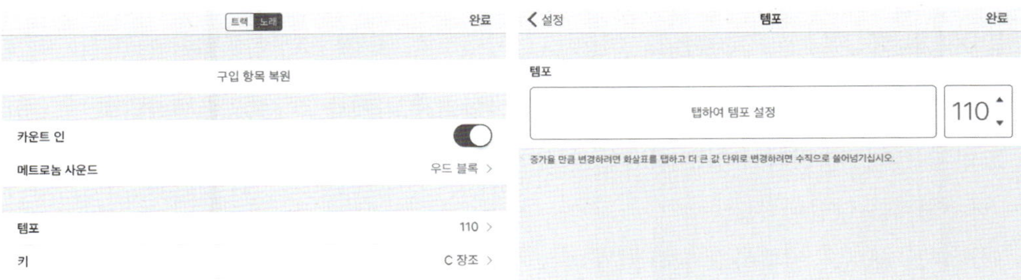

템포를 탭하면 템포 설정화면이 나타납니다. 탭을 두드리는 속도에 따라 템포가 변경됩니다. 이 곡에서는 템포를 138로 정하였습니다.

2) 드럼연주 형태 설정

다음으로는 드럼의 연주 형태를 결정해야 합니다. 곡도 결국은 이야기와 비슷한 면을 보이고 있습니다. 이야기가 시작되었다가 점점 강조되고 클라이막스에서 점점 하강하는 기승전결의 구조를 가지고 있습니다.

이러한 면을 적용하려고 하면 드럼의 패턴과 연주 스타일도 곡의 흐름에 따라 달라져야 합니다.

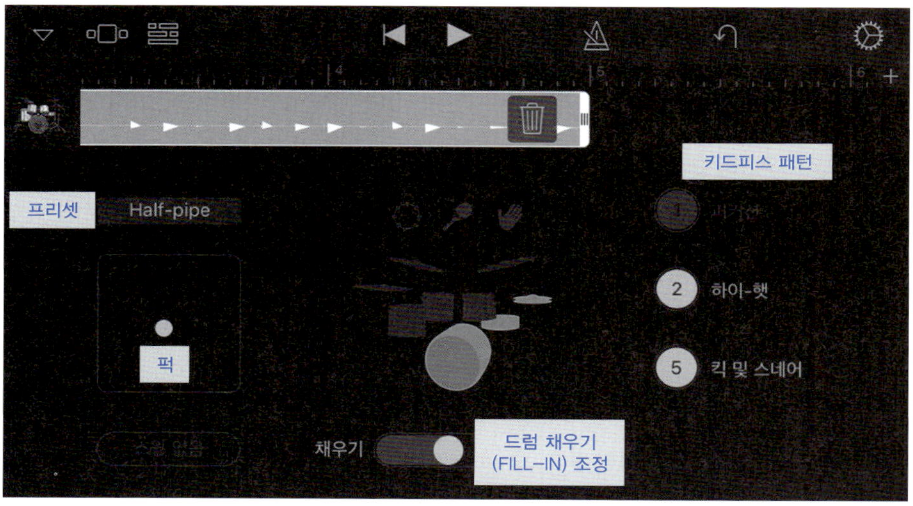

예시화면은 아이폰에서 실행한 개러지밴드의 화면입니다. 다른 기기(아이패드 등)에서 실행시에는 화면의 모습이 다르게 표현될 수 있으니 참고하시기 바랍니다.

드럼 연주환경 설정에 대해서 알아봅시다.

프리셋은 드럼연주자가 연주하는 스타일을 다양하게 지정할 수 있는 옵션입니다.

드럼채우기는 설정되어 있는 마디안에서(예를 들면 4마디) 다음 마디로 넘어갈 때 삽입되는 연주형태를 말합니다.

키트피스 패턴은 연주하고자 하는 형태를 세밀하게 조정할 수 있습니다.

가운데에 있는 드럼악기들을 켜거나 끄면서 드럼키트의 구성을 다르게 할 수 있습니다. 화면 왼쪽에 있는 동그란 퍽을 드래그하면서 연주하는 스타일을 바꿀 수 있습니다.

3) 드럼라인 만들기

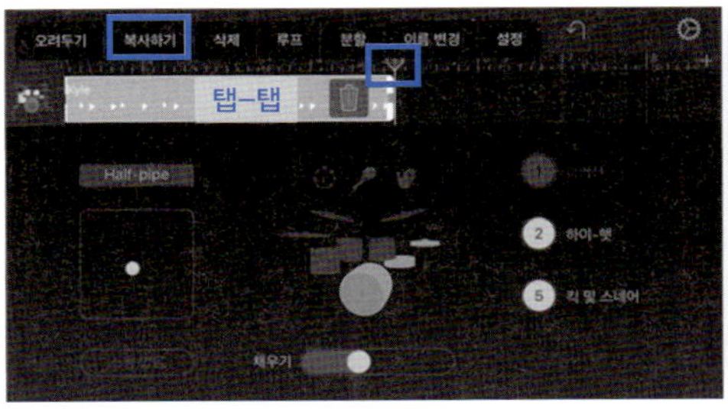

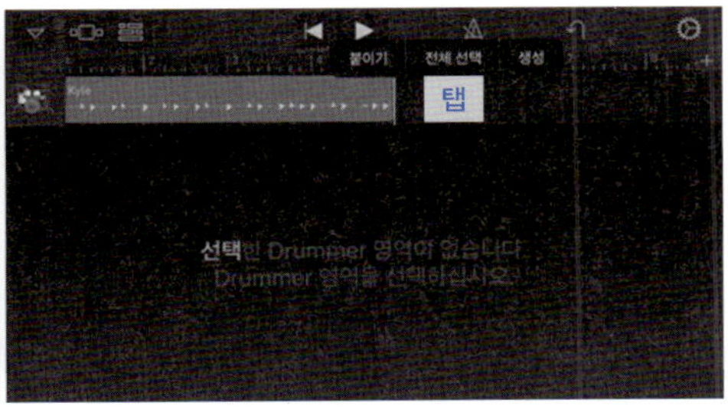

일단 만들고자 하는 곡 전체에 드럼라인을 만들어야 합니다. 이것은 기초작업에 해당하는 것입니다.

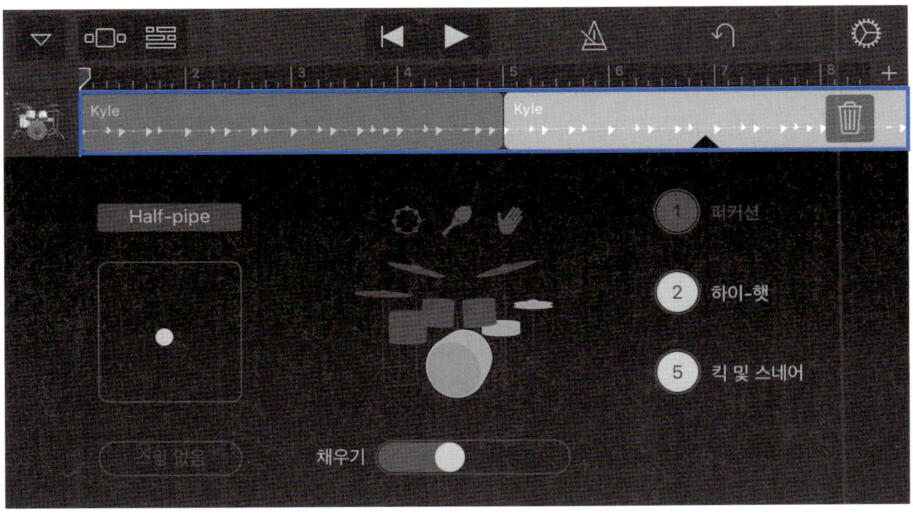

만들어져 있는 드럼리듬을 탭해서 선택한 뒤 다시 탭하면 팝업메뉴(오려두기-복사하기-삭제-루프-분할-이름변경-설정)가 나타납니다.

'복사하기'를 선택하여 선택한 리듬을 복사한 뒤 맨 위에 위치한 제어바 아래의 눈금자를 붙이고자 하는 위치에 놓은 뒤 제어바 눈금자의 오른쪽 빈공간을 탭하면 팝업메뉴(붙이기-전체선택-생성)이 나타납니다. '붙이기'를 탭하여 복사한 리듬을 붙여넣습니다.

이렇게 첫 번째 섹션에 대한 드럼리듬 라인이 완성되었습니다.

4) 섹션 추가하기

'La bamba'의 전체적인 흐름에 대해서 살펴본 기억이 있으신가요? 곡은 하나의 이야기와도 같다고 하였습니다. 우리는 다음과 같은 구성을 가진 곡을 만들어 보려고 합니다.

표 4-7 곡의 구성

구분	A	B	C	D	E	F
마디수	4	8	8	8	8	8
내용	인트로	가사 1	가사 2	코러스	간주/ 코러스	코러스 엔딩

그러기 위해서는 드럼라인에서 만든 하나의 A 섹션에 B, C, D, ... 섹션들을 추가해야 합니다.

개러지밴드에서 눈금자 맨 오른쪽에 있는 +를 탭하여 노래섹션 메뉴를 불러옵니다.

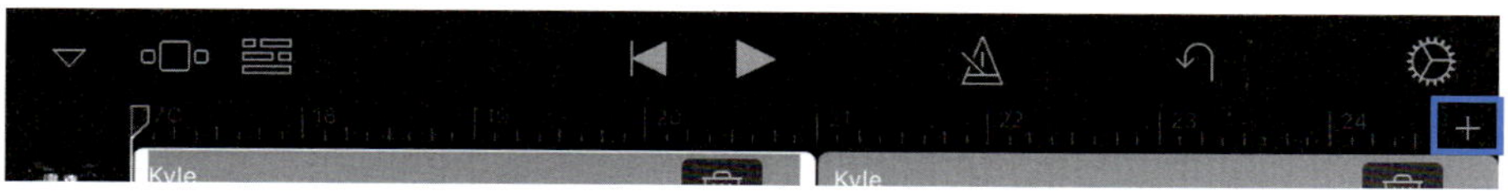

노래섹션 메뉴에서 추가 버튼을 탭하면 기본 8마디의 새로운 섹션이 추가가 되고 복제 버튼을 탭하면 앞 섹션(A)의 내용이 복제가 되어 생성됩니다. 섹션의 마디수를 조정하려고 하면 해당 섹션의 오른쪽 ⓘ를 탭하여 수동으로 마디수를 조정할 수 있습니다.

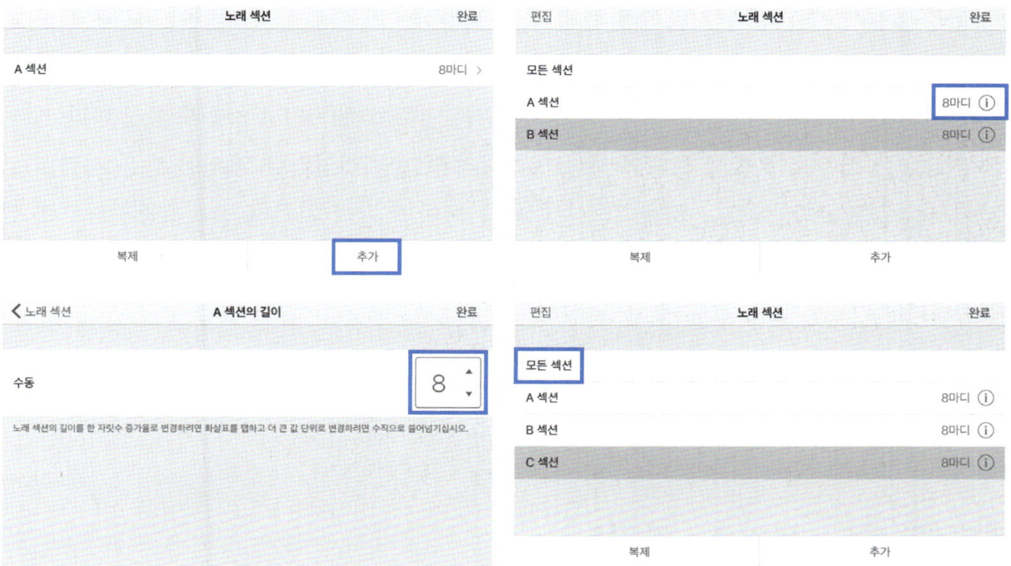

곡을 편집하기 위해서는 섹션 전체를 다 보이게 설정해야 할 필요도 있고 때에 따라 해당 섹션만 선택하여 세밀한 편집이 필요할 때도 있습니다. 이러한 경우 위의 그림과 같이 모든 섹션을 선택하면 곡 전체를 표시해 줍니다.

5) 추가한 섹션에 드럼라인 넣기

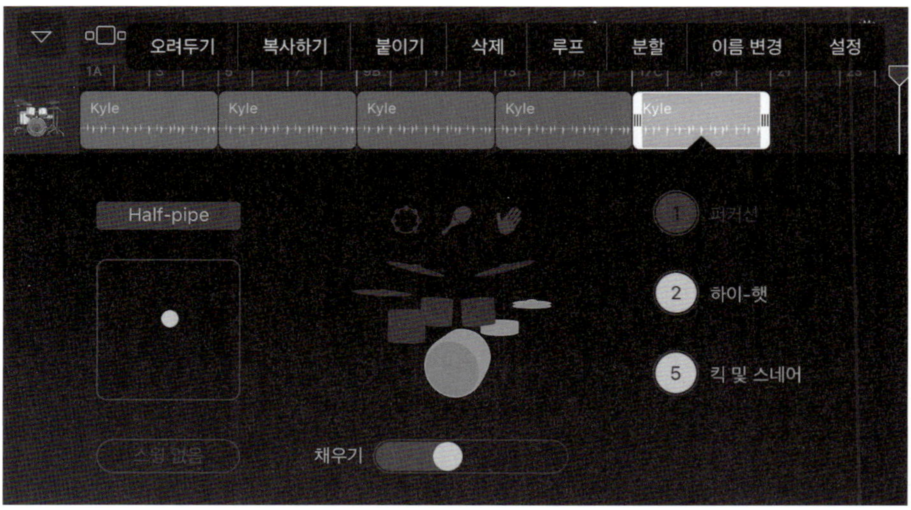

각 생성된 드럼을 선택한 뒤 세밀하게 퍽을 조정하여 드럼의 연주패턴이 달라지게 라인을 만들어 냅니다. 결국 드럼의 라인이 하나의 로직이 될 것입니다.

퍽을 왼쪽 아래로 이동할수록 부드럽고, 단순한 연주형태가 되고 소리도 작습니다. 오른쪽 위로 이동할수록 복잡한 형태의 강한 연주형태를 보일 것입니다. 음악을 듣는 사람의 입장에서는 들쑥날쑥, 이랬다 저랬다하는 패턴을 보이면 아마 지루하거나 생뚱맞다고 느낄 것입니다. 일관된 형태를 유지하면서 조금씩 변화시켜 보시면 간단한 라인을 만들 수가 있겠습니다.

드럼라인이 모여서 결합된 전체적인 연주패턴을 듣기 위해서는 '노래섹션'에서 모든 섹션을 선택한 뒤 들어보시면 될 것입니다.

4.3 멜로디(베이스, 피아노)

더 나은 멜로디를 만들어 내기 위한 사전작업의 하나로 우리는 맨처음 드럼라인을 만들어 보았습니다. 이제는 멜로디 로직을 만들어 내기 위해 멜로디 악기를 추가하여 진행해 보겠습니다.

드럼과 같이 움직이는 멜로디 라인이 있습니다. 바로 베이스입니다. 베이스는 드럼의 킥과 같이 진행되는 경우가 많이 있습니다.

트랙보기를 누른다음 왼쪽하단의 를 탭하여 새로운 악기인 베이스를 추가해 봅시다.

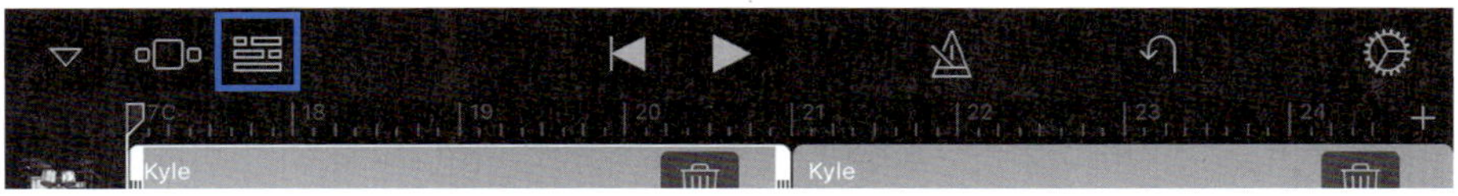

4.3.1 베이스 악기

악기선택화면에서 'Smart Bass'를 선택합니다.

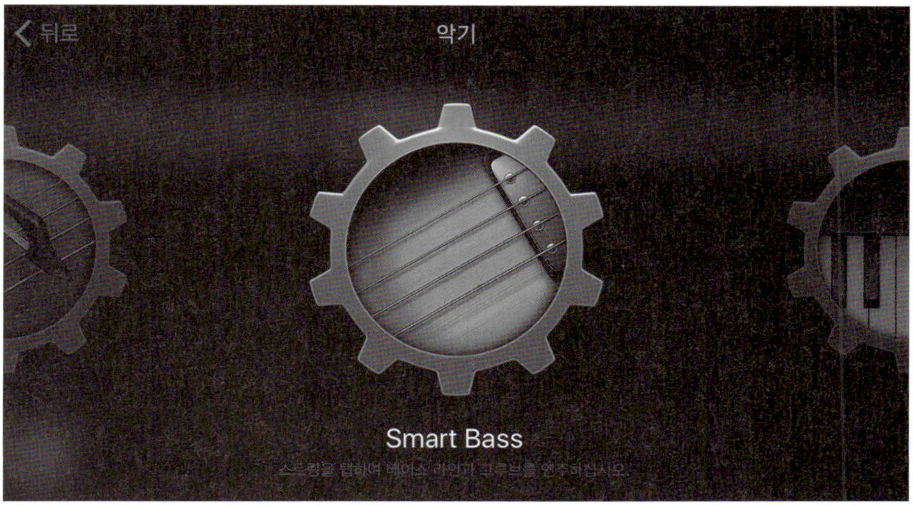

우선 A 섹션의 8마디를 녹음하기 위해서 눈금자 막대 맨 오른쪽에 있는 +를 탭합니다.

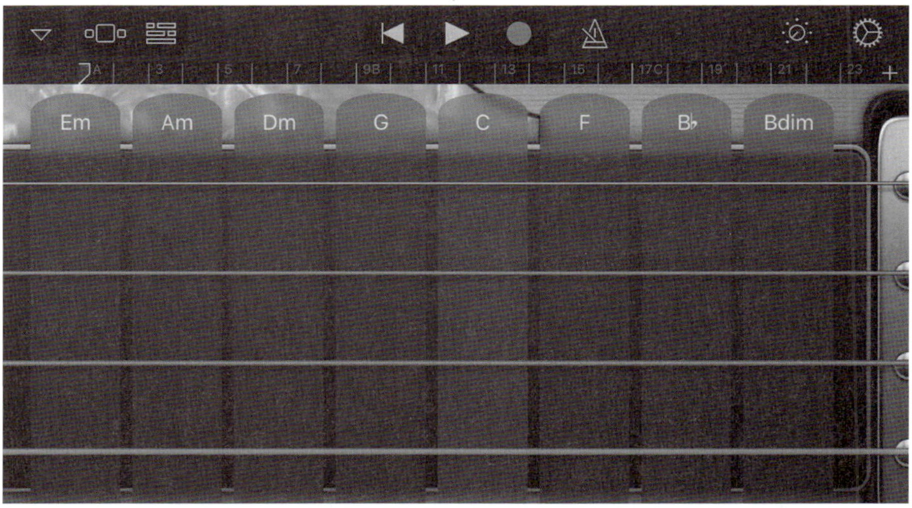

노래 섹션에서 A 섹션을 선택한 뒤 완료를 탭합니다.

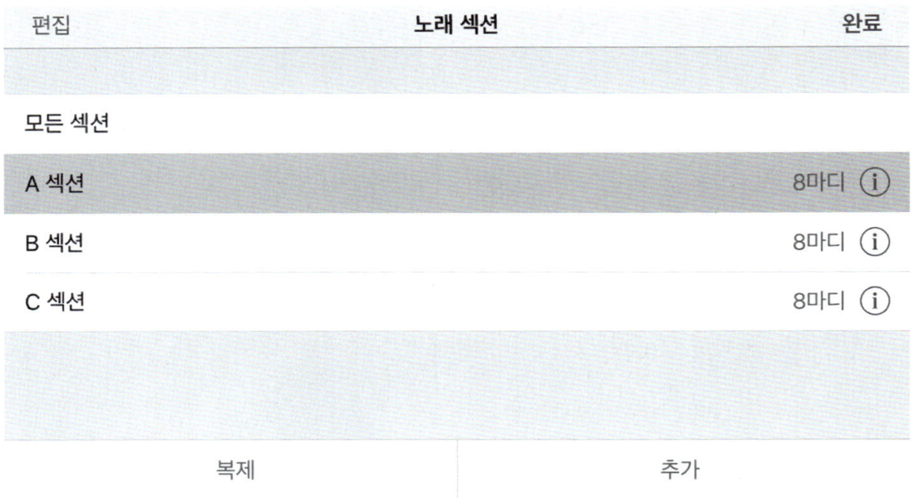

1) A 섹션 녹음하기

재생 버튼을 탭하여 자신이 생각하고 있는 베이스 라인을 연주해 봅시다. 해당 섹션의 영역만큼 계속해서 재생되므로 얼마든지 연습할 수 있습니다.

컴퓨팅 사고 기반의 절차에서 지금은 로직을 만들고 있는 것입니다.

베이스에 해당되는 로직을 의미하는 것입니다. 이것을 발전시키면 공통된 패턴을 만들고 하나의 진행을 이루게 될 것입니다.

실제로 탭되는 부분은 다음과 같이 각각의 C-F-G 코드의 맨 아래 부분을 탭합니다.

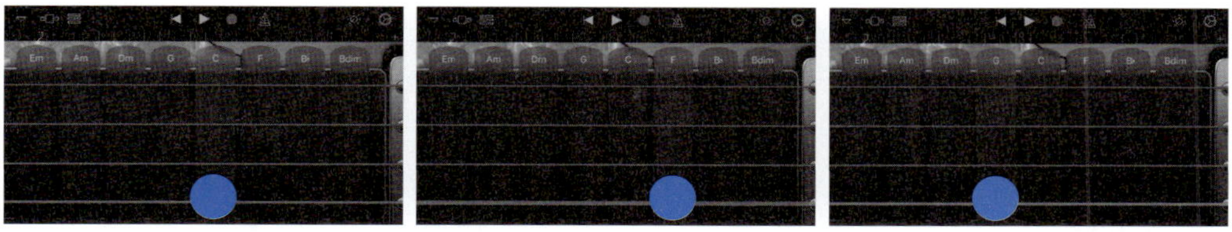

이제는 맨 위의 제어바에 있는 메트로놈을 켜고 녹음버튼을 눌러서 한 번 녹음해 보시기 바랍니다.

녹음이 끝나고 나면 제어바 왼쪽 위에 있는 트랙뷰버튼을 탭하여 트랙보기로 들어갑니다.

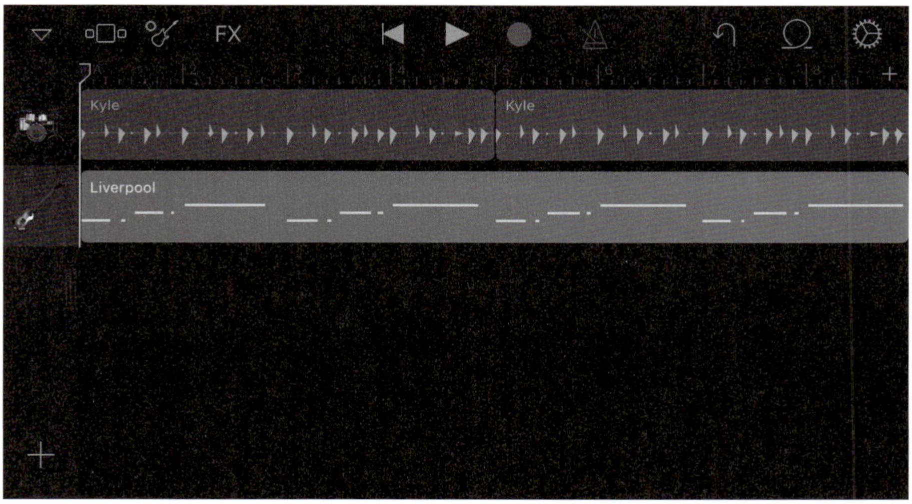

다시금 녹음되어 있는 베이스라인을 한 번 들어보시기 바랍니다. 어떻습니까? 무엇인가 딱딱 맞아떨어지지 않을 것입니다.

그러면 베이스라인의 편집창을 열어서 한땀한땀 조정해 봅시다.

편집하고자 하는 베이스라인을 이중탭(탭-탭)하여 팝업메뉴를 열어 '편집'을 선택합니다.

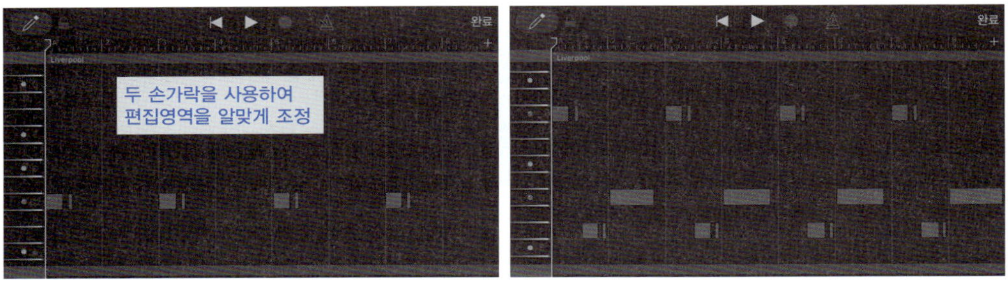

편집메뉴에서 보면 가운데 블럭같은 것들이 보일 것입니다.

이 블럭의 길이(좌우)는 음의 길이를 의미하는 것이고 블럭의 높이는 음의 높이를 의미합니다. 다시 재생해보면서 해당 섹션 안에서 음들이 자신이 원하는 의도대로 연주되고 있는지 들어봅니다. 제가 입력한 부분에서는 다음과 같은 매끄럽지 못한 부분이 있어 수정하였습니다.

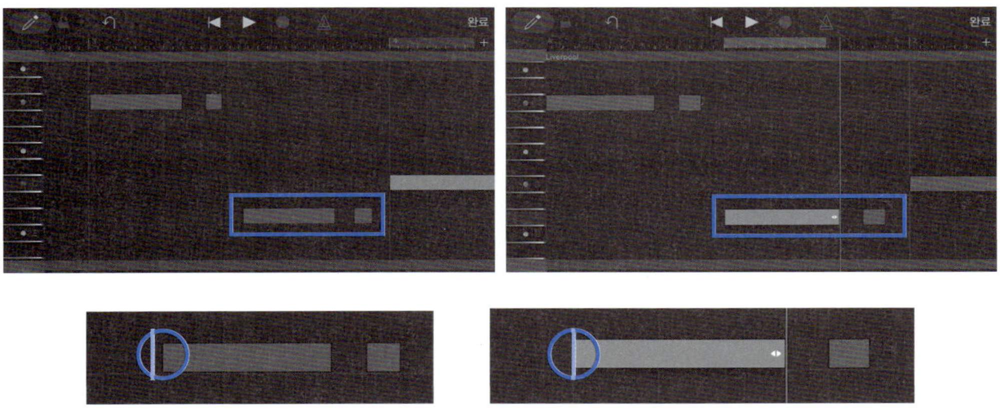

이러한 방법으로 마디 안에 있는 블럭들을 한땀한땀 세밀하게 조정합니다. 물론 모든 블럭들을 다 조정할 필요가 없습니다. 음악에서는 사람의 감성이 더 중요하게 생각되는 부분이 있으므로 자신이 들어보고 너무 어색한 부분만 조정하시면 됩니다. 모든 블럭을 다 조정하면 마치 컴퓨터가 연주한 것 같은 감정이 메마른 음악이 되니 이 점 참고하시기 바랍니다.

하나의 베이스 라인이 다음과 같이 만들어졌습니다.

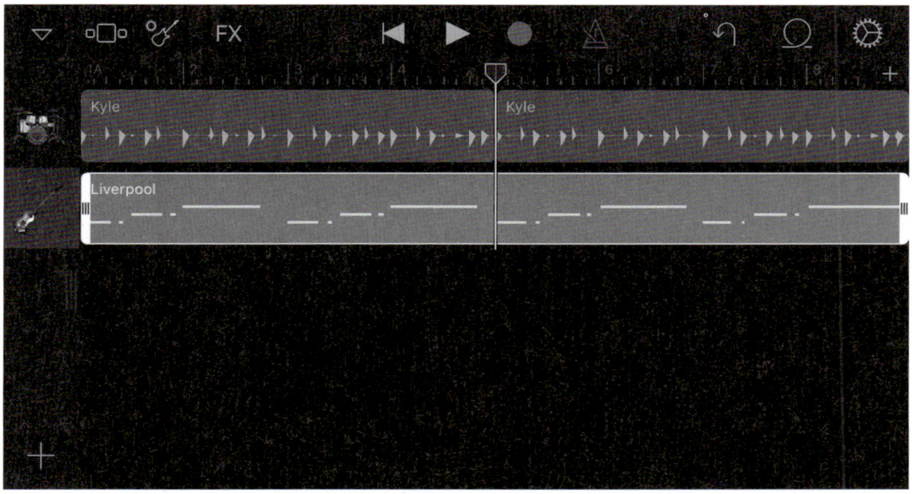

사실 만들어진 로직을 보면 같은 패턴이 반복되고 있음을 알 수 있습니다(악보 참조). 그래서 좀 더 작은 로직으로 분해하기로 합니다. 선택된 베이스 라인을 이중탭(탭-탭)하여 팝업메뉴에서 '분할'버튼을 탭합니다. 나타나는 가위모양을 그대로 위에서 아래로 드래그하면 선택된 위치에서 잘리는 것을 볼 수 있습니다.

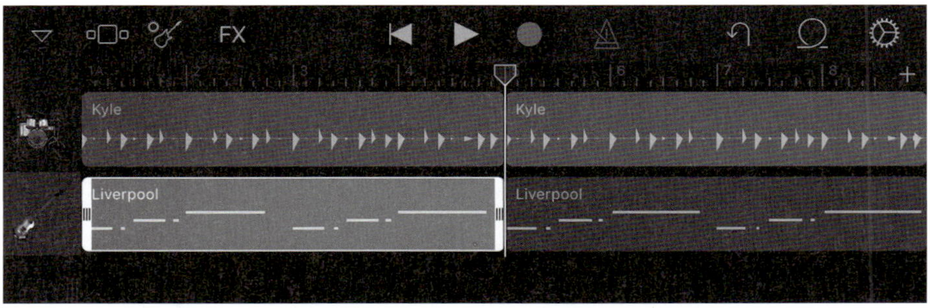

그림 4-3 트랙 분할하기

2) B 섹션 녹음하기

만들고자 하는 최종 곡의 구성을 다시금 살펴 봅시다.

표 4-8 곡의 구성

구분	A	B	C	D	E	F
마디수	4	8	8	8	8	8
내용	인트로	가사 1	가사 2	코러스	간주/ 코러스	코러스 엔딩

현재 A 섹션은 8마디로 시작하였습니다. 나중에 평가하기 단계에서 계속해서 수정해 나갈 것입니다. 이제 만들고자 하는 부분은 B 섹션입니다. 이 부분은 가사가 시작되는 부분이라 드럼의 패턴과 베이스 라인의 패턴도 약간 다르게 만들었습니다.

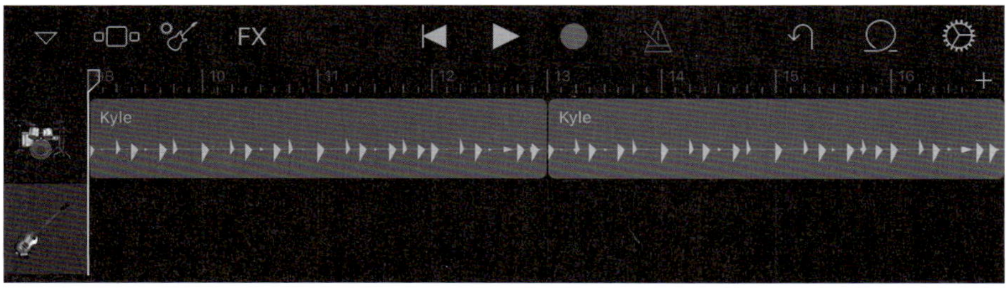

드럼의 패턴을 수정하는 것은 앞에서 다루었으니 잘 기억이 나지 않으시는 분들은 잠깐 이전으로 돌아가서 미디편집기 수정하는 부분을 다시 살펴보고 오시기 바랍니다. 제어바에 있는 기타 모양의 아이콘을 탭하여 베이스 라인 입력 부분으로 들어가셔서 여러분만의 베이스 라인 하나를 더 추가해 보시기 바랍니다. 참고로 제가 입력한 베이스 라인은 다음과 같습니다.

마치 널뛰기를 하듯이 음들이 뛰어다니고 있는 로직으로 변경하였습니다. 녹음하는 방법은 아까와 동일합니다. 녹음버튼을 열고 베이스 라인을 손가락으로 탭하여 녹음하는 것입니다. 다음은 편집창에서 열어본 미디블럭들의 모습입니다.

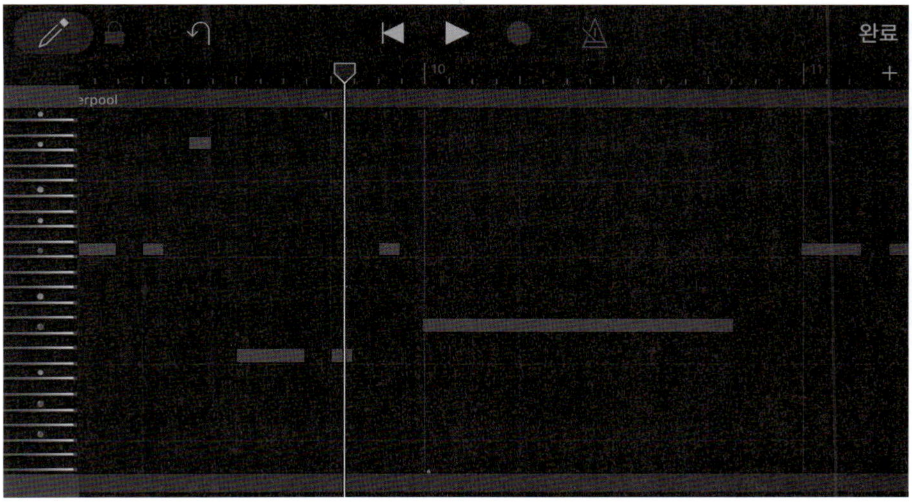

사실 이 미디블럭들을 보고 악보가 바로 연상이 되시나요?

연상이 되신다면 바로 책을 덮고 미디음악의 길로 가시는 것을 추천드립니다. 다시 재생해보면 무엇인가 자연스럽지 못한 부분들을 발견하시게 될 것인데 해당되는 블럭들을 한땀한땀 조정하시면 될 것입니다.

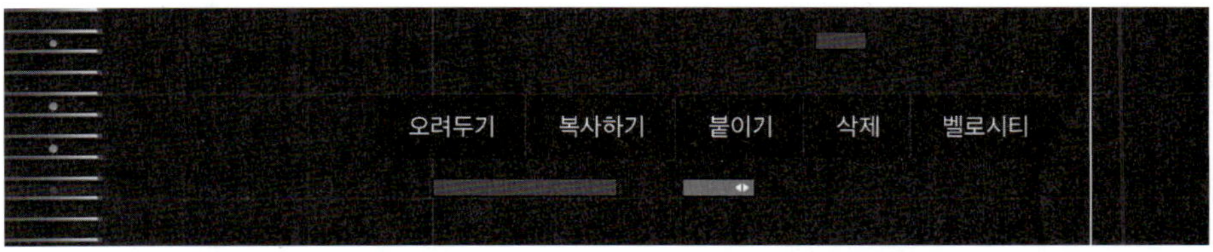

참고로 미디블럭들을 조정하다가 보면 팝업메뉴에서 벨로시티를 볼 수 있습니다. 이 부분은 해당되는 입력값의 크기(소리)를 조정하는 메뉴에 해당되는 것입니다.

3) C 섹션 녹음하기

이러한 방법으로 계속해서 다음 섹션을 만들어 가는 가운데 우리는 다음과 같은 공통적인 패턴들을 발견할 수 있습니다.

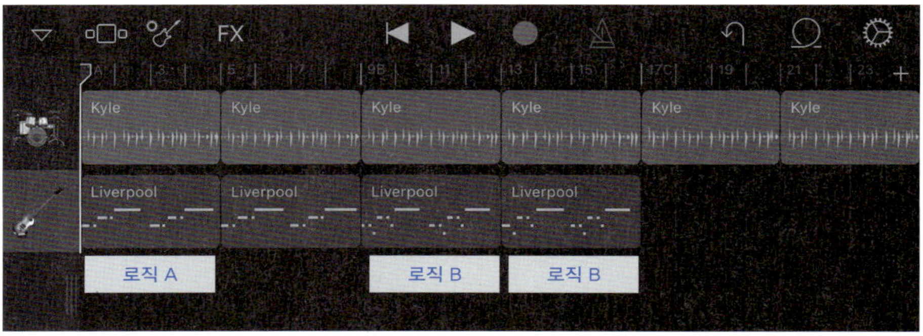

섹션 C는 가사에 해당되는 부분으로 베이스 라인은 로직 B의 형태를 가지고 가려고 합니다. 그래서 간단하게 편집창에서 그 부분을 복사해서 그대로 활용하는 것이 시간적으로 효율적일 것입니다. 만약 베이스 악기를 가지고서 실제 녹음을 하게 된다면 섹션별로 녹음보다는 이야기의 기승전결과 같이 구분되는 곳까지 한 번에 녹음하는 것을 추천드립니다. 왜냐하면 인간의 연주감성을 그대로 이어갈 수 있도록 녹음하는 것이 곡을 보다 자연스럽게 표현할 수 있는 방법이기 때문입니다.

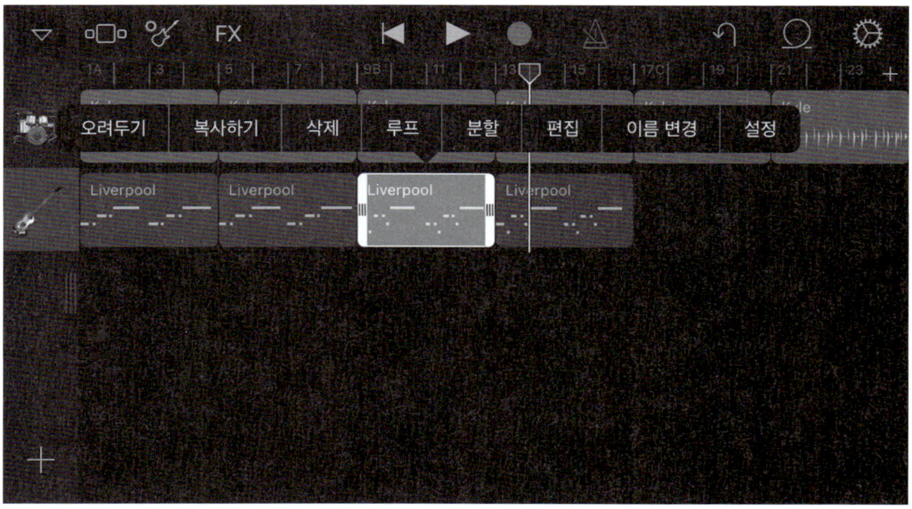

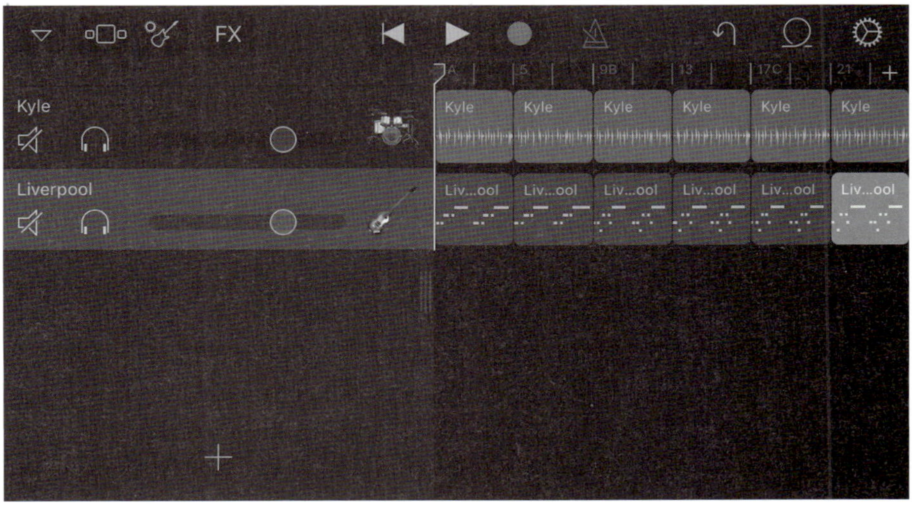

전체적으로 C 섹션까지의 드럼과 베이스 라인을 완성하였습니다. 다시 만든 내용을 들어보려고 하는데 전체적인 볼륨을 한 번 조정해 봅시다.

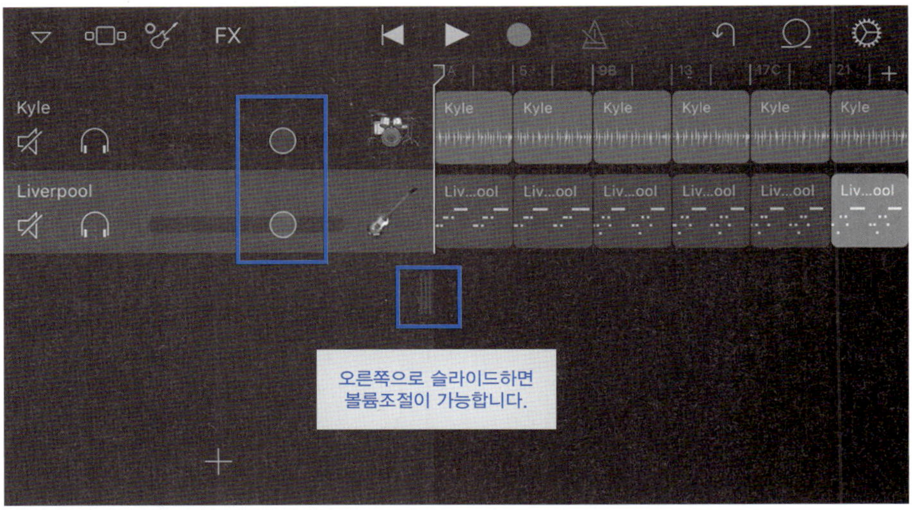

4.3.2 피아노

우리는 드럼과 베이스를 가지고서 A, B, C 섹션에 대한 기본 라인을 만들었습니다.

물론 곡 전체를 다 만들고 하나씩 악기를 추가해가면 더욱 쉽겠지만 처음 음악을 만드는 사람들로서 한 곡을 머리속에 다 기억해가면서 만들기란 결코 쉬운 것이 아닙니다. 그래서 A 섹션의 인트로 부분 반주와 B, C 섹션의 가사부분 반주를 먼저 만들어 보겠습니다.

1) A 섹션 녹음하기

우선 A 섹션의 8마디를 녹음하기 위해서 눈금자 막대 맨 오른쪽에 있는 + 를 탭하여 노래섹션 메뉴를 불러옵니다. A 섹션을 선택한 뒤 완료를 탭합니다.

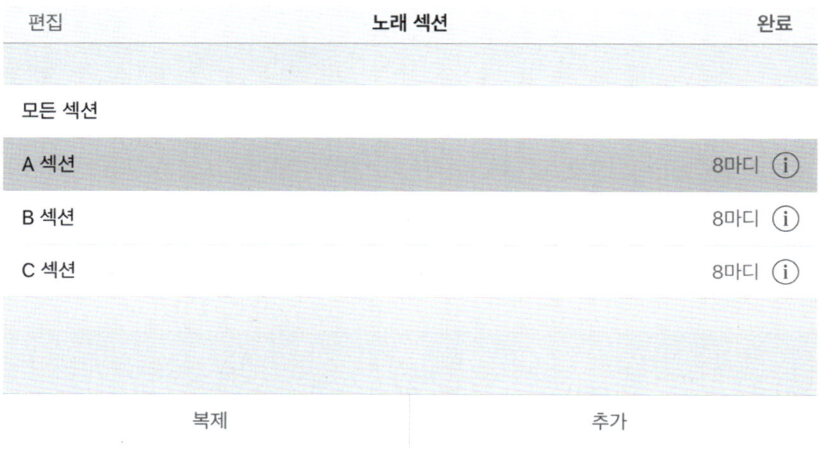

그 다음 왼쪽 하단의 + 를 탭하여 'Smart Keyboard' 악기를 추가합니다.

입력하고자 하는 악보는 다음과 같습니다.
난감하시나요? 아닙니다. 아주 간단합니다.

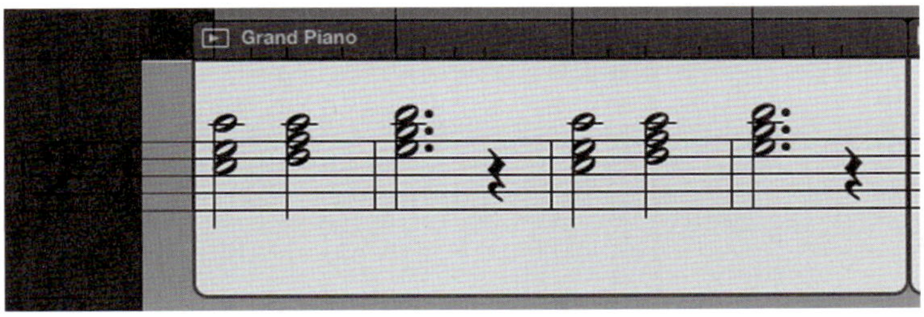

아주 간단하게 아래의 코드를 그대로 리듬에 맞추어 탭하면 자동으로 생성되는 것이지요.

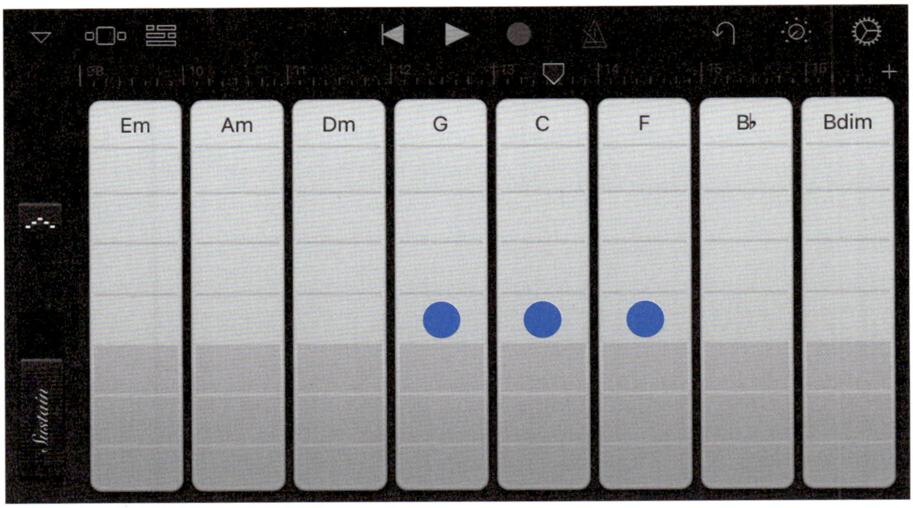

그렇다면 녹음 버튼을 클릭하여 리듬에 맞추어 여러분만의 스타일로 입력해 봅시다. 제가 입력한 결과값은 다음과 같습니다.

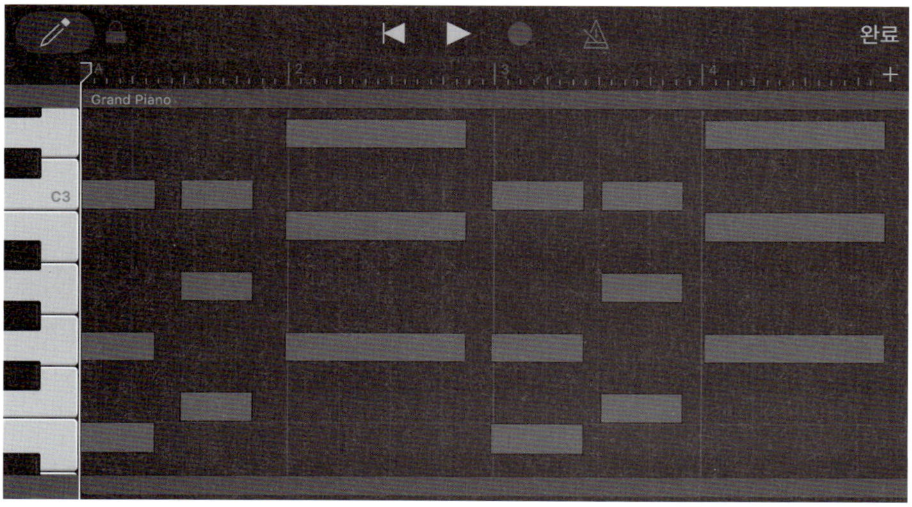

입력한 것을 재생해 보면서 다음과 같이 어색한 부분을 수정합니다.

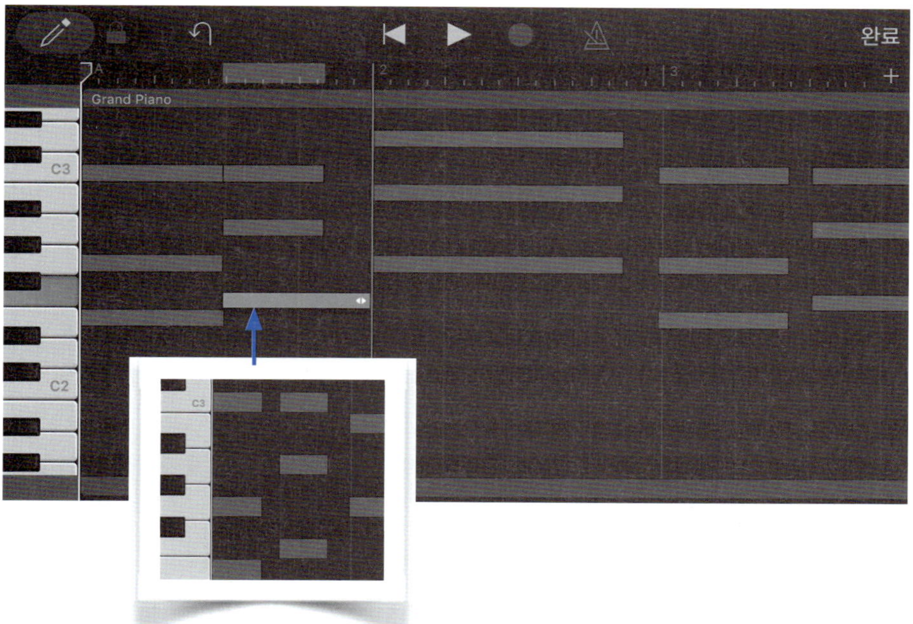

즉, 미디블럭의 높이나 길이 등을 일정한 간격으로 맞추고 조정함으로써 만들고자 하는 로직을 보다 깔끔하게 정리하는 것입니다.

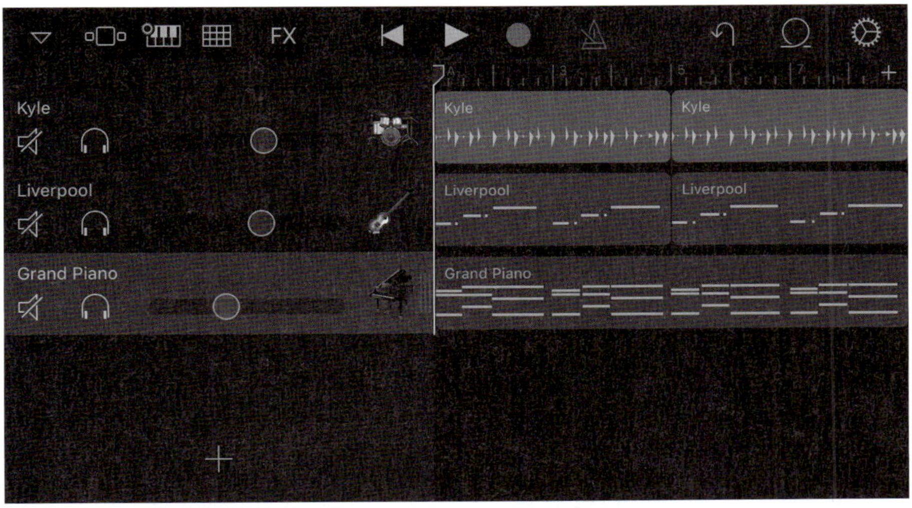

A 섹션의 피아노 반주는 이야기의 도입에 해당하므로 처음부터 너무 몰아부치지 않고 부드럽게 시작하고 있습니다. 그리고 악보에서 알 수 있듯이 점점 올라가고 있으며 3화음의 진행이 반복되고 있다는 것을 알 수 있을 것입니다.

2) B, C 섹션 녹음하기

A 섹션이 이야기의 도입부분을 만든 것이라면, B 섹션과 C 섹션은 이야기가 전개되는 부분입니다. 따라서 여기서는 피아노의 반주 내용을 좀 다르게 해 보았습니다.

녹음하고자 하는 B 섹션을 선택하고 다음과 같은 순서로 탭하여 녹음합니다.

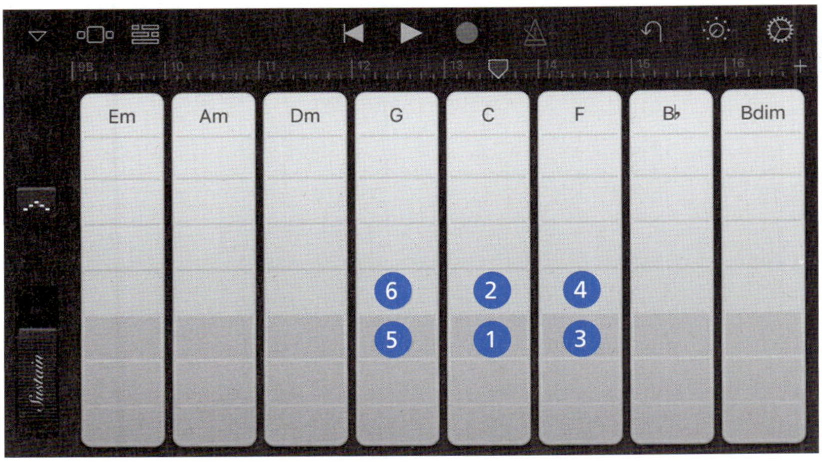

입력하는 방법을 텍스트로 표현하자니 어떤 광고카피가 생각납니다. '뭐라 표현할 방법이 없네!' 유튜브의 저자 채널을 참고하시면 입력하는 방법을 볼 수 있습니다.

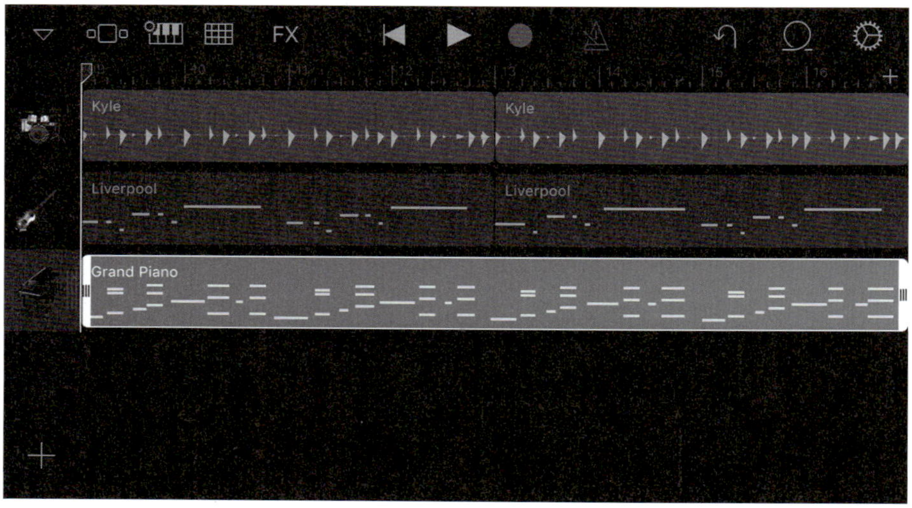

B 섹션에 대한 녹음 입력이 끝났습니다. 이제는 다음 과정은 다 아시겠지요? 입력한 것을 들어보고 수정하는 단계, 디버깅하는 단계입니다.

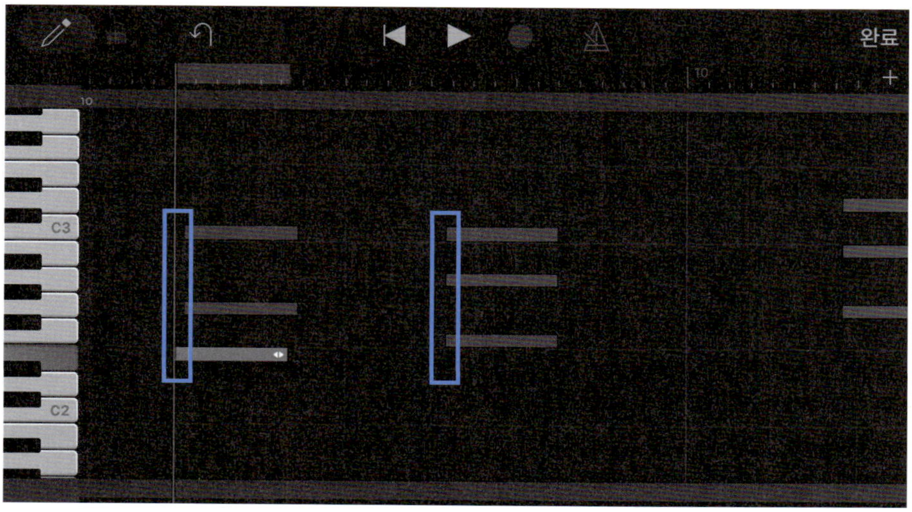

노란색 테두리 안에 표시되어 있는 미디블럭은 사람이 입력하게 되면서 들을 때 어색한

경우가 있습니다. 이럴 때 한땀한땀 장인정신으로 수정하는 것입니다.

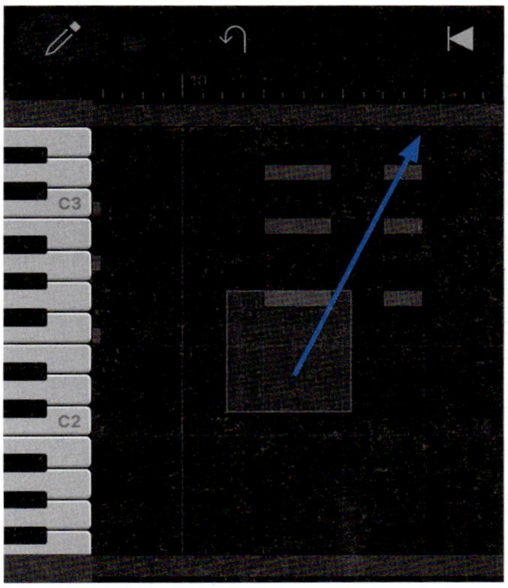

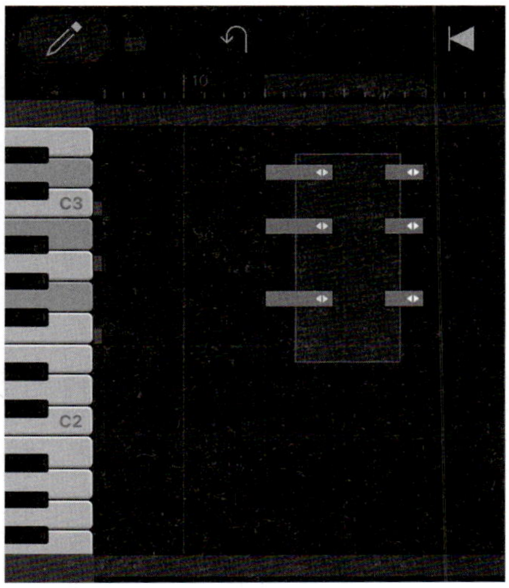

미디블럭들 여러 개를 선택하려고 하면 선택하고자 하는 곳에 손가락으로 탭하여 누르고 있으면 왼쪽의 회색사각형이 나타납니다. 그러면 상태로 그대로 선택하고자 하는 블럭영역 전체로 드래그하면 오른쪽의 그림과 같이 선택됩니다. 선택된 미디블럭들은 선택되지 않은 미디블럭보다 더 진한 녹색으로 표시됩니다. 그 다음 선택된 미디블럭 하나를 탭하시면 '팝업메뉴'가 나타납니다.

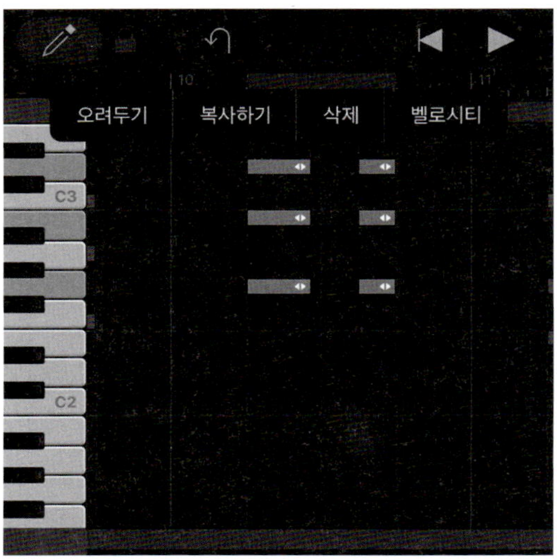

작성하고자 하는 미디블럭들을 앞과 같은 방법으로 정리하고 복사하고 붙여넣어서 다음과 같이 B 섹션을 완성합니다.

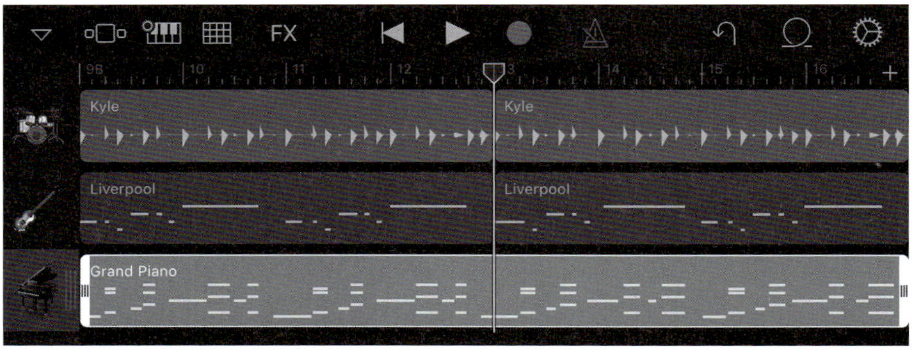

그 다음으로 C 섹션은 B 섹션의 반주를 그대로 반복하여 내용을 강조합니다.

상단 왼쪽에 있는 트랙보기 버튼을 탭합니다. B 섹션과 C 섹션을 동시에 편집해야 하기 때문에 전체 섹션을 볼 수 있도록 '노래 섹션' 메뉴에서 '모든 섹션'을 선택한 뒤 완료버튼을 탭합니다.

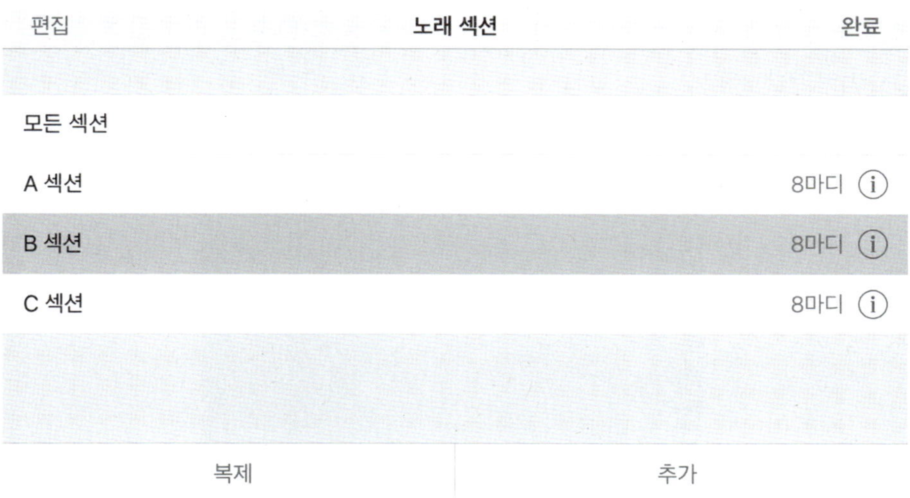

노래 섹션을 불러오는 방법은요? 눈금자 맨 오른쪽에 + 버튼을 탭하시면 나타납니다. B 섹션의 내용을 복사(이중탭하여 복사하기 선택)하여 C 섹션을 붙여넣습니다.

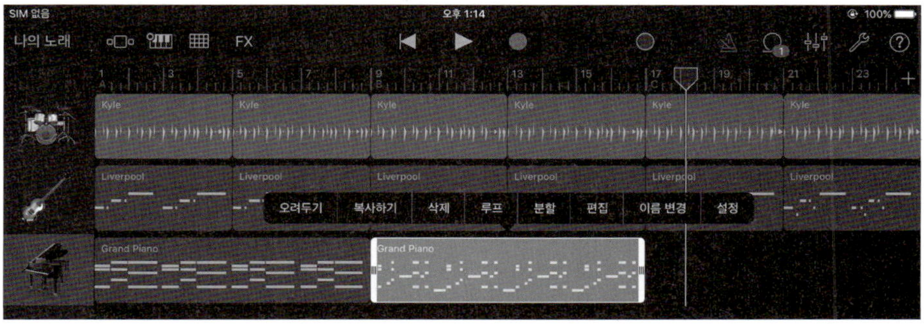

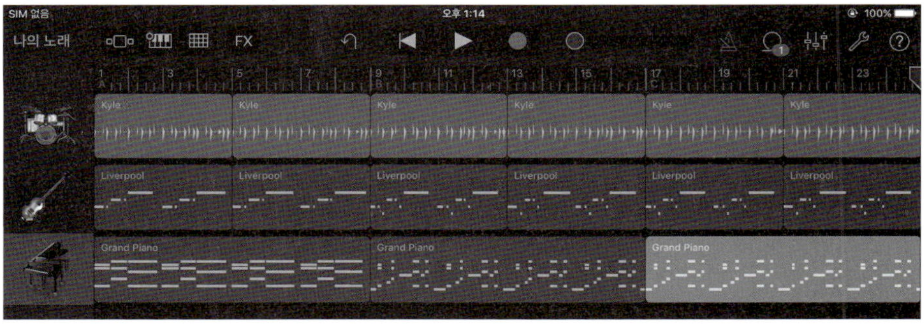

3) 좀 더 풍성하게

사실 그랜드피아노 악기 하나만으로 반주를 진행하는 것보다 이것을 뒷받침해 줄 수 있는 악기를 하나 더 추가하는 것으로 곡을 좀 더 풍부하게 만들어 줄 수 있습니다.

그래서 왼쪽 하단의 + 를 탭하여 악기를 하나 더 추가하도록 합시다.

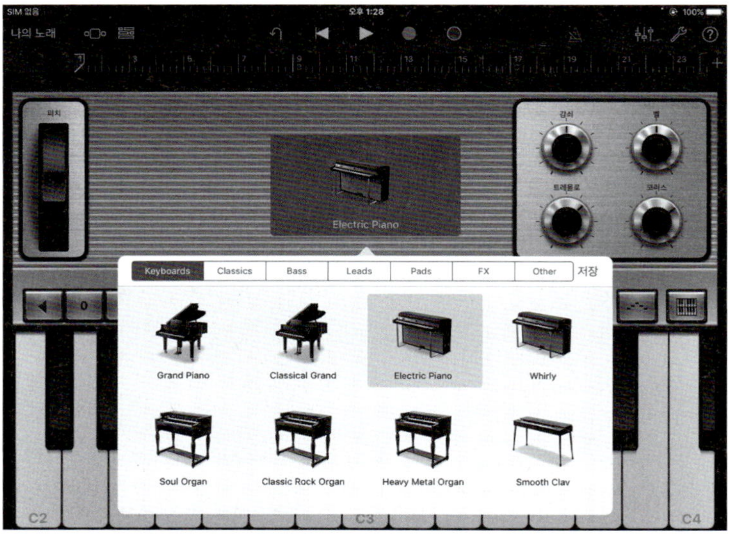

아이패드로 개러지밴드를 실행하였더니 캡처되는 화면이 무척이나 커졌습니다. 악기는 'Electric Piano'로 선택하였습니다. 여러분의 마음에 맞는 음색을 가진 악기를 선택하시면 됩니다. 다른 악기의 음색을 기억해 두면 작업하는데 훨씬 효율적으로 할 수 있을 겁니다.

그렇다면 다음과 같이 다시 A 섹션을 선택하여 다음의 악보를 녹음하여 봅시다.

제어바의 맨 오른쪽 끝에 있는 + 버튼을 탭하여 섹션추가를 탭합니다.

A 섹션을 선택하여 작업할 마디의 범위를 정합니다.

입력되어 있는 미디블럭들을 살펴 봅시다. 트랙보기를 탭하고 입력되어 있는 트랙을 이중 탭한 뒤 편집을 탭하면 편집모드로 들어갈 수 있습니다. 편집화면이 왼쪽과 같이 너무 넓게 나온다면 손가락을 사용하여 오므리거나 펴거나 하면서 영역보기 범위를 조절할 수 있습니다.

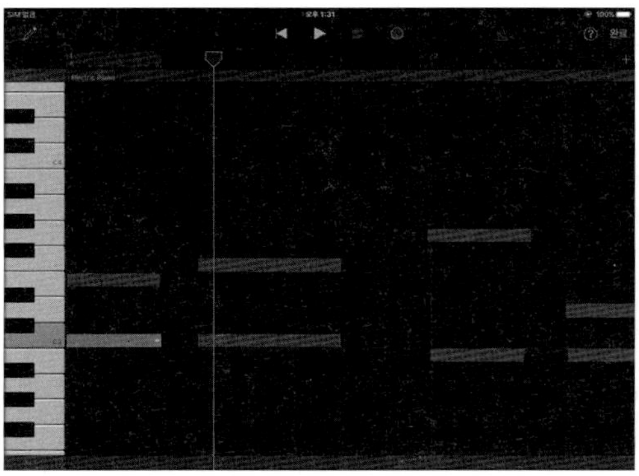

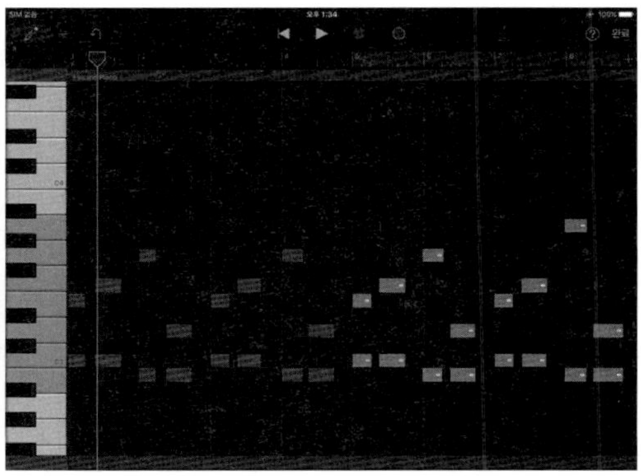

그 다음 과정은 이제 다들 아실겁니다. 한땀한땀 장인의 정신으로 미디블럭들을 정리하고 복사하고 붙여넣기를 하시기 바랍니다.

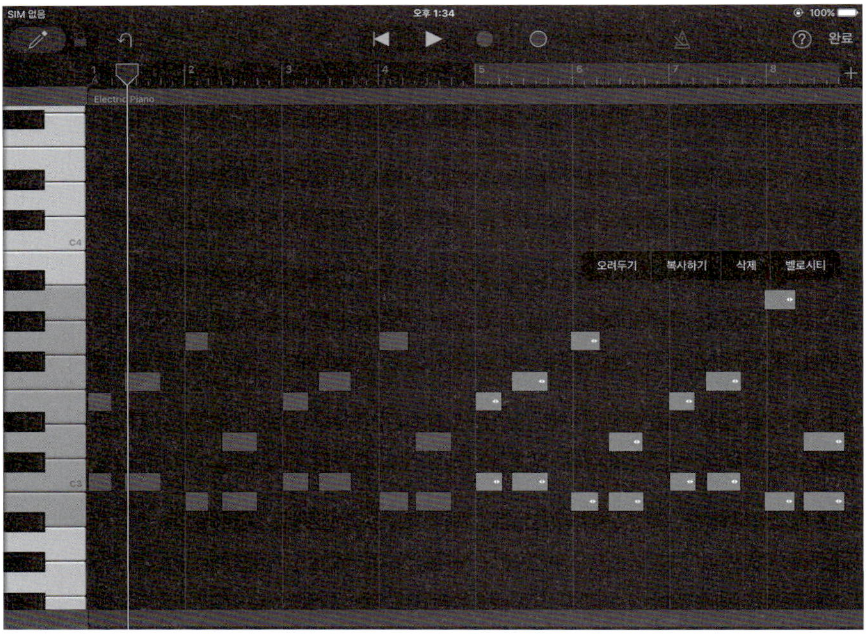

A 섹션에 대한 정리가 마무리 되었으면 B, C 섹션도 같은 방법으로 추가합니다.

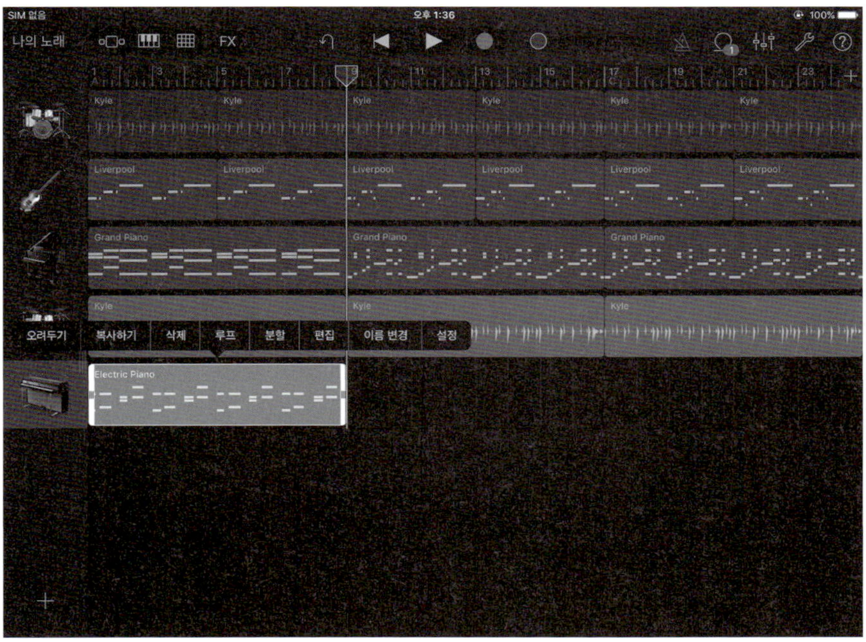

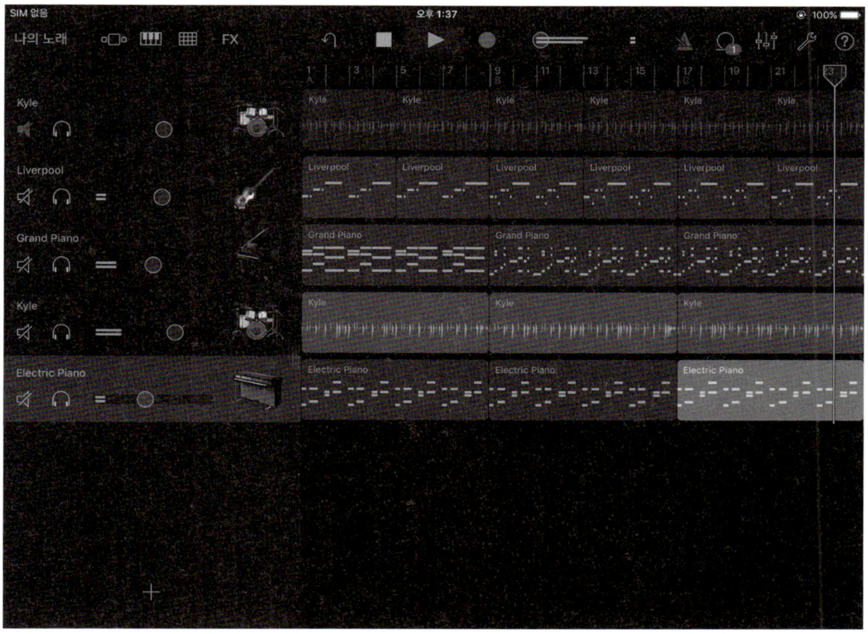

이제 멜로디 로직을 만들기 위한 사전 작업이 모두 완료되었습니다.

지금까지 한 것을 다시 한 번 정리해 보면 다음과 같습니다.

첫째, 'La bamba'의 음악에서 아이디어를 얻어 3화음(I-IV-V도)으로 진행되는 간단한 곡을 구성하였습니다.

구분	A	B	C	D	E	F
마디수	4	8	8	8	8	8
내용	인트로	가사 1	가사 2	코러스	간주/ 코러스	코러스 엔딩

물론 아직 D, E, F 섹션에 대해서는 만들지 않았습니다. 멜로디 로직이 만들어지고 나면 계속해서 진행해 나갈 것입니다.

둘째, 멜로디 로직(아이디어)를 팅커링(떠올리기)하기 위한 기본 작업들을 진행하였습니다. 드럼라인으로 기본 리듬을 만들고 그 위에 피아노 반주를 입혔습니다. 그 다음 좀 더 풍성하게 만들기 위해 일렉트릭 피아노 음색을 하나 더 추가하였습니다.

셋째, 만들고 있는 각각의 악기 트랙들 내에 구성되는 로직들 또한 마찬가지로 반복되는 패턴의 형태를 가지고 있고, 그 패턴들이 모여서 하나의 알고리즘을 이루고 있다는 것을 느낄 수 있을 겁니다. 드럼은 드럼대로, 그랜드 피아노는 피아노대로 말이지요.

다음으로 B, C 섹션에 들어갈 멜로디 로직을 만들 차례입니다. 구성하는 방법은 간단합니다.

4.4 멜로디 로직 만들기

멜로디 로직은 곡을 이루는 커다란 뼈대와 같다고 볼 수 있습니다. 이전에도 얘기하였듯이 길을 걷다가 우연히 떠오른 '아이디어'를 가지고 반주를 만들고 곡을 구성할 수도 있지만 이와 같이 논리적으로 곡을 만들 수도 있습니다.

그렇다면 멜로디 로직이 어찌되었든 간에 그것을 표현할 수 있는 악기가 필요합니다. 목소리가 좋고 노래를 잘 부른다면 그것보다 더 훌륭한 악기가 없을 거라 생각되지만 저에게는 일단 무리일 것 같아서 컴퓨터의 힘을 빌려보도록 하겠습니다.

4.4.1 리드 사운드

개러지밴드 하단의 +를 클릭하여 'Keyboard'를 선택한 뒤 화면 가운데에 있는 그랜드 피아노를 탭한 뒤에 새로운 악기를 선택합니다. 아이폰의 경우에는 왼쪽 나의노래를 선택하면 'Grand Piano'가 나오는데 그 부분을 탭하면 다른 악기를 선택할 수 있습니다.

저는 'Staccato Lead'를 선택하였습니다. 다른 악기들도 선택하여 음색을 알아보는 것도 곡을 쓸 때 유용할 것입니다. 키보드에서는 피치, 변조, 컷오프, 믹스 등등 여러 가지 옵션들이 있는데 그러한 옵션들은 개인적인 감성에 해당하는 부분으로 이 책에서는 자세히 다루지 않을 것입니다. 결국 자신에게 맞는 사운드를 만들어가는 것이 더욱 중요하기 때문입니다.

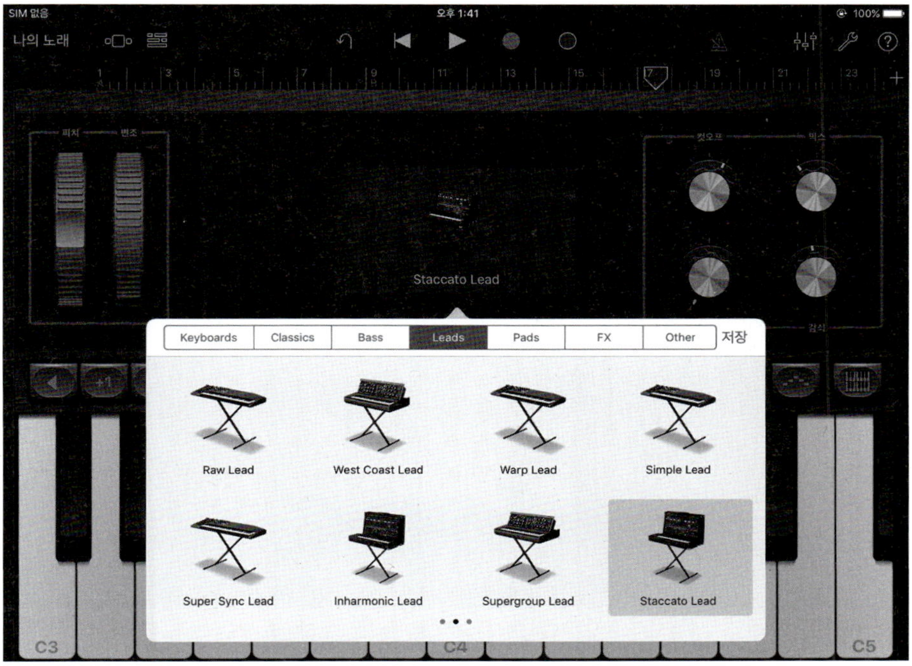

1) 로직

케이크를 만드는 과정에 비유하자면 케이크의 기본이 되는 빵을 올려놓고 거기에 기초 생크림을 전체에 다 발라 놓은 상태입니다. 이제 하나씩 데코레이션 해 가면서 여기에 과일을 얹으면 과일생크림 케이크가 될 것이요, 초콜릿을 얹으면 초콜릿 케이크가 될 것입니다.

"아닙니다. 그만 해야겠습니다. 배고파요."

어떠한 로직으로 구성할까 한참을 생각해 보았습니다. 강가를 걸었습니다.

비가 온 뒤라서 그런지 하늘이 엄청 깨끗해 보였습니다. 걷고 있는 저의 기분까지도 훨훨 날아갈 듯 하더군요. 살랑살랑 바람은 불어오고 초여름 날씨가 정말 아름답더군요.

아하! '솔파미파미파레도'

음성메모 앱을 실행하고 간단한 멜로디를 녹음하였습니다.

여러분도 지금 밖으로 나가보시기 바랍니다. 새로운 환경에서는 새로운 아이디어도 잘 떠오르는 것 같습니다.

집으로 돌아와서 아까 입력하였던 음성을 들으면서 B 섹션에 하나씩 입력하여 보았습니다.

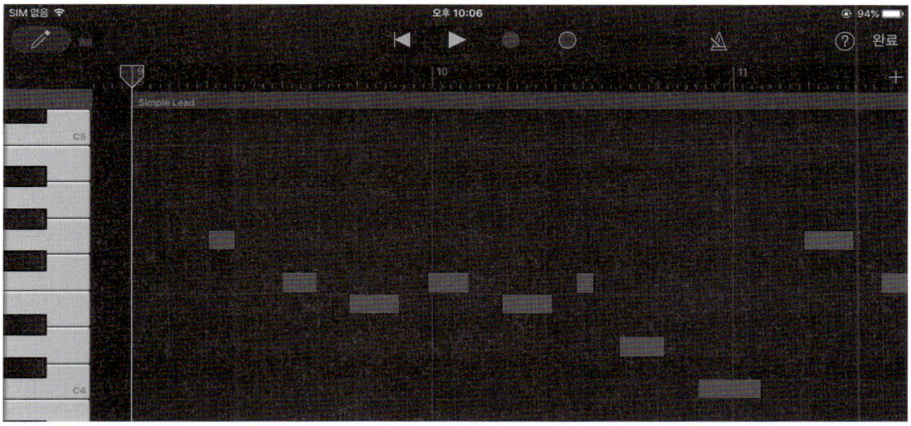

그런데 뭔가 엉성하면서 아까 강가를 걸을때 떠올렸던 멜로디가 아닙니다.
깔끔한 로직을 만들기 위해 다시금 멜로디를 정리합니다.

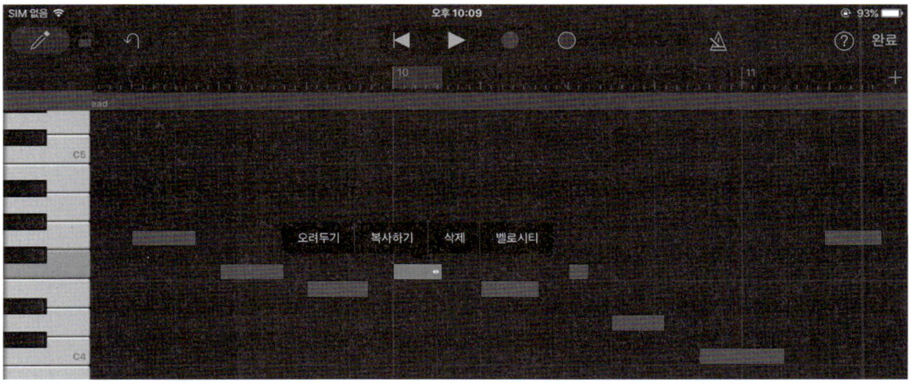

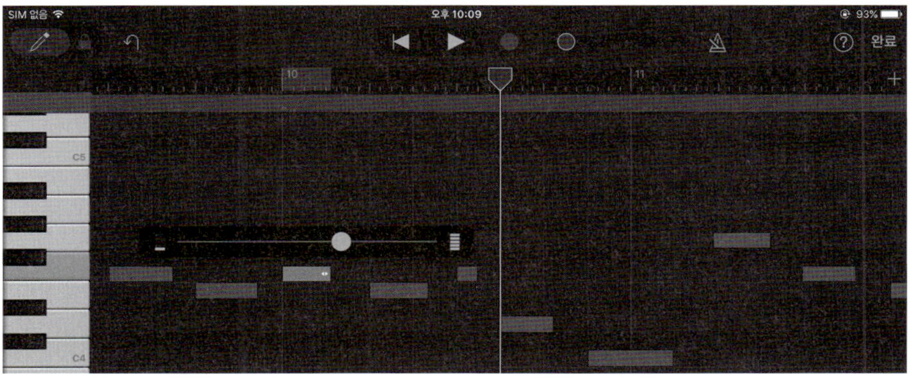

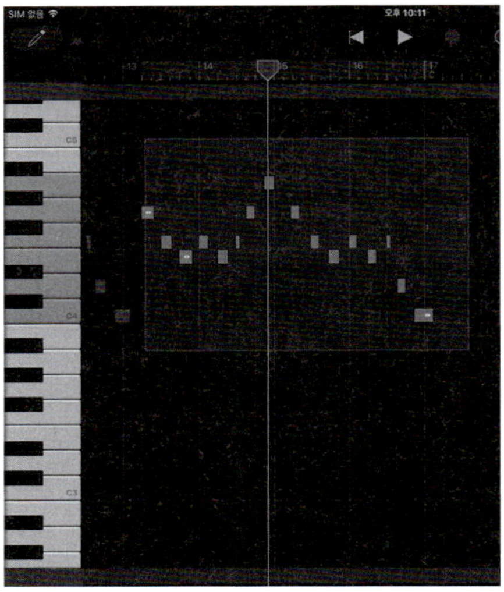

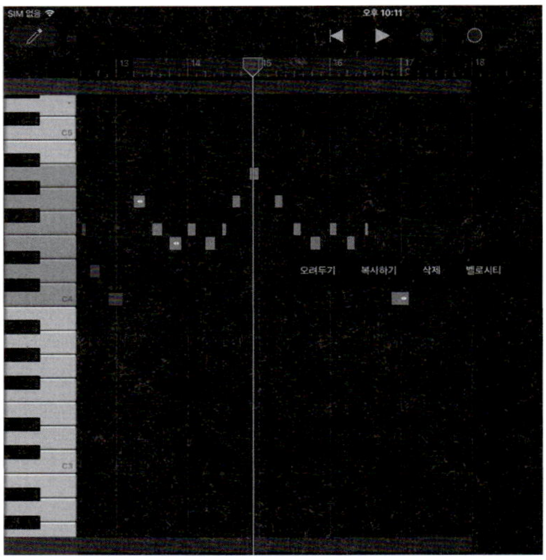

미디블럭들을 자르고 늘이고 붙이는 등 세부적으로 조절하여 B 섹션을 완성합니다.

2) 패턴 만들기

다음과 같이 만들어진 하나의 로직을 가지고서 서서히 이야기를 붙여가면서 진행해 봅시다.

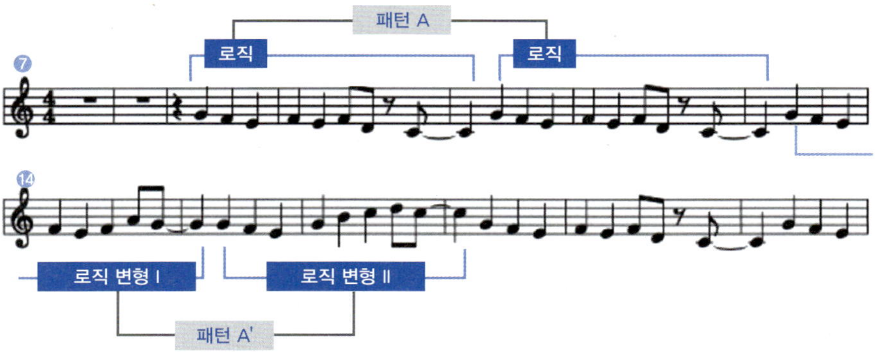

- 그림과 같이 처음 만들어진 로직을 가지고 두 번 반복하여 '패턴 A'를 만듭니다.
- 그 다음 '패턴 A'를 똑같이 반복하게 되면 듣는 사람이 조금 지루할 수 있으므로 기존의 로직을 약간 변경하여 '로직 변형 I'을 만듭니다.
- 곡의 흐름을 살펴보면 '솔'음에서 '도'음으로 차례대로 내려가는 것이 '패턴 A'에서 보여주고 있는 이야기의 흐름이기 때문에 '패턴 A'에서는 반대로 올라가는 느낌으로

진행합니다. 따라서 변형한 '로직 변형 I'을 다시 변형하여 위로 올라가는 느낌의 '로직 변형 II'로 만드는 것입니다.

- 이렇게 만들어진 패턴 A와 패턴 A'를 다시 반복하게 되면 다음과 같은 B, C 섹션의 내용이 채워지게 되는 것입니다.

- 코러스 라인(D, E, F 섹션)

코러스 라인의 악보는 다음과 같습니다. 이전의 패턴 A'에서 상승되는 느낌을 그대로 유지하면서 길게 유지하는 방식을 선택하였습니다. 사실 후렴구의 가사가 너무 많은 것도 부르기가 힘들 것입니다. 그냥 한 번에 쭈욱 질러주는 것도 좋은 방법입니다.

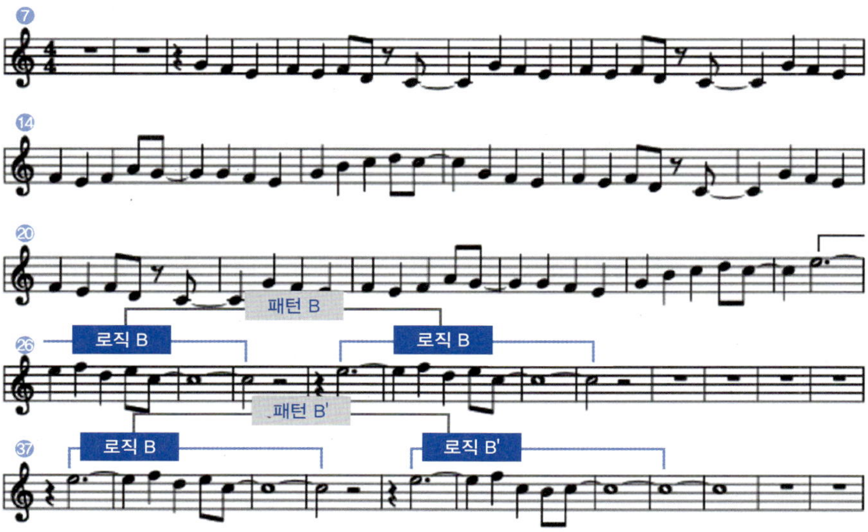

앞의 그림과 같이 아주 단순한 로직 B를 만들어서 두 개를 반복하는 '패턴 B'를 만듭니다. 그 다음 기존 로직 B가 상승하다가 살짝 아래로 내려가는 느낌이라면 변형된 로직 B'는 상승하다가 살짝 아래로 갔다가 다시 상승하여 마치는 구조로 되어 있습니다.

위의 로직 B와 로직 B'를 묶어서 하나의 패턴 B'로 만들고 패턴 B와 패턴 B'를 묶어 C, D 섹션을 구성하면 되는 것입니다.

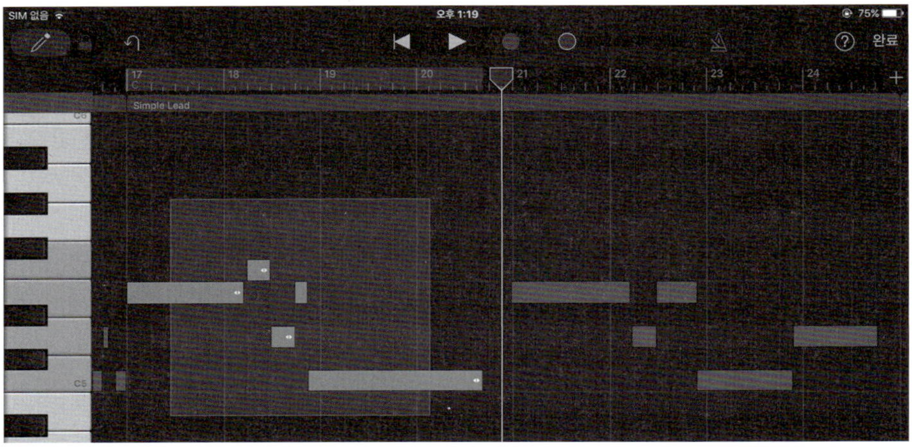

멜로디는 녹음한 뒤에 위와 같은 과정을 거쳐서 보완합니다.

이제는 F 섹션을 만들 차례입니다.

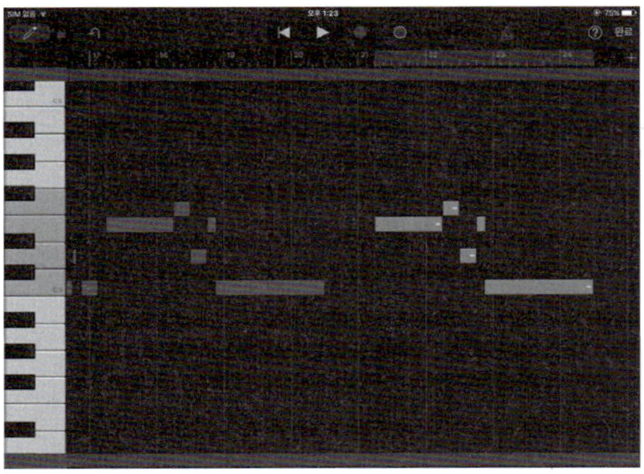

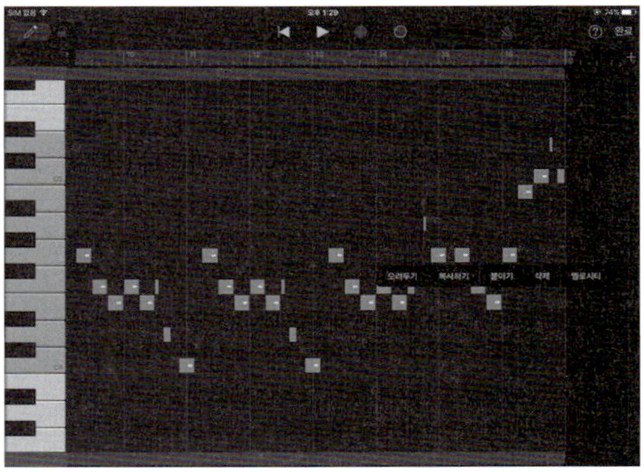

F 섹션은 곡의 엔딩을 나타냅니다. 따라서 일반적인 방법으로 곡을 마칠 때에는 대부분 I

도 화음으로 끝나게 되는 것이지요.

이 곡에서는 다장조이기 때문에 C 코드를 사용하면 될 것입니다. 아래 그림은 피아노 반주에 적용된 예시입니다. 여러분도 각자 자신의 음색과 느낌에 맞는 내용으로 구성하여 보시기 바랍니다.

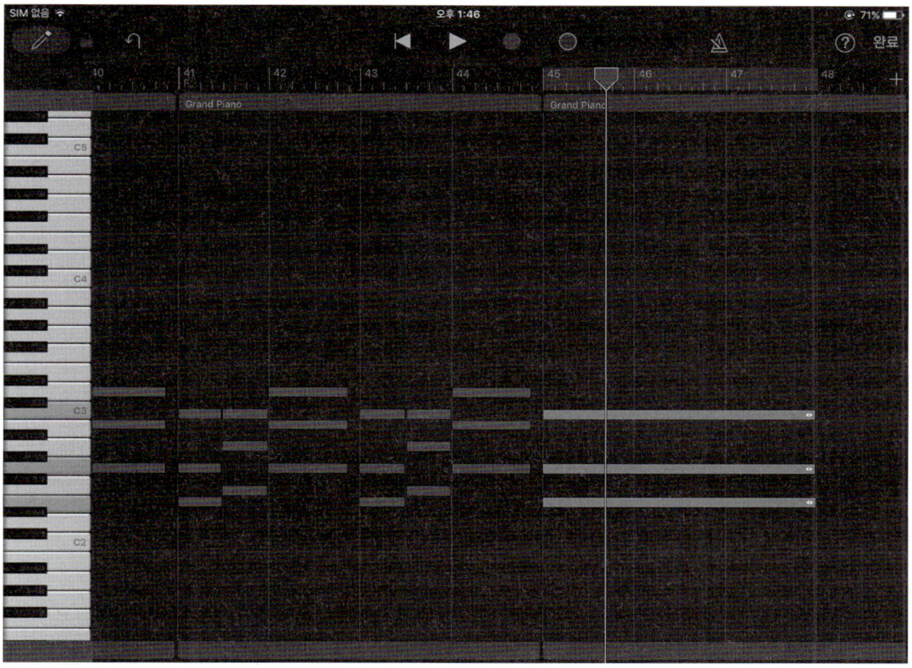

4.4.2 패턴으로 채우기

그렇다면 일단 인트로와 가사부분에 대한 전체적인 섹션을 구성하였습니다.

이제는 코러스 부분, 간주 그리고 엔딩 부분이 들어가는 D, E, F 섹션을 한 번 구성해 보도록 하겠습니다. 중요한 로직들과 패턴들을 다 만들어 놓았기 때문에 우리가 할 일은 Ctrl+C, Ctrl+V 신공(복사하여 붙여넣기)을 발휘하는 것입니다.

1) D 섹션 구성하기

먼저 노래 섹션에서 D 섹션을 추가한 뒤 다음의 그림처럼 인트로에 있는 로직들을 복사하여 D 섹션을 구성합니다.

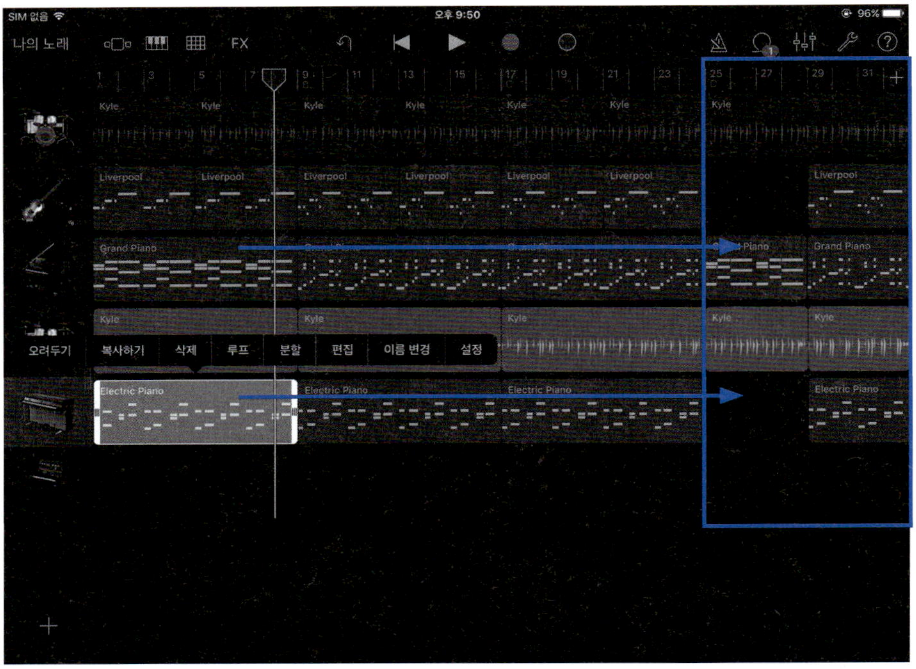

여기에서 살펴볼 것은 E 섹션의 첫 4마디의 베이스 라인과 일렉트릭 피아노는 없습니다. 이야기도 계속해서 강-강-강으로 간다면 이야기를 듣는 사람도 익숙해질 수도 있기 때문에 때로는 과감한 삭제도 필요합니다.

2) E 섹션 구성하기

E 섹션에서는 코러스를 반복하게 되는 구성입니다. 다만 이 책에서는 가사2절에 대한 내용은 없으므로 반주의 느낌을 조금 다르게 구성하였습니다. 여러분도 다음 그림을 참조로 하여 E 섹션을 구성해 보시기 바랍니다.

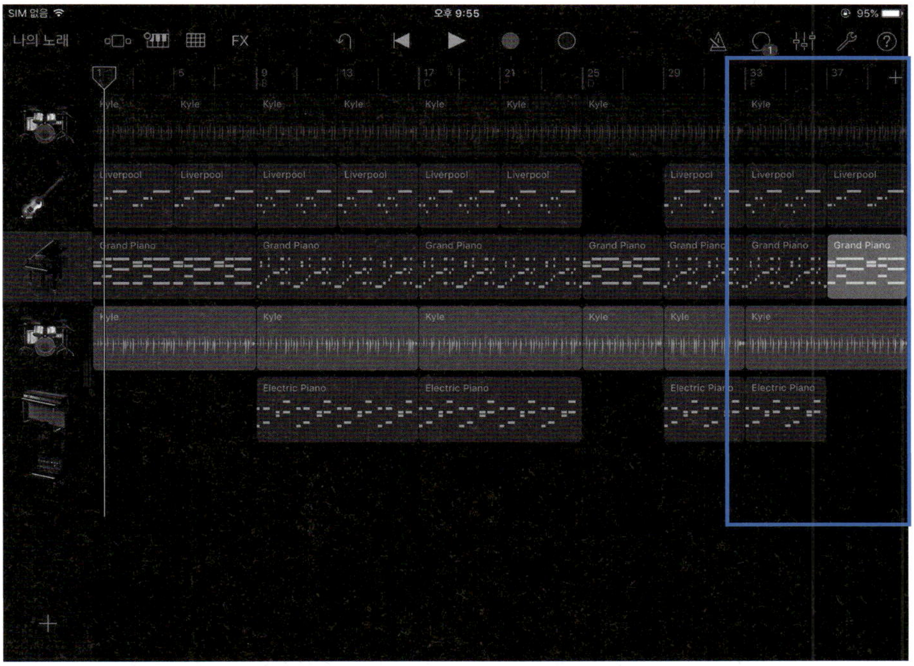

3) F 섹션 구성하기

F 섹션은 사실상 엔딩부분에 해당하게 되므로 섹션의 길이를 다음과 같이 4마디로 조정하여 구성합니다.

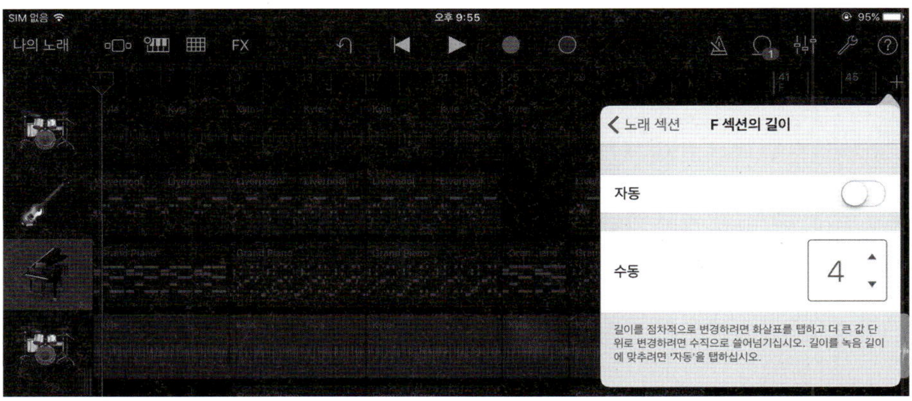

전체적으로 완성된 곡의 구성형태를 한 번 살펴보도록 하겠습니다.

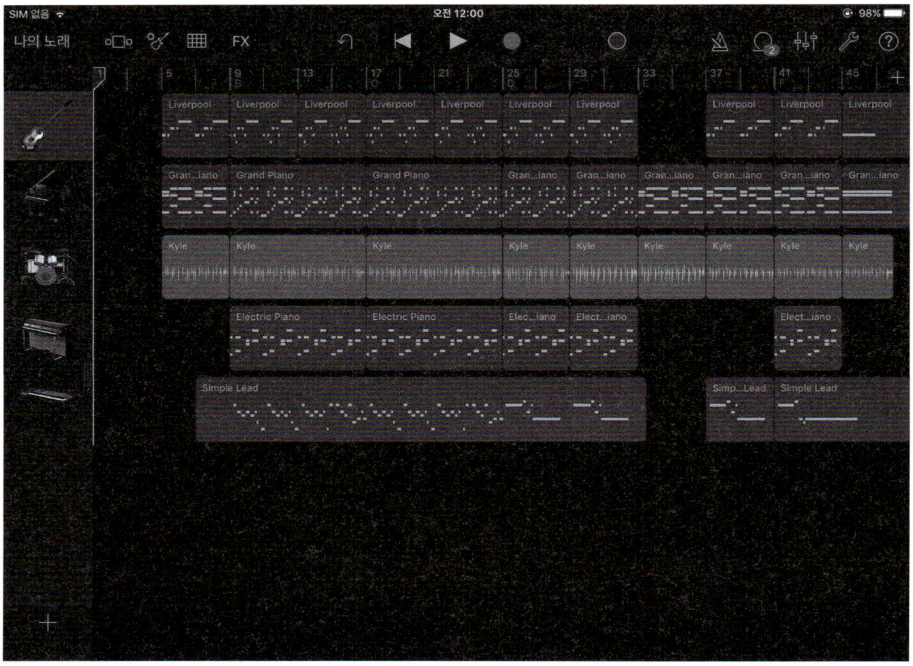

어떻습니까? 대략적인 각각의 트랙에 있는 미디블럭들을 보면 악보가 희미하게나마 떠오르시나요? 인트로 부분인 A 섹션의 앞쪽 2마디는 과감하게 잘라내었습니다. 마지막 F 섹션에서 일렉트릭 피아노 부분은 4마디만 넣었습니다. 마지막 부분은 I도 화음으로 마치는 것으로 하였습니다. 물론 구성하고 편집하는 방법은 여러분의 감성이 훨씬 더 좋을 것이라 생각합니다. 어디까지나 이 것은 예시일 뿐입니다.

“신의 한수”

사실 여기에 신의 한 수를 빼 놓았습니다. 눈치가 빠르신 분들은 아시겠지만 바로 ‘E 섹션의 첫 4마디’입니다.

이 부분은 실제 악기를 사용하여 솔로라인을 연주한다면 더욱 좋겠습니다. 인공지능이 바둑을 두고 사람을 이기는 것이 요즘의 현실이지만 아직은 음악적 감성은 인간을 이길 수 없을 것입니다. 아니 그렇다고 믿고 싶습니다.

비어있는 공간은 유튜브에 있는 파일을 다운받아서 여러분의 악기연주로 채워보시기 바랍니다.

4.5 가사 붙이기

이제는 내친김에 가사까지 한 번 붙여봅시다.

문득 가사를 붙여보고 느꼈습니다. 오늘 비가 온뒤 너무 희망적인 것을 보았나 봅니다. 다음 장에서는 좀 더 그루지하면서 강한 사운드를 풍길 수 있는 음악으로 진행하겠습니다.

이번 장에서 만들어 본 곡은 전체적인 사운드 밸런스나 각 트랙별 악기 배치와 셋팅에 대한 언급은 없었습니다. 우리는 일단 무엇인가 떠오르는 아이디어를 가지고서 컴퓨팅 사고를 기반으로 한 음악을 만드는 방법을 배우고 있는 것입니다.

몇 개의 음으로 구성된 멜로디 로직을 만들고 만들어진 로직을 가지고서 각각의 트랙에서 진행되는 방법을 변형하고 보완하여 하나의 패턴화시킨 다음 그것을 다시 일정한 진행과 형식을 가진 알고리즘으로 구성하여 보았습니다.

전체의 섹션 속에 포함되어 있는 각각의 섹션들에서 만들어진 패턴들을 조합하여 여러 개의 섹션들 속의 곡의 진행(알고리즘)을 알아보기도 했습니다. 때로는 내 마음대로 입력이 되지 않은 작은 멜로디 로직들을 직접 수정하고 이어붙이기도 하였습니다.

곡의 전체적 구성면에서 필요없는 것들은 과감히 잘라내고 간략화시키는 과정은 바로 컴퓨팅 사고에서 Abstraction(요약하기)에 해당하는 것입니다.

수 없이 반복하여 들어보고 하는 가운데 아마 이 책을 읽고서 연습하고 계시는 여러분은 머리속에 악보들이 눈 앞에 그려지기도 할 것입니다.

CHAPTER 5

알고리즘 레시피

이번 장에서는 록이라는 장르를 가지고 대표적으로 널리 알려진 곡을 통해 보다 세밀하게 음악을 만들어가는 방법에 대해서 알아보겠습니다. 록과 관련된 널리 알려진 뮤지션으로 지미핸드릭스, 비틀즈, 너바나, 건즈앤로지스, 메탈리카 등 수많은 밴드가 있지만 여러분과 같이 분석해 볼 곡은 본조비(Bon Jovi)의 'Living on a prayer'라는 곡입니다.

본조비(Bon Jovi)라는 밴드에 대해서 소개하자면 1983년도 미국 뉴저지 세어빌 출신의 록밴드로 조비는 같은 이름의 리드 싱어인 존 본조비(Jon Bon Jovi; John Francis Bongiovi, Jr.), 기타리스트 리치 샘보라(Richie Sambora), 키보드 연주자 데이비드 브라이언(David Bryan), 드러머 티코 토레스(Tico Torres) 및 현재 베이시스트 휴 맥도날드(Hugh McDonald)로 구성되어 있습니다. 베이시스트알렉 존 서치(Alec John Such)의 탈퇴 후 휴 맥도날드의 비공식적 영입만 제외한다면 현재까지 밴드멤버의 구성변화없이 지속해 오고 있는 건실한 밴드입니다.

이미지출처 : 구글

80년대 이 밴드의 앨범 중 'slippery when wet'(1983년 발매)에 수록된 곡들은 이 밴드의 대표적인 곡들이라 할 수 있겠습니다. 본 조비 밴드는 전 세계적으로 1억 3천만장 이상의 판매고를 올렸으며 영국 음악 명예의 전당(2006년) 등재 등 다양한 부분에서 수상의 영광을 안은 밴드입니다. 또한 본 조비의 가족사 또한 의례적으로 짐작되는 밴드들의 형태와는 달리 첫사랑과 결혼하여 아들, 딸에 늦둥이 아들 둘까지 둔 훈남 아버지이기도 합니다.

록음악은 강렬한 비트와 리듬을 기반으로 하고 있기에 마치 요리의 모습에 비유하자면 중화요리에서 불을 다루는 것과 같다고 생각합니다. 때로는 엇박자의 진행과 심장을 울리는 기타의 전율을 듣고 있으면 머리속의 혼란스러움과 카타르시스가 동시에 느껴지기도 합니다. 어릴적 친한 친구가 주다스 프리스트의 'pain killer'를 듣고서 악몽을 꾸었다는 웃지 못할 헤프닝이 생각이 납니다.

음악은 그 곡을 만들때 당시의 영감, 즉 사람의 영혼에서 나오는 감정을 기본으로 한다고 생각하기에 하나하나 곡을 만들때 유의하여야 합니다. 특히 록음악 같은 강렬한 음악들을 다룰 때는 비트, 리듬 및 사운드 음색까지 신경을 써야 하는 것입니다.

가사를 만들때도 가능하면 밝고 아름다운 가사를 붙여보시길 추천해 드립니다. 어둡고 우울한 가사들을 붙여 노래를 만드는 것은 일상생활에서 가끔씩 필요할 때도 있으나 결국 음악을 만들면서 제일 많이 듣는 사람은 바로 곡을 만드는 자신이기 때문에 곡을 만드는 사람이 제일 영향을 많이 받는다고 생각하시면 됩니다.

서론이 길어졌지만 저 역시 록음악에 깊이 빠져서 그 음악이 주는 반항과 저항정신에 사로 잡혀 세상을 비뚤게 보았던 청소년이었던 때가 있었습니다. 결국은 그것이 삶에 영향을 주게 되고 가족과 주위 사람들로부터 멀어지게 되어 고립되었던 경험이 있어 노파심에서 주저리주저리 해 보았습니다.

5.1 곡의 구성

자 그렇다면 이제 본론으로 들어가서 본 조비의 'Living on a prayer'를 한 번 들어보시기 바랍니다. 유튜브에서 검색하시면 어렵지 않게 공식적인 뮤비를 찾을 수 있을 겁니다. 가사를 한 번 살펴보시면 이 노래는 토미(Tommy)와 지나(Gina)라는 연인들의 이야기입니다. 톰은 부두가에서 일하고 지나는 식당에서 일하고 있으며 그들의 삶은 어렵고 힘이 들어도 기도하는 삶으로 서로의 사랑을 위해 세상에 맞서 살아가겠다는 의미가 담긴 노래입니다. 가사에 대한 해석은 저자의 지극히 주관적인 감정이 담겨있으므로 여러 가지 버전을 찾아 해석해 보시길 추천드립니다.

곡의 전체적인 흐름은 다음과 같습니다.

1-[Intro]

Once upon a time Not so long ago

조금은 오래된 얘기야

2-[Verse]

Tommy used to work on the docks

토미는 부두에서 일했었어

Union's been on strike

하지만 노조가 파업을 하고,

He's down on his luck

토미는 운이 없었지

it's tough, so tough

정말 힘이드는 세상이네

Gina works the diner all day Working for her man,

지나는 토미를 위해 온종일 식당에서 일했지

she brings home her pay For love, for love

사랑하는 토미를 위해 돈을 벌었지

3-[Pre-Chorus]

She says

그녀가 얘기했어

"We've got to hold on to what we've got

"우리는 지금 가지고 있는 것을 꼭 쥐고 있어야한다고"

'Cause it doesn't make a difference If we make it or not

왜냐하면 우리가 되든 되지않든 간에 크게 달라질 것이 없으니까요

We've got each other

우리에겐 서로 밖에 없지만

and that's a lot for love we'll give it a shot"

그것만으로 만족한다고 사랑, 여기에 우린 모든 것을 걸어야 해요

4-[Chorus]

We're half way there Livin' on a prayer

우리가 같이 여기까지 온 것은 기도하는 삶을 살았기 때문이예요

Take my hand

내 손을 잡아봐요

and we'll make it, I swear Livin' on a prayer

우린 꼭 해낼 수 있어요. 맹세할께요 기도하는 삶을 살께요

5-[Verse]

Tommy got his six string in hock

토미는 이제 기타 줄마저 저당 잡히고

Now he's holding in what he used To make it talk

예전에 하던 말을 애써 감추려 하고 있어

so tough, it's tough

너무 어렵고 힘이들어

Gina dreams of running away

지나는 저멀리 도망가버리고 싶었어

When she cries in the night

한밤중에 지나가 울면

Tommy whispers

토미가 속삭이지

"Baby it's okay, someday"

"괜찮아 질거야. 언젠가는..."

6-[Pre-Chorus]

"We've got to hold on to what we've got"

"우리는 지금 가지고 있는 것을 꼭 쥐고 있어야한다고"

'Cause it doesn't make a difference If we make it or not

왜냐하면 우리가 되든 되지않든 간에

크게 달라질 것이 없으니까요

We've got each other
우리에겐 서로 밖에 없지만
and that's a lot for love we'll give it a shot"
그것만으로 만족한다고
사랑, 여기에 우린 모든 것을 걸어야 해요

7-[Chorus]
We're half way there Livin' on a prayer
우리가 같이 여기까지 온 것은 기도하는 삶을 살았기 때문이예요
Take my hand
내 손을 잡아봐요
and we'll make it, I swear Livin' on a prayer
우린 꼭 해낼 수 있어요. 맹세할께요 기도하는 삶을 살께요

8-[Solo] 기타솔로

9-[Bridge]
후렴 반복
We've got to hold on ready or not
준비가 되어 있든, 그렇지 않든 끈질기게 견뎌 나가야 해요
You live for the fight when it's all that you've got
세상에 맞서는 것이 가진 것의 전부라면 그렇게 살아야해요

10-[Chorus]
We're half way there Livin' on a prayer
우리가 같이 절반을 걸어온 것은 기도하는 삶을 살았기 때문이예요
Take my hand
내 손을 잡아봐요
and we'll make it, I swear Livin' on a prayer
우린 꼭 해낼 수 있어요
맹세할께요 기도하는 삶을 살께요

컴퓨팅 사고를 기반으로 이 곡을 해석해 봅시다.

우선 기본적인 로직을 알아보기 위해서 곡의 전체 구성을 한 번 살펴봐야 할 것입니다. 그 다음 중요한 멜로디 로직이 무엇인지 찾아내고 계속해서 쓰여지는 패턴을 알아가야 할 것입니다. 이 곡은 표에서 보시는 것처럼 총 10개의 구성으로 되어 있습니다.

표 5-1 곡의 분석

순	진행	코드
1	Intro A	Em C D Em C D Em Once upon a time Not so long ago
2	Verse 1 B	Em Tommy used to work on the docks Union's been on strike He's down on his luck Am D Em It's tough, so tough Em Gina works the diner all day Working for her man, she brings home her pay Am D Em For love, for love
3	Pre-Chorus C	C G D Em She says we've got to hold on to what we've got C G 'Cause it doesn't make a difference D Em If we make it or not C G D Em We've got each other and that's a lot C D N.C. For love, we'll give it a shot

순	진행	코드
4	Chorus D	Em C D Whooah, we're half way there G C D Whooah, livin' on a prayer Em C D Take my hand and we'll make it I swear G C D Whooah, livin' on a prayer C livin' on a prayer...
5	Verse 2 B	Em Tommy's got his six string in hock Now he's holding in what he used To make it talk Am D Em So tough, it's tough Em Gina dreams of running away When she cries in the night Tommy whispers: Am D Em "Baby it's okay, someday"
6	Pre-Chorus C	C G D Em we've got to hold on to what we've got C G 'Cause it doesn't make a difference D Em If we make it or not C G D Em We've got each other and that's a lot C D N.C. For love, we'll give it a shot

순	진행	코드
7	Chorus D	Em C D Whooah, we're half way there G C D Whooah, livin' on a prayer Em C D Take my hand and we'll make it I swear G C D Whooah, livin' on a prayer C livin' on a prayer...
8	Solo E	Em C D D G C D D Em C D D G C Em Em
9	Bridge F	C G D Em We've got to hold on ready or not C D You live for the fight when it's all that you've got
10	Chorus F	Gm Eb F Whooah, we're half way there Bb Eb F Whooah, livin' on a prayer Gm Eb F Take my hand and we'll make it I swear Bb Eb F Whooah, livin' on a prayer x3 (Fade out...)

앞의 표에서 분석한대로 순서대로 살펴봅시다.

가사 위에 코드를 붙여서 텍스트로 만들었습니다. 보기 불편하신 분들은 구글에서 'Living on a prayer score'라는 키워드로 검색하시면 찾아보실 수 있습니다. 사실 악보를 보고 코드의 진행을 익히기 보다는 때로는 텍스트만 보고서 노래를 듣고(청음) 코드를 카피

하는 것이 음악적 훈련을 하는데 더 나은 경우도 있습니다. 이전 장에서 배웠던 멜로디를 먼저 떠올리고 로직을 만들어 가는 과정과는 또 다른 방법입니다.

5.2 코드진행 스타일

'Living on a prayer'의 곡을 분해(Decomposition)하여 보면 다음과 같이 크게 10개의 조합으로 구성되어 있고 비슷한 패턴들을 찾아 정리하면 모두 7개의 패턴을 가지고 있는 곡입니다.

표 5-2 곡의 흐름 및 코드진행

composition	Intro	Verse1	Pre-Chorus	Chorus	Verse2	Pre-Chorus	Chorus	Solo	Bridge	Chorus
Patterns	A	B	C	D	B	C	D	E	F	D'
Chords	Em C D	Em-Am-D-Em	C-G-D-Em	Em-C-D-G-C-D	Em-Am-D-Em	C-G-D-Em	Em-C-D-G-C-D	Em-C-D-DG-C-D-D Em-C-D-DG-C-Em-Em	C-G-D-Em-C-D	Gm-Eb-F Bb-Eb-F

그렇다면 곡의 진행순서에 따른 세부적인 코드진행 스타일은 어떻게 될까요? 사실 이 곡의 핵심 로직은 베이스로 시작되는 아래의 악보입니다. 계이름은 E-E-G-B입니다. 바로 로직에 해당하는 것입니다. 이렇게 간단한 4개의 음의 조합으로 시작되고 있습니다.

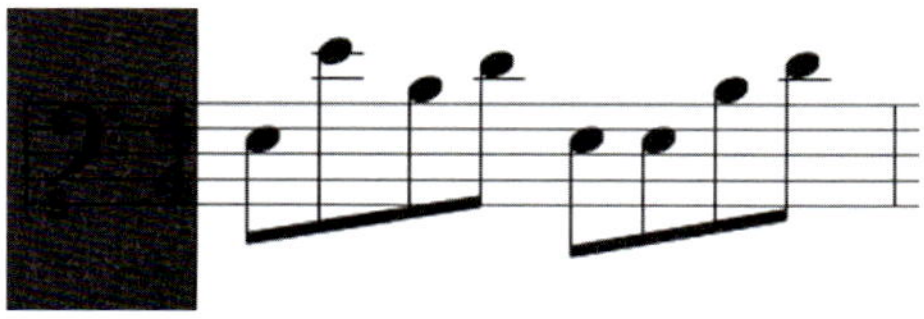

그리고 리치샘보라의 기타라인이 반복되는 멜로디 로직(리프, riff)을 연주하고 있습니다.

록음악에서는 반복되는 이러한 리프로 곡의 전체를 이끌어가는 경우가 참 많이 있습니다. 그 대표적인 곡이 바로 Deep Purple의 'Smoke on the water', 40대 아저씨들이 중, 고등학교 시절 기타를 처음 입문하면서 배운다는 그 전설의 리프 말입니다. 짠 짠 짠, 짠짠 짜라— 기억이 나시나요?

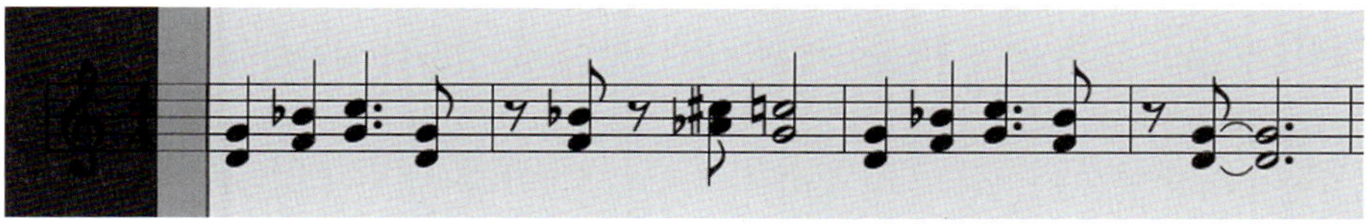

그림 5-1 Smoke on the water의 리프

이제는 곡의 진행흐름에 따른 이야기의 흐름을 한 번 살펴봅시다.

Decomposition	Intro	Verse1	Pre-Chorus	Chorus	Verse2	Pre-Chorus	Chorus	Solo	Bridge	Chorus
Patterns	A	B	C	D	B	C	D	E	F	D'
감정의 고조	1	2	3	4	2	3	4	4	3	5
멜로디 로직	Bass GT (Voice)	Voice Bass	Voice GT Synth	Chorus GT Bass	Voice Synth Bass GT	Voice GT Synth Bass	Chorus GT Bass	GT Bass	Voice GT Bass Synth	Chorus GT Bass Synth

➔ intro

이야기가 시작되는 부분입니다. Synth를 통하여 진행하면서 Bass가 멜로디 라인을 이

끌고 있습니다. 이후에 GT(Guitar)가 토크박스(사람의 입모양에 따라 소리를 내주는 이펙터)를 통해 Bass의 멜로디 라인을 그대로 같이 연주합니다.

- Verse 1

본격적으로 이야기를 풀어내기 시작합니다. 토미와 지나의 힘들고 고단한 삶을 보컬 중심의 멜로디로 잔잔히 풀어내고 있습니다.

- Pre-Chorus

본격적인 후렴구에 들어가기에 앞서 앞에서 이야기한 가사를 기반으로 감정을 끌어올리는 단계입니다. 점점 고조되고 있습니다.

- Chorus

밴드가 하고 싶은 말을 확 쏟아붓는다는 느낌이 들 정도의 사운드로 이야기하고 있는 부분입니다.

- Verse 2

다시 가사로 돌아와서 두 번째 이야기를 하고 있습니다. 1절과는 달리 기타의 사운드가 좀 더 가미되어 보다 단단해진 느낌입니다.

- Pre-Chorus

후렴구로 가기 전 감정을 다시 끌어올리고 있습니다.

- Chorus

두 번째로 휘몰아치는 느낌으로 이야기의 핵심을 전달하고 있습니다. 여기에서 중요한 것은 다음에 올 내용이 기타 솔로 부분이라 코러스에서 솔로로의 전환 시 기가 막힌 부분이 있습니다. 바로 전환 직전에 보컬의 절규하는 듯한 마디를 넣어서 자연스러운 솔로 전환이 이뤄질 수 있도록 해 준다는 점입니다.

- Solo

보컬의 절규를 이어받아 GT의 격력한 사운드 플레이가 진행되고 있습니다.

- Bridge

이 부분은 마지작 코러스로 가기 전의 한 호흡을 당기는 느낌입니다. 마지막 코러스로 가기 전에 4/4박자에서 3/4박자의 결정적인 전환 부분이 담겨 있습니다. 가사 'it's all that you've got' 부분입니다. 그러면서 자연스럽게 조옮김으로 바뀌고 있습니다.

➡ Chorus

Em(4)에서 Gm(7)로 변화했으니 3도가 올라갔습니다. 그리하여 좀 더 강하게 고조된 느낌으로 코러스를 반복하면서 이야기도 끝이 나고 있습니다.

지금까지 이 곡을 아주 작게 분해(Decomposition)해 보면서 세부적인 로직(Logic)들이 어떻게 패턴을 이루고 있는지 찾아보았습니다. 그리고 그렇게 이루어진 패턴들이 곡 전체에서 어떻게 조화롭게 구성되고 있는지도 단계별로 알아보았습니다.

5.3 록 레시피

이번에는 앞에서 분석한 곡의 스타일을 그대로 가져와서 새로운 곡을 한 번 만들어 보겠습니다. 요리사가 요리를 하기 전에 필요한 재료를 손질하듯이 우리에게 필요한 것들이 무엇이 있을지 한 번 생각해 봅시다.

표 5-3 곡의 구성방향

곡의 장르	록	박자	4/4	BPM	120	장조	G			
곡의 구성	Intro	Verse1	Pre-Chorus	Chorus	Verse2	Pre-Chorus	Chorus	Solo	Bridge	Chorus
필요한 악기	GT	Synth	E-piano	Bass	Drums					

대략적으로 구성해 본 모습입니다. 여기에 어떠한 것을 넣을지는 이제 여러분의 손에 달려있습니다.

5.3.1 코드 진행 찾기

사람들에게 널리 알려진 화성진행방식을 한 번 살펴볼 필요가 있습니다.

어떠한 화성으로 진행하는가, 어떤 코드를 사용하여 풀어나가는가 하는 것은 곡의 전체적인 구성과 느낌, 흐름에 영향을 주는 요소이기 때문입니다. 구글에서 'famous rock chord progressions' 검색만 해봐도 다양한 코드 진행들을 알아볼 수 있습니다. 이것이 일종의 참고도서이자 레시피에 해당하는 것입니다. 사실 사람이 생각할 수 있는 것들은 다 나와있다고 보시면 맞을 것 같습니다.

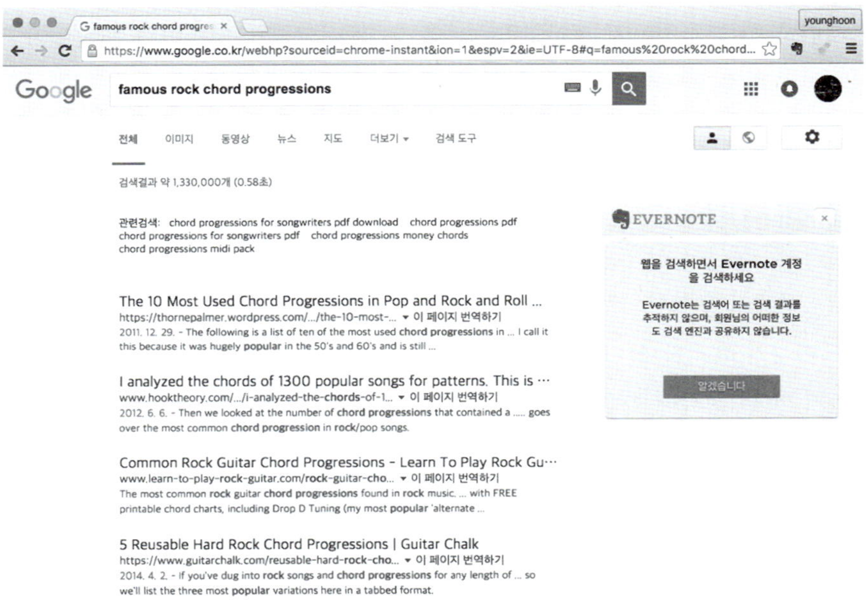

그림 2 'famous rock chord progression' 구글 검색결과

다만 그것을 어떻게 자신만의 취향과 성격에 맞게 구성하는 것인가가 중요한 포인트라고 할 수 있습니다.

"G-D-Em-C"

우리는 위의 G-D-Em-C 기본 4개의 코드로 진행되는 것들을 바탕으로 몇 개의 코드들을 섞어서 새로운 곡으로 만들어 보겠습니다.

악보를 통해서 곡을 만든다는 개념도 중요하지만 다음과 같은 방식으로 곡을 만들어 보는 것도 새로운 방법이 될 수 있습니다.

이전에 밴드연습을 할 때에도 악보전체를 복사해서 넘겨가면서 연습을 하기보다는 간단하게 한 페이지에 출력해서 전체적인 구성과 흐름을 한 눈에 볼 수 있도록 해서 연습했던 것이 훨씬 효율적이던 경험이 있습니다.

표 5-4 곡의 구성(초안)

Section	진행	마디 및 코드진행							
		1	2	3	4	5	6	7	8
A	Intro	G	D	Em	C	G	D	Em	C
B	Verse 1	G	D	Em	C	G	D	Em	C
C	Pre-Chorus	G	D	Em	C	G	D	Em	C
D	Chorus	G	D	Em	C	G	D	Em	C
E	Verse 2	G	D	Em	C	G	D	Em	C
F	Pre-Chorus	G	D	Em	C	G	D	Em	C
G	Chorus	G	D	Em	C	G	D	Em	C
H	Solo	G	D	Em	C	G	D	Em	C
I	Bridge	G	D	Em	C	G	D	Em	C
J	Chorus	G	D	Em	C	G	D	Em	C

위와 같이 진행하고자 하는 마디에 맞도록 4개의 화음코드를 넣습니다. 물론 곡을 써나가면서 넣었던 화음코드들을 변경할 생각입니다. 간단한 피아노 반주를 눌러보면서 멜로디를 만드는 것도 좋은 방법이고 기타 연주가 가능하다면 기본 드럼을 만들어 놓은 뒤 기타의 로직을 만드는 것도 좋은 방법이 될 수 있습니다.

5.3.2 멜로디 로직 만들기

1) 전체 구성 만들기

노래 전체의 섹션은 A~J까지 10개의 섹션으로 구성하기로 하였으므로 다음과 같이 10개의 섹션을 구성합니다. 곡을 구성해가면서 섹션은 수정 보완을 하면 됩니다.

2) Intro 만들기(A Section)

처음 도입되는 부분을 만들기 위해서 피아노 트랙을 하나 추가합니다. Keyboard 종류는 Electric Piano로 하고 상단의 설정을 탭하여 곡의 기본 설정을 셋팅합니다.

곡의 키는 G장조로 설정합니다.

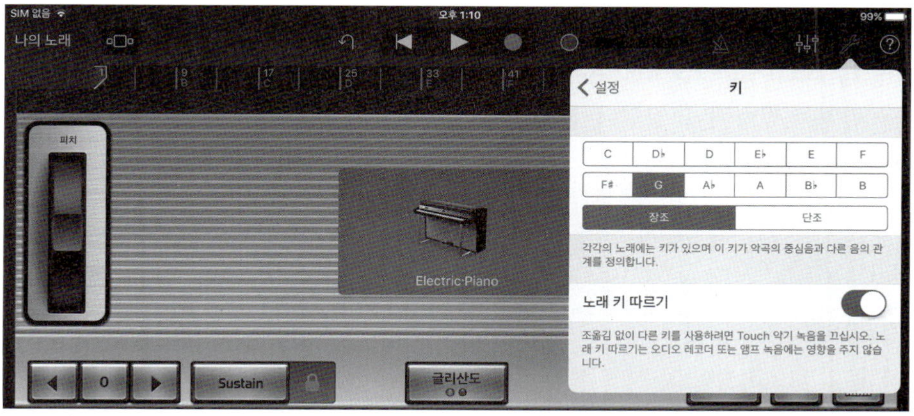

곡의 템포는 120으로 설정합니다.

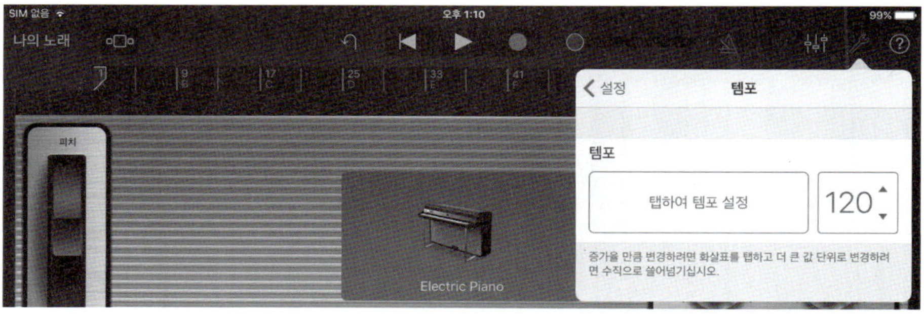

➔ 키보드 아르페지오

편집하고자 하는 A 섹션을 선택하여 편집모드로 들어간 다음 곡을 은은하게 받쳐주는 역할을 할 아르페지오 로직을 만들기 위한 과정입니다.

코드를 입력하기 위해 메트로놈을 켜고 녹음버튼을 탭하면 4박자를 먼저 카운트하고 녹음모드에 들어가게 됩니다. 입력할 코드진행은 아까 얘기한 바와 같이 G-D-Em-C 입니다.

'이걸…어떻게???'

저도 피아니스트도 아니고 한땀한땀 입력하지 않아도 우리에겐 아르페지에이터가 있으니 기본 3화음씩 4개의 코드를 순서대로 그냥 박자에 맞추어 누르시면 자동으로 음을 펼쳐서 진행해 줄 것입니다.
아르페지에이터를 활성화한 다음 녹음버튼을 탭하여 코드를 입력하여 보시기 바랍니다.

코드가 입력이 된 모습입니다.

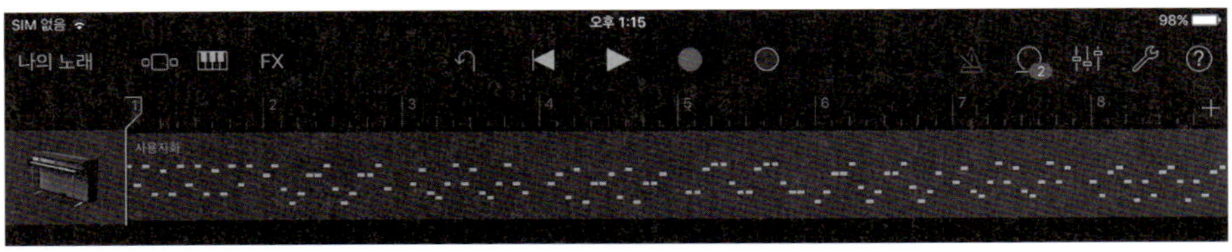

또한 편집모드에서 빠져있는 코드나 보완해야 할 것들은 세밀하게 조정하면 됩니다.

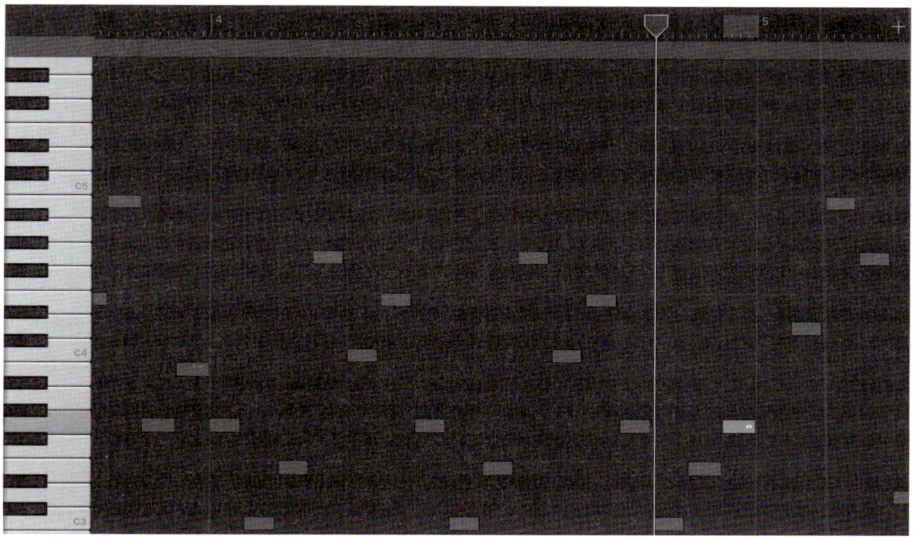

➜ 리듬입력

그렇게 8마디를 구성하고 나면 이제 마디를 채워줄 리듬을 입력합니다.

물론 이 과정을 맨 처음으로 시작해도 되고 자신의 작업 방식에 맞게 적용하면 됩니다. 저는 일단 비트를 강하게 주기 위해서 'Jasper' 스타일을 선택하였습니다.

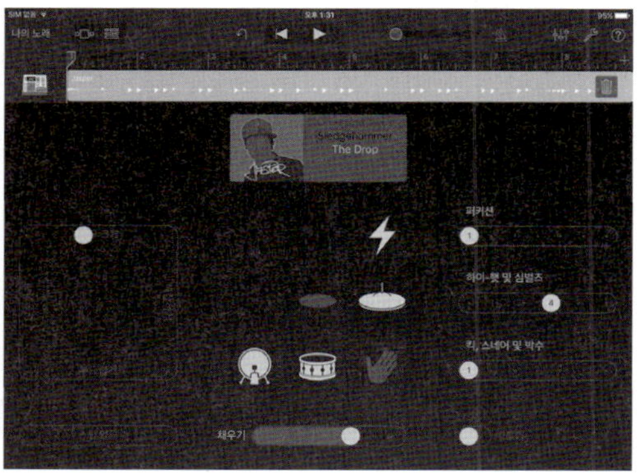

왼쪽에 있는 노란색의 동그란 퍽(●)을 가운데 맨 위쪽으로 옮겨서 음량은 크고 너무 단조롭지도 너무 복잡하지도 않은 패턴을 선택하였습니다. 퍼커션의 값은 1, 하이-헷

및 심벌즈의 패턴은 4, 킥, 스네어 및 박수 패턴은 1을 선택하였습니다.
각 설정마다 값을 변경하면 실시간으로 트랙의 연주패턴이 바뀌게 됩니다.

➔ 베이스 입력

다음으로 Bass를 입력할 단계입니다. 새로운 트랙생성(맨 하단 + 버튼)을 하여 'Smart Bass'를 선택합니다.
선택한 베이스는 'P-Bass' 입니다. 여러분이 원하는 음색의 베이스를 선택하면 되겠습니다. 자동연주 옵션(autoplay)을 1로 정합니다. 물론 오른쪽의 'CHORDS'로 스위치를 위로 올려야 함을 잊지마시기 바랍니다.
녹음을 하기 전에 미리 입력한 코드 패턴의 맨 처음 코드 'G'를 탭하시기 바랍니다. 그 다음 녹음버튼을 탭하면 자동으로 베이스 라인이 입력됩니다. 보다 정확하게 코드를 입력하려고 한다면 각 마디(1, 2, 3, 4 등)가 시작되기 전에 미리 해당 코드를 탭하여야 코드 입력이 원활하게 될 것입니다. 입력하는 순서는 아시겠지만 'G-D-Em-C' 패턴입니다.
자동으로 입력되는 베이스 패턴의 악보는 다음과 같습니다.

➔ 스트링 사운드

이제 여기에 약간의 스트링 사운드(관현악 음색)를 추가하여 보다 부드러운 음악을 만드는 것입니다. 커피로 말하자면 까페라떼처럼 커피에 우유를 넣는 것입니다. 새로운 악기 추가에서 'Smart Strings'를 선택하고 다음과 같이 'Romantic' 구성을 선택한 뒤 맨 오른쪽의 'Chords'에서 autoplay의 값은 1로 설정합니다. 물론 녹음하는 방법은 앞의 방법과 동일합니다.

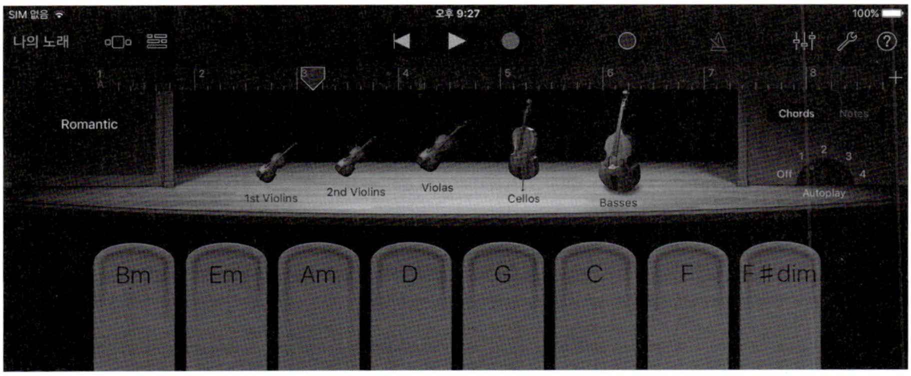

이렇게 첫번째 A 섹션의 녹음이 끝났습니다.

녹음되어 있는 것을 한 번 들어보시기 바랍니다. 일렉트릭 피아노의 아르페지오 연주가 무엇인가 혼란스러움이 있다는 느낌이 듭니다. 곡의 도입부에 이 패턴을 사용하기보다는 무엇인가 임펙트가 있는 부분에 사용하는 게 더 낳을 것 같다는 생각이 듭니다. 물론 지금 제작한 8마디는 나중에 곡의 흐름에 따라 늘리거나 줄이면 됩니다.

3) Verse 1 만들기(B, C Section)

이제 가사가 시작되어야 할 부분입니다. 여기서 드럼은 아까 제작한 패턴에서 약간 더 부드럽고 단순한 패턴으로 가야 하고, 피아노도 간단한 화음을 연주해 줄 수 있는 악기를 추가하여 듣고자 하는 사람이 가사에 집중할 수 있도록 만들어보겠습니다.

■ B 섹션

먼저 'Smart keyboard'를 선택하고 악기는 'Polarize'를 선택한 뒤 autoplay는 off로 하면 됩니다. 한마디에 하나의 화음만 간단하게 입력합니다. 입력하는 순서는 'G-D-Em-C' 순서대로 하면 됩니다. 또한 SUSTAIN 옵션을 켜서 한 번만 탭해도 소리의 울림이 길게 날 수 있도록 설정합니다.

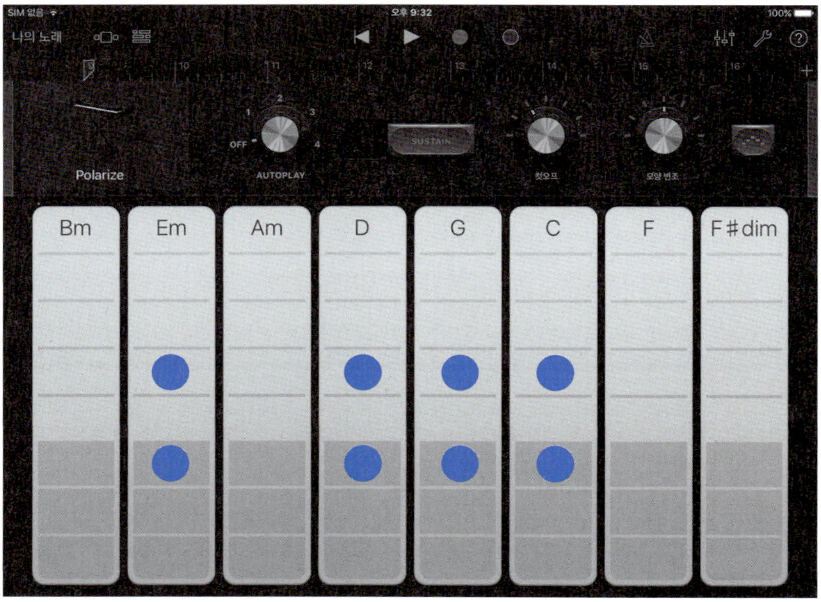

코드의 입력은 앞에서 표시한 위치대로 입력하였습니다. 세부적인 코드블럭들을 다음 그림과 같이 한땀한땀 정렬하여 보다 깔끔한 연주의 느낌이 나도록 합니다. 그러나 너무 열심히해서 모든 코드블럭을 맞추다보면 감정이 없는 연주가 될 수 있으니 이 점 유의하여 주시기 바랍니다.

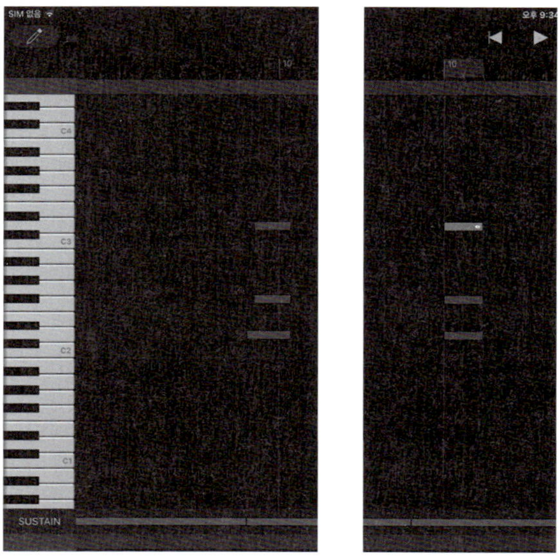

다음의 전체 트랙을 한 번 살펴봅시다.

A 섹션(인트로)부분에 사용되었던 베이스의 패턴과 스트링 패턴을 복사하여 B 섹션에 그대로 활용합니다. 사실 루프라는 개념을 이용하면 훨씬 컴퓨터의 처리방식을 가볍게 할 수 있지만 아직 다루지 않았으므로 단순한 방식으로 처리합니다.

이 곡의 장르가 록음악이므로 빼놓을 수 없는 악기가 있습니다. 바로 기타입니다. 'Smart Guitar'를 선택하고 악기는 'Hard Rock'을 선택한 뒤 chords 연주모드로 합니다. autoplay 모드는 off로 설정합니다. 코드 입력은 G-D-Em-C입니다.

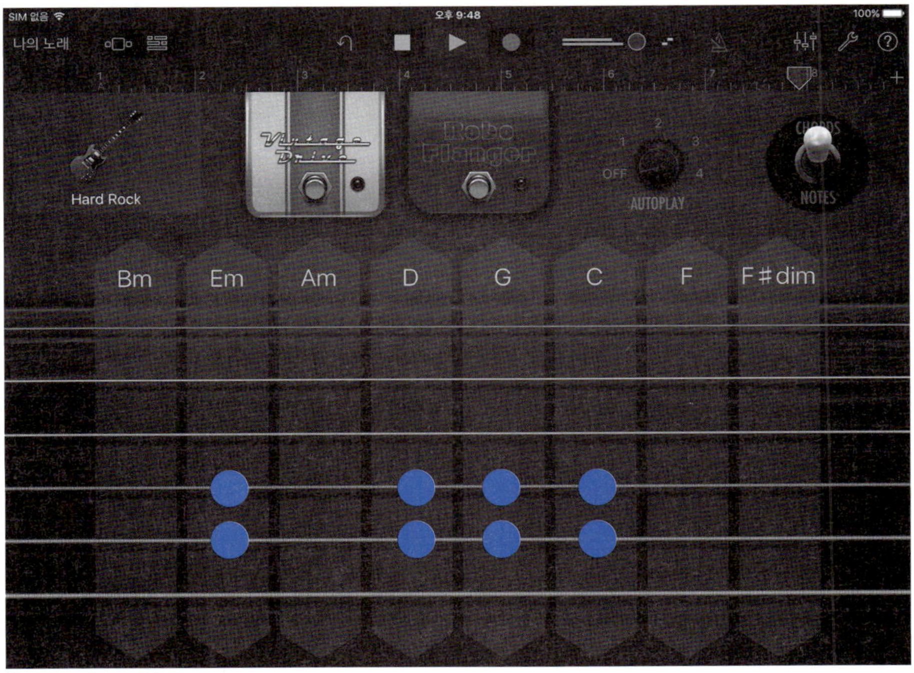

보컬의 멜로디에 해당하는 악기를 추가해야 할 차례입니다.

악기는 일단 키보드에서 Supergroup Lead를 선택하고 멜로디를 입력합니다. 제가 입력한 멜로디는 다음과 같습니다. 이번에는 강가에 나가지 않고 소파에 드러누워서 뒹굴거리다가 만든 멜로디입니다. 뭔가 뒹굴거림이 느껴지지 않나요?

이렇게 하여 B 섹션의 8마디 녹음이 끝났습니다.

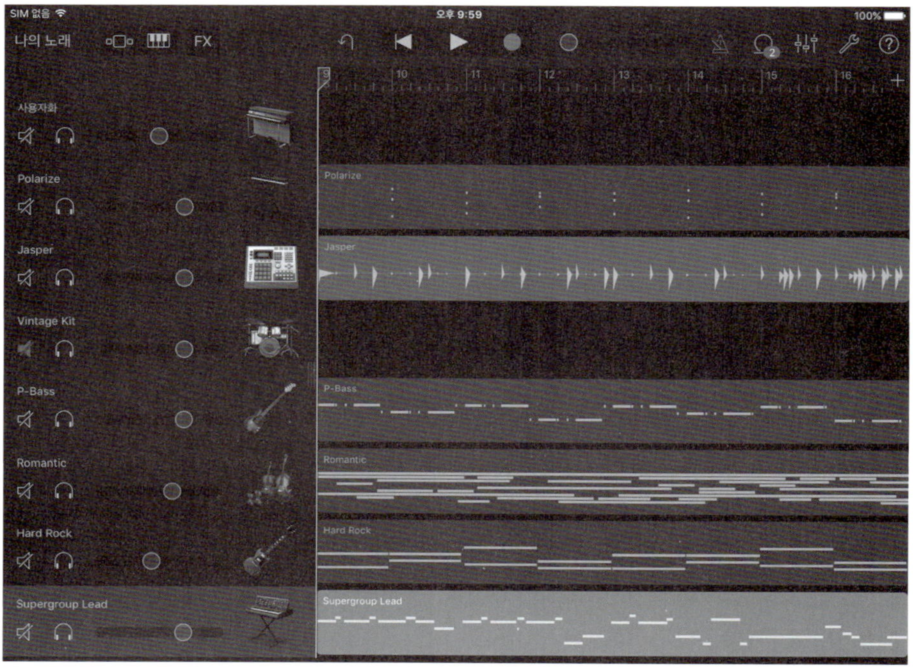

그러나 이것은 어디까지나 초안에 해당하는 것으로 앞으로도 수백번 더 수정될 것입니다.

■ C 섹션 입력

다음으로 C 섹션을 입력할 차례입니다.

일단 작업속도를 내기 위해 B 섹션의 전체내용을 복사하여 붙여넣고 편집합니다.

화면의 빈 공간에서 손가락을 탭하고 있으면 사각형의 선택상자가 나타납니다. 그러면 바로 선택하고 싶은 트랙 블럭들은 그대로 드래그하여 선택하면 됩니다. 그 다음 선택된 블럭 중 아무나 탭하여 나타나는 메뉴에서 복사하여 붙여넣으면 됩니다.

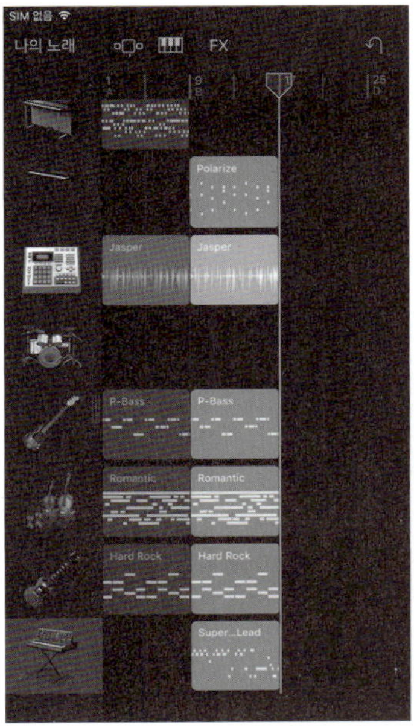

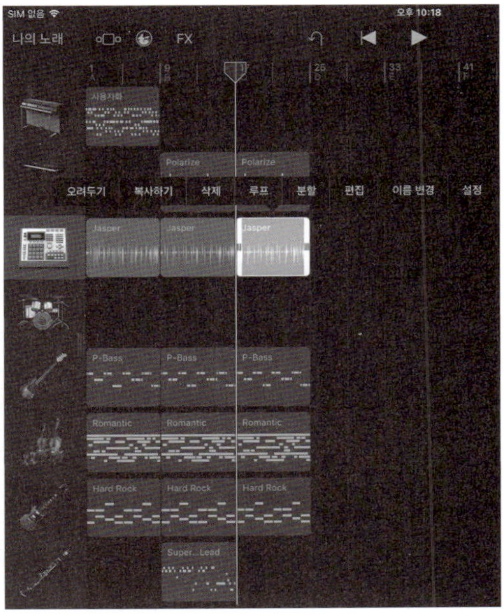

그 다음 드럼의 패턴을 약간 수정합니다. 뒤에 나올 중요한 코러스가 시작되기 전의 드럼 패턴으로 마치 폭풍전야의 긴장감을 고조시킬 필요가 있습니다.

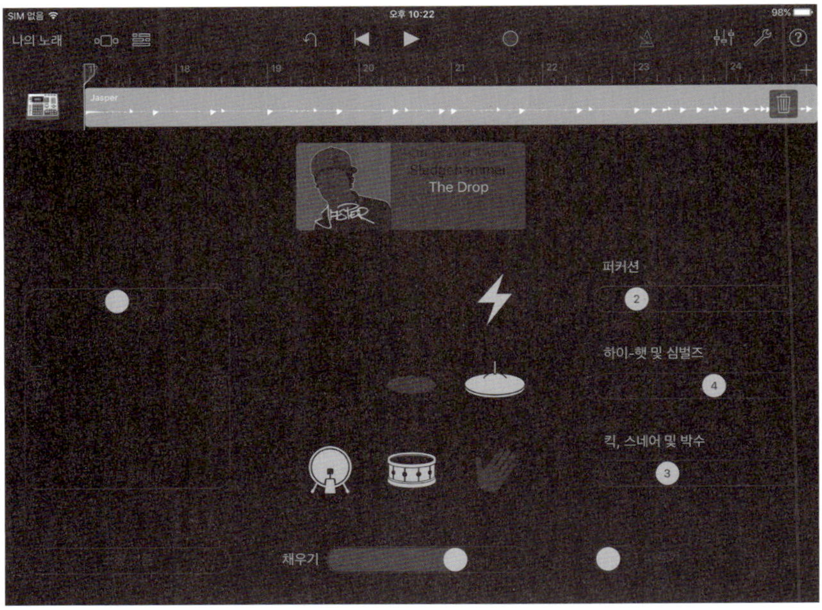

드럼 퍼커션은 2, 하이-햇 및 심벌즈 4, 킥, 스네어 및 박수 3으로 하고 퍽의 위치는 앞의 그림과 같습니다(왼쪽 사각형 안쪽의 노란색 동그라미).

이제 곡의 전환을 앞두고 있기 때문에 베이스의 라인도 마지막 마디에서는 어떤 변화를 주어야 듣고 있는 사람들이 '이제 올것이 오겠구나'라는 생각을 가지게 됩니다. 따라서 눈금자를 다음 그림과 같이 C 섹션의 마지막 마디(8마디)에 위치 시킵니다.

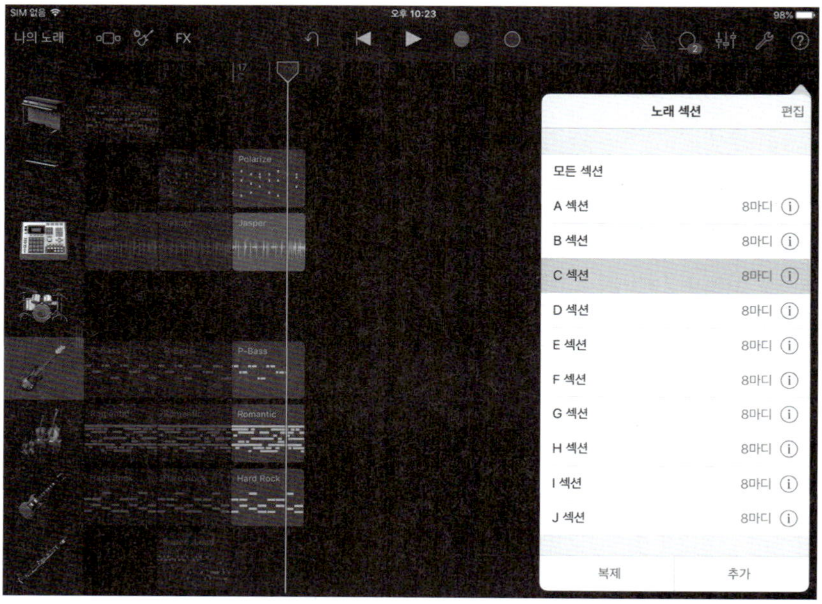

그 다음 다음과 같이 베이스 라인의 마지막을 수정합니다.

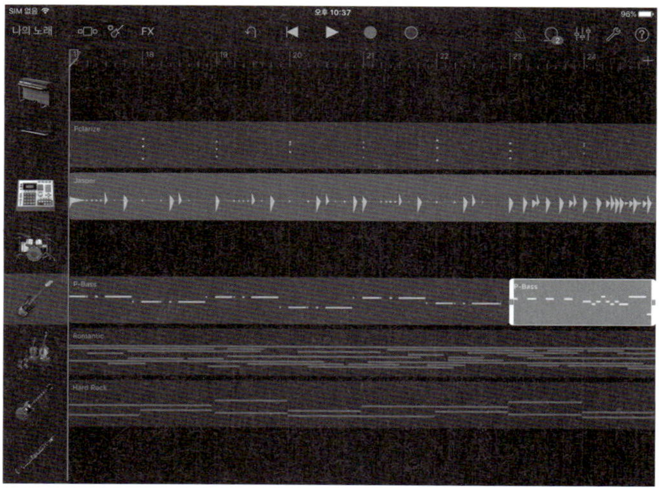

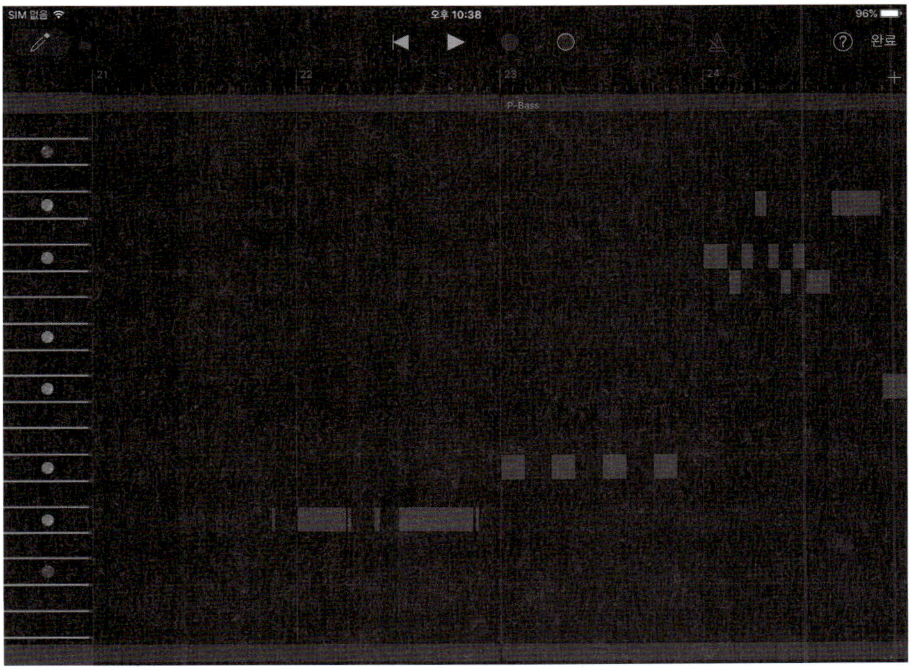

악보로 표현해 보면 다음과 같습니다. 뒤에 있는(녹색줄) 2마디가 다음 섹션으로 가기 위한 일종의 애드립(즉흥연주)라고 보시면 되겠습니다. 다만 뒤에 있는 2마디를 녹음하기 위해서는 마디를 분할하는 방법 또는 입력되어 있는 미디블럭들을 삭제하고 한땀한땀 입력하는 방법이 있습니다.

베이스만 멜로디의 변화를 준다고 해서 느껴지는 것이 아니라 다른 악기들도 변화를 주어야 합니다. 그래서 스트링 부분의 내용도 다음과 같이 연주패턴을 'Romantic'에서 'Pop'으로 바꾸고 autoplay의 설정값을 2로 설정합니다. 입력 코드는 뒤의 2마디이므로 Em-C로 입력합니다.

기타의 연주패턴도 뒤에 오는 4마디를 바꾸어 줍니다.

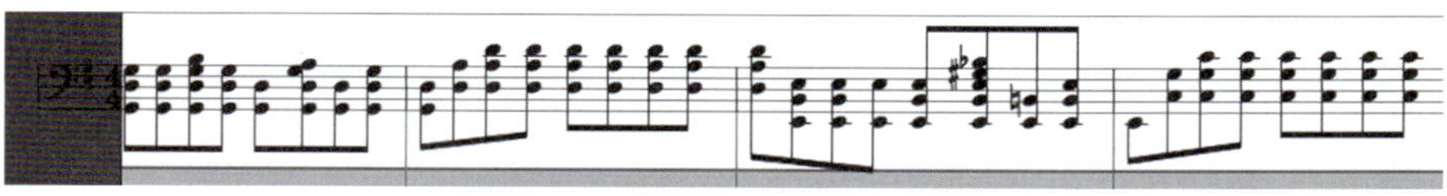

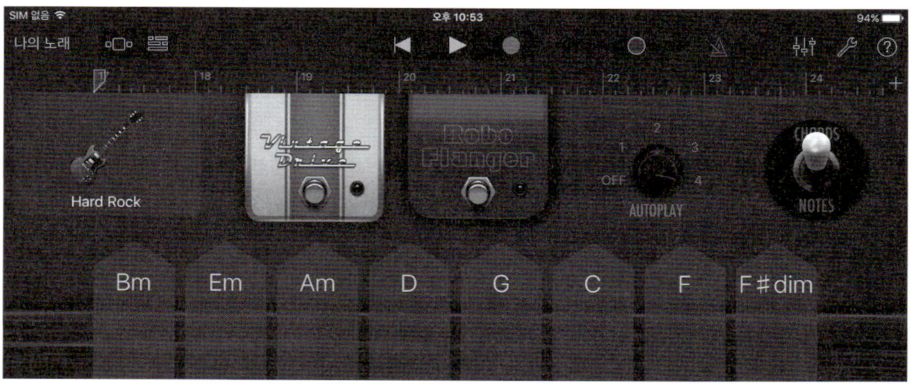

입력이 끝난 뒤에는 각 파트별로 반복해서 연주를 들어보고 매끄럽지 못한 부분이 있다면 편집모드에 들어가서 미디블럭들을 하나하나 수정해 주면 됩니다.

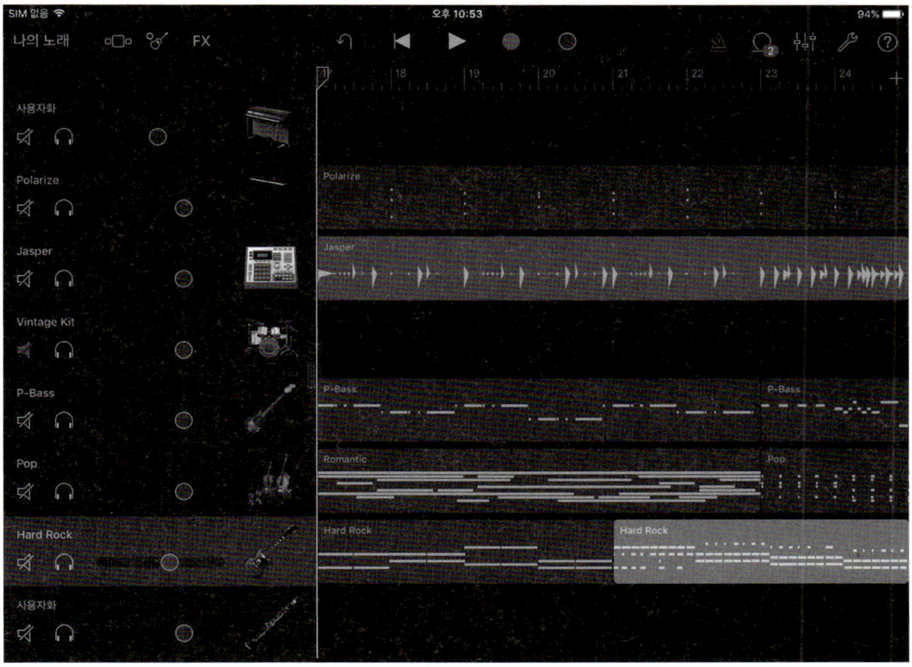

아까 보컬을 대신할 악기로 Supergroup Lead라는 악기를 선택했던 기억이 나시나요? 사운드가 너무 강해서 계속 듣고 있자니 불편함이 몰려와서 '클라리넷'으로 교체하였습니다.

보컬의 부분도 코러스로 가기 전 단계를 표현해 주어야 하기 때문에 뒷 부분을 수정해 줍니다.

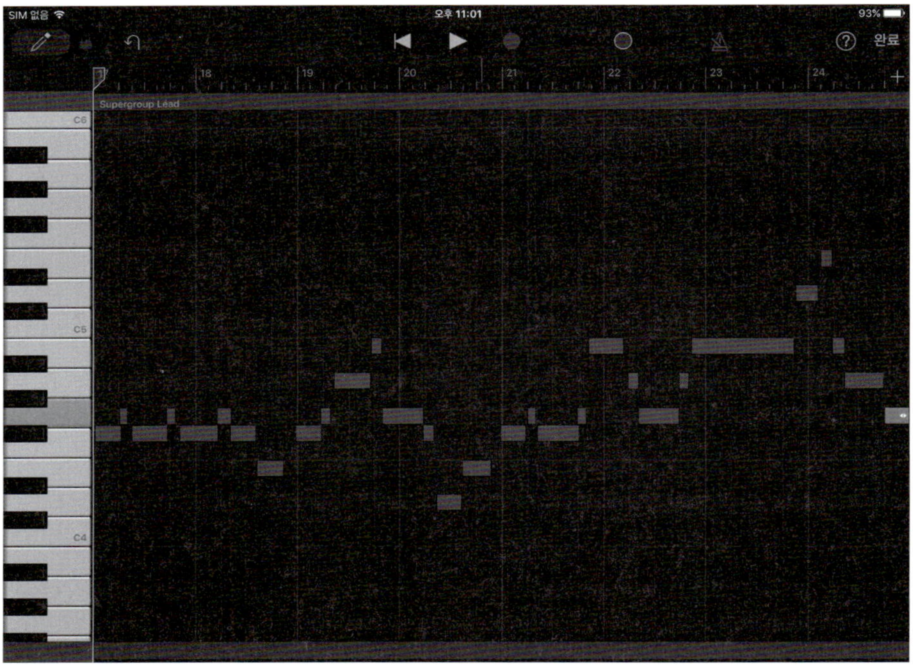

악보로 표현해 보면 다음과 같습니다.

유튜브 채널에서 제공하는 링크를 참조하여 실제 프로젝트 파일을 불러와서 해 보시기 바랍니다.

이제 숨겨진 로직들이 눈에 보이시나요?

같은 리듬과 멜로디가 반복되면서 뒷 부분에 변형을 주고 있습니다. 그래서 하나의 패턴으로 만드는 과정입니다. 위에서 보는 미디블럭들의 모습들이 하나의 패턴을 이루고 있습니다. B, C 섹션(Verse 1)의 패턴을 전체적으로 살펴본다면 다음과 같습니다. 시각적으로 이해가 가시나요?

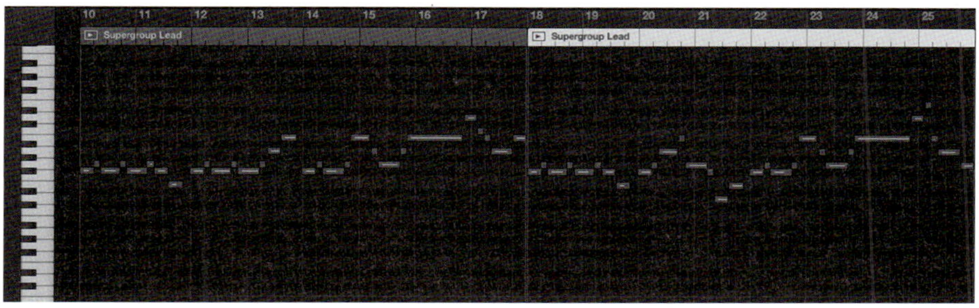

■ D 섹션 Pre-Chorus 만들기

1절 가사(Verse 1)가 끝나면서 본격적인 장면의 전환으로 들어가기 위한 기본적인 분위기는 조성이 되었습니다. 그렇다면 이제 드럼파트에서는 기존의 일렉비트에 록드럼을 추가하여 드럼 사운드를 보강합니다. 드럼 스타일은 Kyle을 선택하여 다음의 그림과 같이 설정합니다. 모든 악기의 설정에 대한 정답은 없습니다. 만드는 사람의 취향에 따라 구성하면 됩니다.

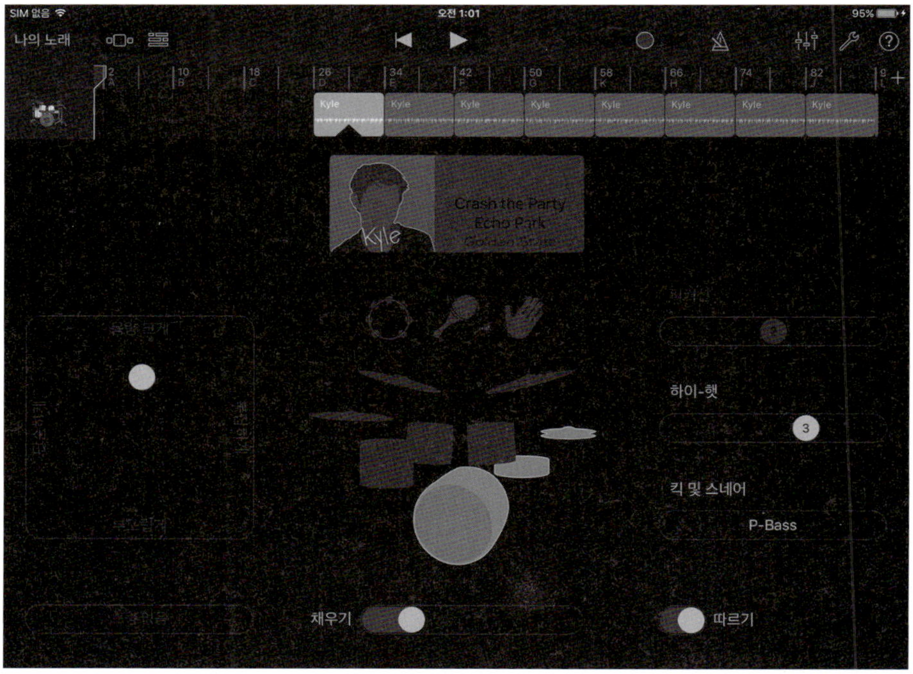

키보드의 'Polarize'의 입력패턴도 조금 더 과감하게 입력하시기 바랍니다.

이번 섹션에서 중요한 사항은 코드진행입니다. 앞서 'G-D-Em-C'를 3번씩이나 사용하고 있습니다. 그러나 D 섹션은 Pre-Chorus 부분이므로 이야기의 전환에 해당하고 다음 섹션에서 코러스가 나오게 될 것입니다. 그래서 코드의 진행을 다음과 같이 변경합니다.

'Em-D-G-D-Em-G-D-C'

컴퓨팅 사고에서 보면 패턴(A, B, C 섹션)에 있던 패턴을 변경하여 새로운 패턴을 만들어서 알고리즘을 좀 더 고급화하는 것입니다.

다음으로 베이스 기타의 연주패턴도 다음과 같이 변화시켜 줍니다.

베이스 연주패턴 변화를 위해 autoplay 값을 3으로 설정해 줍니다.

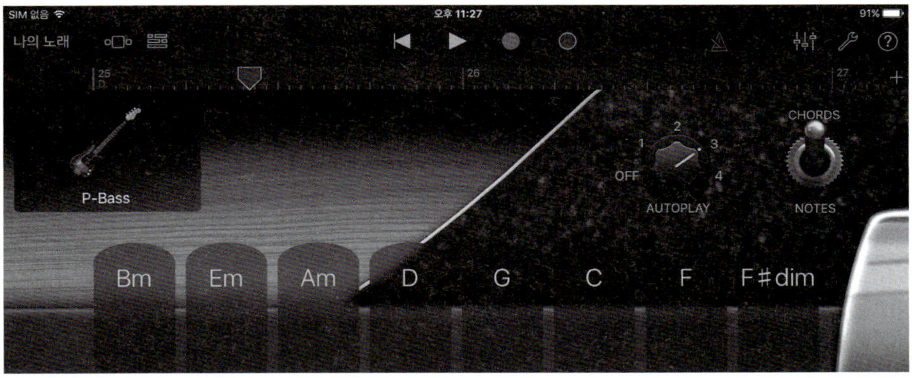

기타의 연주패턴 변화는 다음과 같습니다.

설정값에서 'Vintage Drive(노란 이펙터 박스)'를 켜고 'autoplay'값을 4로 설정해 줍니다.

다음으로 제일 중요한 것은 보컬의 Pre-Chorus 멜로디 로직일 것입니다.

분위기가 전반적으로 고조되어야 하기 때문에 화성이 진행될 수록 점점 피치(음의 높이)가 올라갈 수 있도록 디자인합니다.

미디블럭으로 패턴을 표현해 보면 다음과 같습니다.

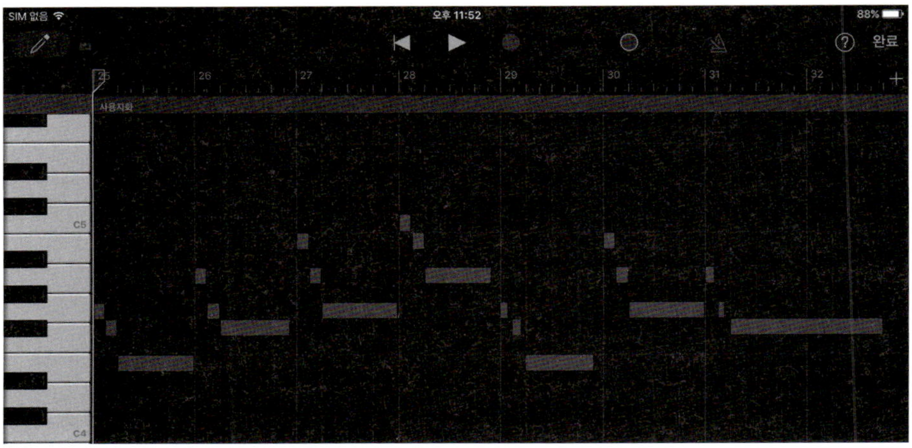

■ Chorus 만들기(E 섹션)

다음은 코러스 부분입니다. 이야기의 클라이막스라고 할 수 있겠습니다. 드럼파트도 표현할 수 있는 최대의 내용으로 표현해 줄 수 있도록 설정값을 수정합니다. 너무 화려하게 되면 중요한 이야기 전달이 잘 되지 않을 경우가 있으므로 여러 번 다양한 패턴을 적용해 보고 선택하면 됩니다.

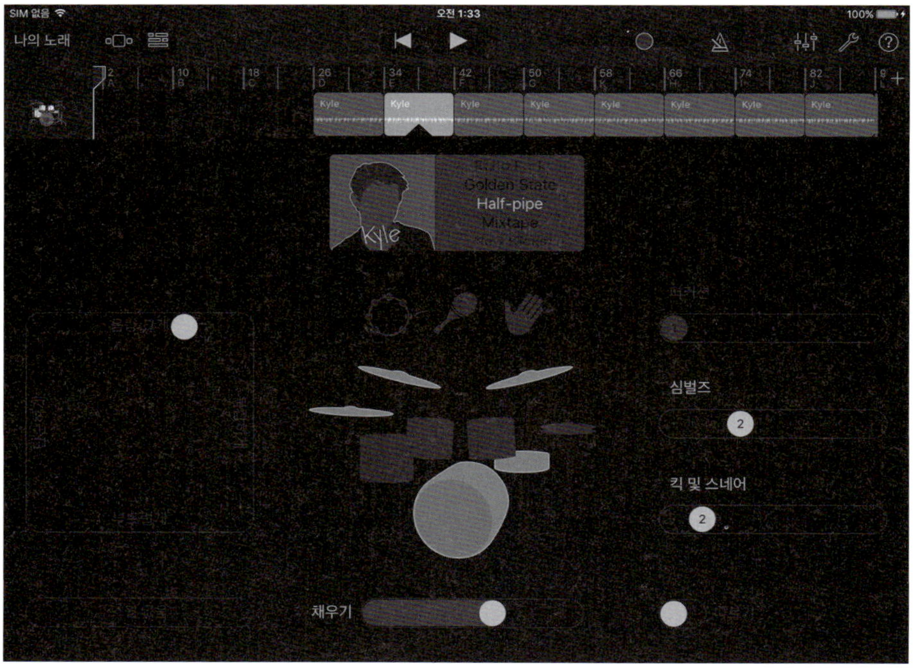

다음으로 베이스 라인은 앞에서와 마찬가지의 패턴을 그대로 적용합니다.

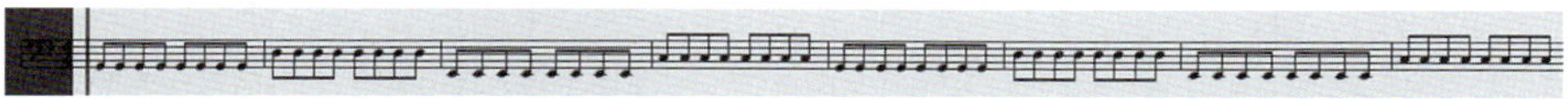

입력한 베이스 부분의 미디블럭들의 패턴 모습입니다.

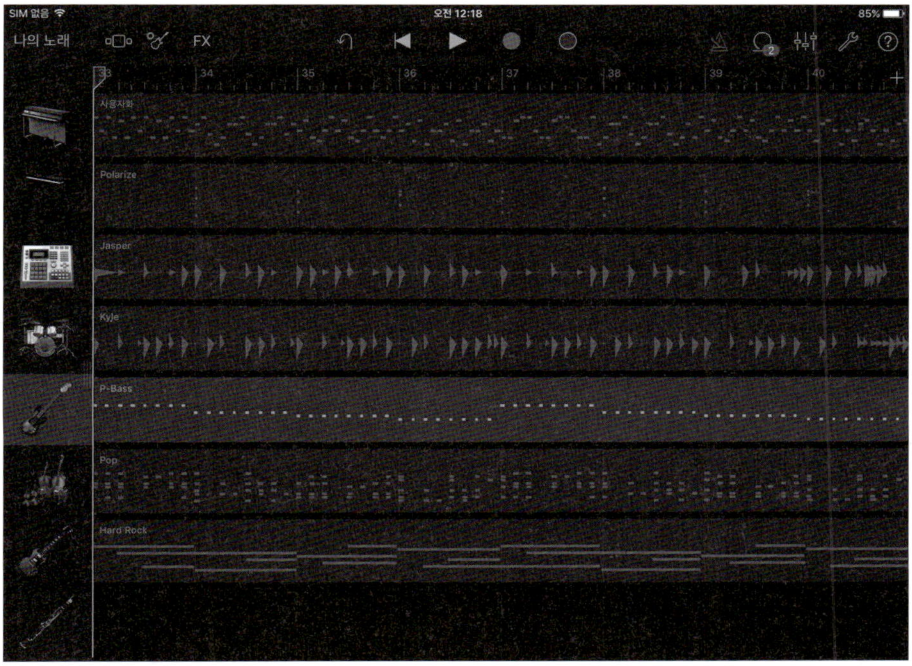

그 다음 기타 파트 부분을 입력할 단계입니다.

이 부분은 코러스이기 때문에 기타파트를 하나 더 추가하여 좀 더 강한 사운드를 낼 수 있도록 합니다. 기존에 있던 기타파트는 C 섹션의 뒷 부분 4마디를 복사하여 8마디로 만듭니다. 제작하는 사람마다 자신이 좋아하는 음색과 사운드가 있기 때문에 자신의 취향에 맞는 것으로 선택하여 입력하면 됩니다.

다음으로 추가되는 기타 트랙은 기존 기타트랙의 악기와 스타일을 그대로 사용하고 다만 연주하는 패턴을 다른 방법으로 하여(아르페지오로 천천히 연주) 곡의 진행을 다르게 합니다. 물론 autoplay 값을 변경하여 패턴에 의한 연주로 입력합니다.

다음은 첫 번째 기존에 있는 기타의 연주 패턴입니다.

두 번째 추가된 기타의 연주 패턴입니다.

첫 번째와 두 번째의 기타 연주패턴을 다르게 하여 곡의 구성을 단조롭게 하지 않고 풍부한 사운드를 낼 수 있도록 합니다.

다음은 스트링 사운드의 입력내용입니다. 스트링사운드는 'Romantic'으로 하고 Chords에서 autoplay의 값을 1로 합니다.

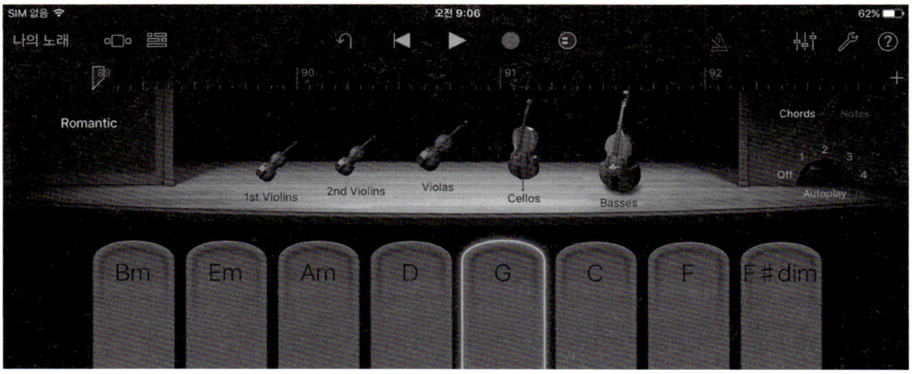

입력하는 방법은 코드의 진행순서대로 입력하되 녹음버튼을 탭하기 전에 미리 맨 먼저 나오는 'G'코드를 먼저 탭하여야 합니다. 다음 마디가 시작되기 전에 가급적 진행되는 코드를 미리 입력하면 미디블럭들이 마디마다 제자리에 입력될 것입니다. 입력하고 난 다음 편집창에서 어울리지 않는 음들이나 어색한 음들을 하나하나 조정하면 보다 깔끔하게 마무리 할 수 있습니다.

이제 다음으로 제일 중요한 보컬의 멜로디를 입력하는 것입니다.

아래에 있는 악보는 코러스 부분의 멜로디 로직입니다. 여러분만의 아름다운 멜로디를 한 번 만들어 보시기 바랍니다.

■ 나머지 섹션 채우기

지금까지 진행한 내용을 다시 한 번 표로 나타내어 봅시다. 앞 부분에서 진행한 원래의 섹션(A~E)은 아래 표에서 최종 편곡되었으며 A~F에 해당됩니다.

표 5-5 수정된 곡

Section	진행	마디 및 코드진행							
		1	2	3	4	5	6	7	8
	Blank								
A	Intro	G	D	Em	C	G	D	Em	C
B	Verse 1	G	D	Em	C	G	D	Em	C
C		G	D	Em	C	G	D	Em	C
D	Pre-Chorus	Em	D	G	D	Em	G	D	C
E	Chorus	G	D	Em	C	G	D	Em	C
F		G	D	Em	C	G	D	Em	C
G	Solo	G	D	Em	C	G	D	Em	C
H									
I	Bridge	Em	D	G	D	Em	G	D	C
J	Chorus	G	D	Em	C	G	D	Em	C
K		G	D	Em	C	G	D	Em	C
L	Ending	G							

위의 표를 기준으로 보면 A 섹션(앞)은 빈 칸 2마디를 추가하였습니다.

이것은 곡이 시작될 때 사운드의 시작점 0:00에서부터 바로 연주가 시작되면 듣는 사람의 청음상황에 따라 곤란한 사항에 빠질 수 있습니다. 볼륨을 크게 놓고 듣고 있었는데 갑자기 큰 볼륨으로 연주가 된다든지 하는 이유로 원래 곡 작업에서는 대략 0~1초 시작부분은 볼륨이 서서히 증가될 수 있도록 편집을 합니다. 물론 뒤에 나오는 자동화 옵션을 통해 볼륨을 사용자의 취향에 맞게 조절할 수 있습니다.

또한 L 섹션은 곡의 끝을 나타내야 하기 때문에 끝나는 화음을 입력하였습니다. 위의 표를 기준으로 H~L 섹션 부분은 해당되는 미디블럭들을 찾아서 복사하고 붙여넣으면 나머지 부분도 쉽게 완성할 수 있습니다.

섹션의 길이를 조정하는 것은 다음의 화면을 참고하시면 됩니다.

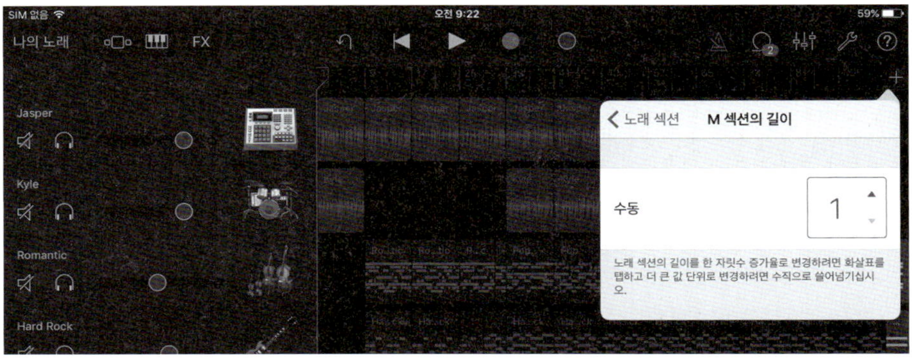

최종적으로 완성된 곡의 전체 화면입니다.

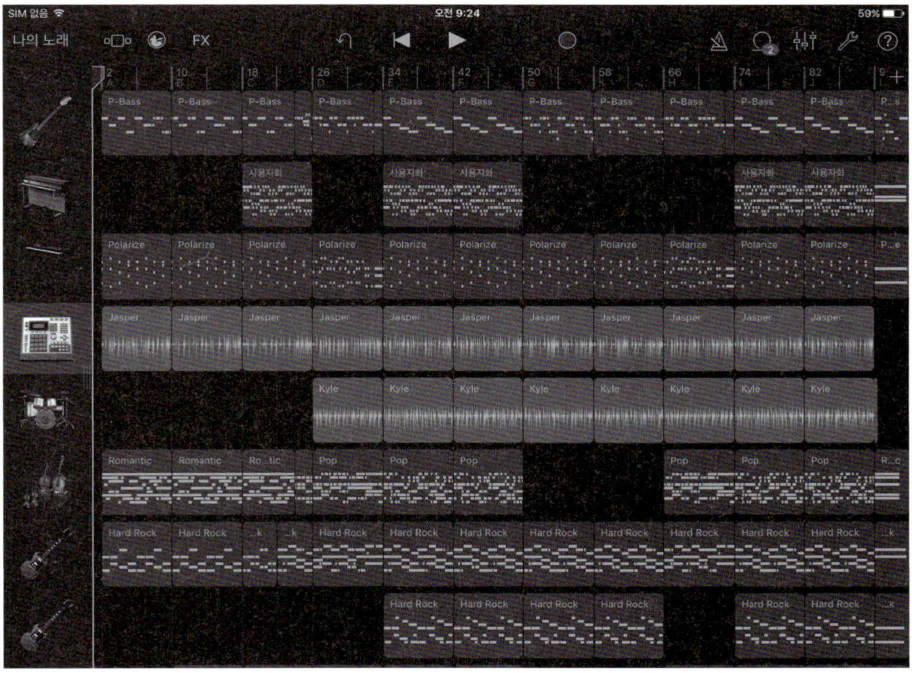

PC로 옮겨와서 개러지밴드를 실행한 화면을 참고로 살펴 봅시다.

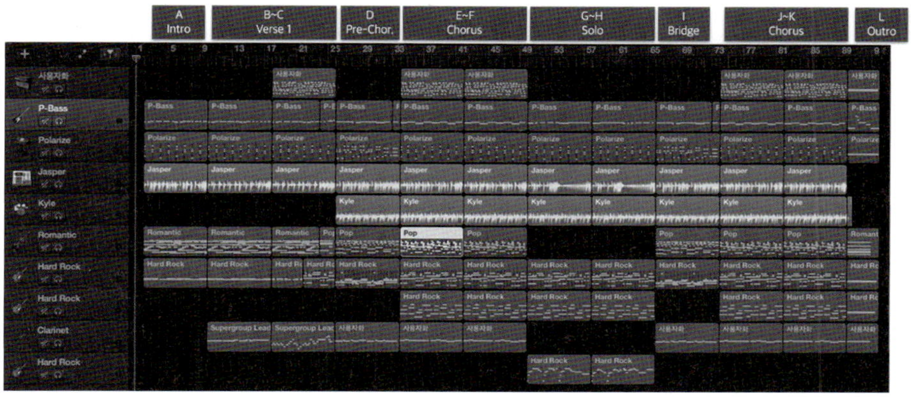

전체적인 구성은 처음에 기획하였던 방향과는 약간 다르게 수정되었음을 알 수 있습니다. 이것은 곡을 실제로 만들고 구상하는 가운데 흔히 발생할 수 있는 내용입니다.

참고로 맨 하단에 있는 기타트랙은 솔로라인을 표시한 내용입니다. 기타의 솔로라인은 다음과 같이 입력할 수 있습니다.

솔로라인, 사운드별 다양한 반주의 형태는 어디까지나 예시일 뿐 여러분의 창의성을 기반으로 아름답게 만들어 보시기 바랍니다. 여유가 된다면 이 곡에 대한 가사도 함께 만들어 보시기 바랍니다.

5.4 동요 레시피

이제 생각도 좀 쉬어갈 겸해서 이번에는 동요를 다루어 보겠습니다.

여러분이 잘 알고 있는 동요에는 어떤 것들이 있나요?

순간 번뜩이며 생각나는 것은 '곰 세 마리'이나 어릴적 많이 불렀던 동요 중에 '구슬비(권오순 작사/ 안병원 작곡'라는 동요가 있습니다.

송알송알 싸리잎에 은구슬
조롱조롱 거미줄에 옥구슬
대롱대롱 풀잎마다 총총
방긋 웃는 꽃잎마다 송송송
고이고이 오색실에 꿰어서
달빛새는 창문가에 두라고
포슬포슬 구슬비는 종일
예쁜 구슬 맺히면서 솔솔솔

동요가 우리에게 주는 아름다움은 무엇일까요? 아마도 그것은 순수한 가사에 있을 것 같습니다. 그렇다면 다시 그 때 그 시절로 돌아간다는 생각으로 동요 만들기를 한 번 해 봅시다.

5.4.1 곡의 구성 분해하기

Section	진행	마디 및 코드진행			
		1		2	
A	Blank				
B	Intro	C	C	C / G	C
C	Verse 1	C	C	C / G	F
D		G	G	G / F	C
E		C	F	C / F	C
F		C	C	C / G	C
G	Solo	C	C	C / G	C
H	Verse 2	C	C	C / G	F
I		G	G	G / F	C
J		C	F	C / F	C
K		C	C	C / G	C

곡의 구성을 분해해보면 의외로 간단한 구조를 가지고 있습니다.

초등학교 교과서에 나오는 악보는 가사가 있는 'C~F 섹션'만 해당됩니다.

이번 장에서 만들어 볼 곡의 내용은 Intro 4마디, Verse 1 16마디, Solo 4마디, Verse 2 16마디입니다.

5.4.2 섹션 구성

자 그럼 개러지밴드를 실행해서 앞의 표에서 제시하고 있는 형태로 섹션을 구성해 봅시다. 전체 A 섹션부터 K 섹션까지 총 11개의 섹션이 있습니다. 단 여기에서 유의할 것은 각 섹션이 2마디씩이라는 것입니다. 기존 동요의 박자가 2/4박자인데 개러지밴드에서는 4/4박자로 설정되어 있어 마디의 숫자를 1/2로 줄이면 2/4박자 악보를 그리는 것이나 다름없기 때문입니다.

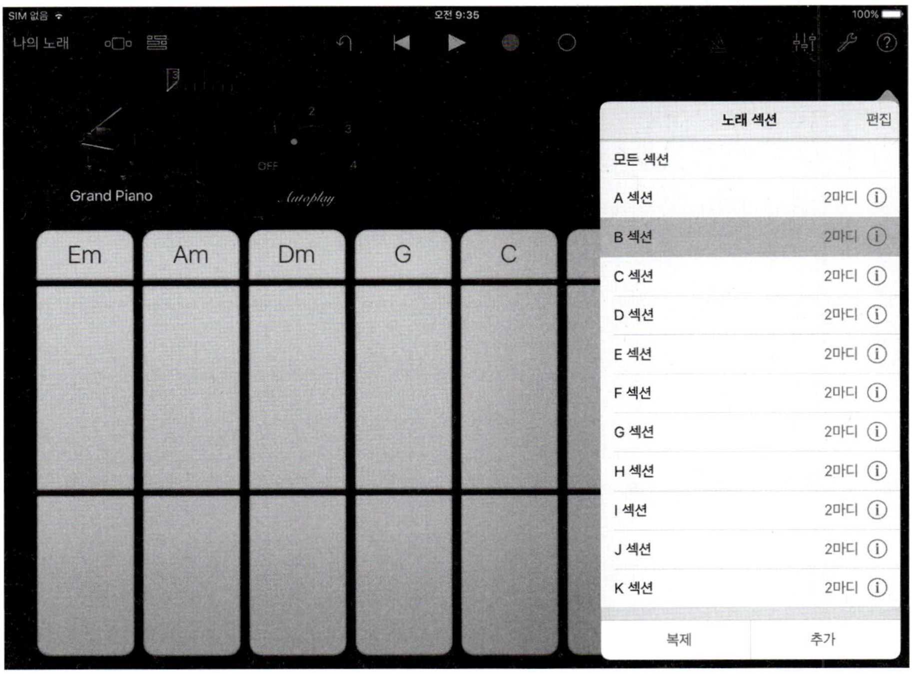

템포는 110으로 설정합니다.

이 곡의 키는 다장조, C 장조를 선택합니다.

1) 피아노

■ Intro(B Section)

첫 번째 악기로 피아노를 선택합니다. autoplay의 값은 1로 설정합니다.

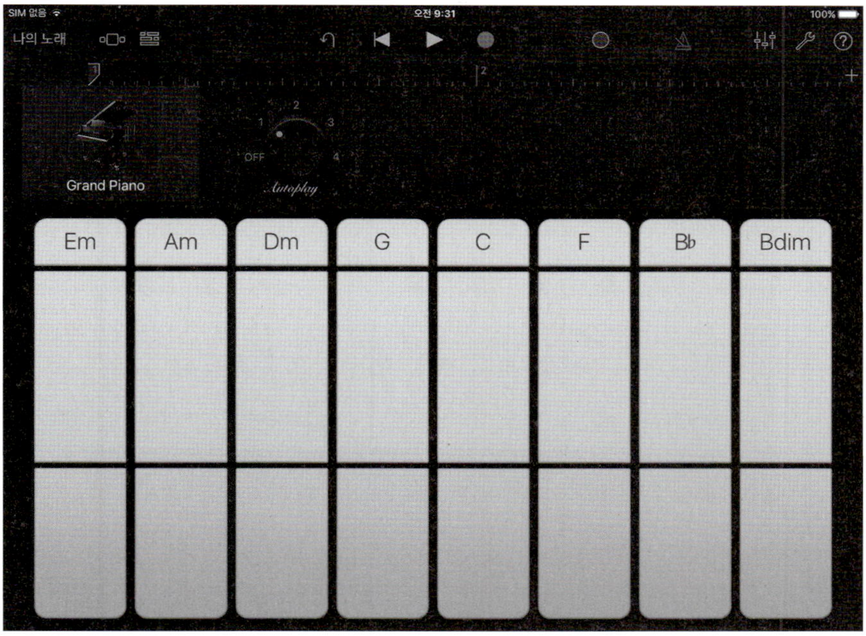

녹음버튼을 탭하여 코드진행에 맞추어서 피아노를 연주하듯 손가락을 두드리며 입력합니다. 입력되어 있는 미디블럭들을 살펴보면 다음과 같습니다.

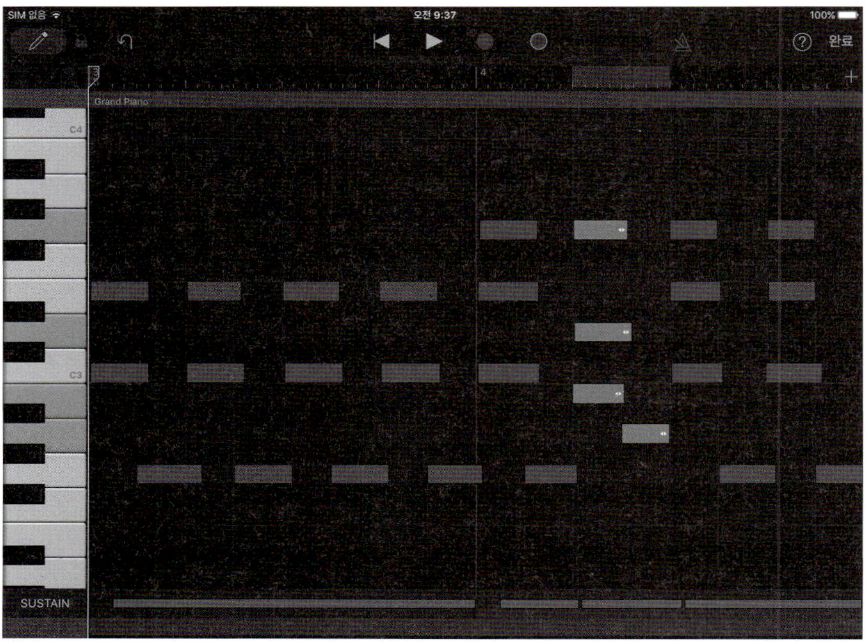

입력하는 코드는 다음과 같이 G-C-C/G-C 순서대로 탭하시면 됩니다.

B	Intro	C	C	C / G	C

특히 위의 그림에서 B 섹션 4번째 마디의 C / G 코드입력에서 자신이 입력한 화음이 맞는지 잘 확인하시기 바랍니다. Intro(B 섹션) 부분의 입력과 수정작업이 끝났다면 이제는 가사 1절에 해당하는 C, D, E, F 섹션을 입력해야 할 단계입니다.

다시 한 번 더 해당부분의 코드진행을 살펴보면 다음과 같습니다.

표 5-6 곡의 구성

Verse1	가사	마디 및 코드진행			
		1		2	
C	송알송알 싸리잎에 은구슬	C	C	C / G	F
D	조롱조롱 거미줄에 옥구슬	G	G	G / F	C
E	대롱대롱 풀잎마다 총총	C	F	C / F	C
F	방긋 웃는 꽃잎마다 송송송	C	C	C / G	C

■ C 섹션(송알송알 싸리잎에 은구슬)

가사 '송알송알 싸리잎에 은구슬'의 반주에 해당되는 부분입니다. 코드의 진행은 C-C-C/G-F로 진행됩니다.

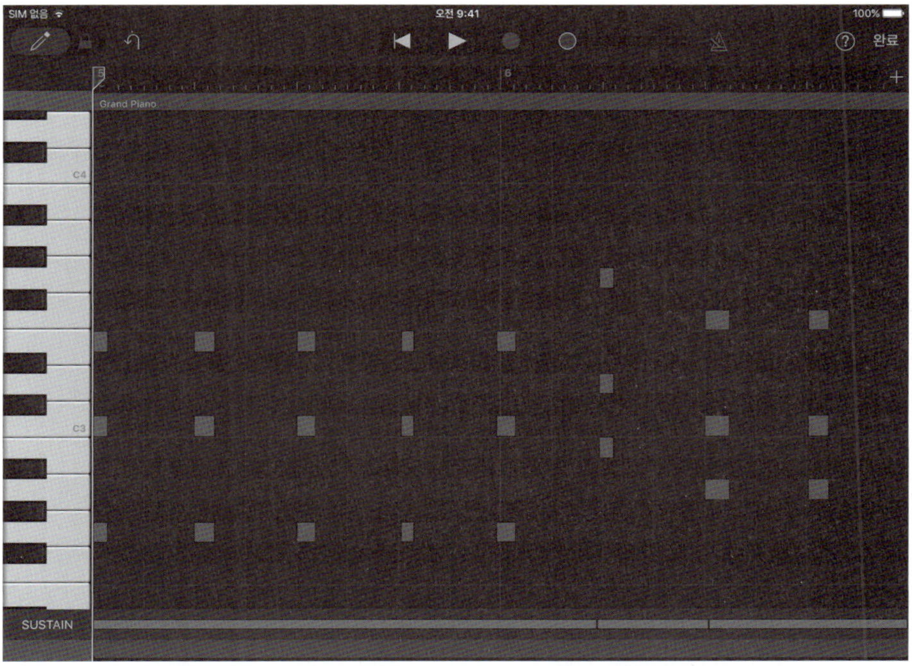

입력된 미디블럭들은 다음과 같습니다. 역시 여러 번 재생해 보고 어색한 부분이 있다면 수정·보완하면 됩니다.

■ D 섹션(조롱조롱 거미줄에 옥구슬)

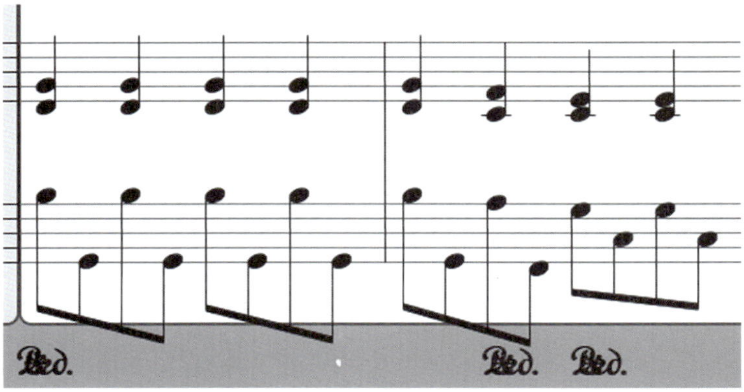

가사 '조롱조롱 거미줄에 옥구슬'의 반주에 해당되는 부분입니다. 코드의 진행은 G-G-G/F-C 순서로 진행됩니다.

입력한 미디블럭들을 들어보고 어색한 부분을 보완합니다.

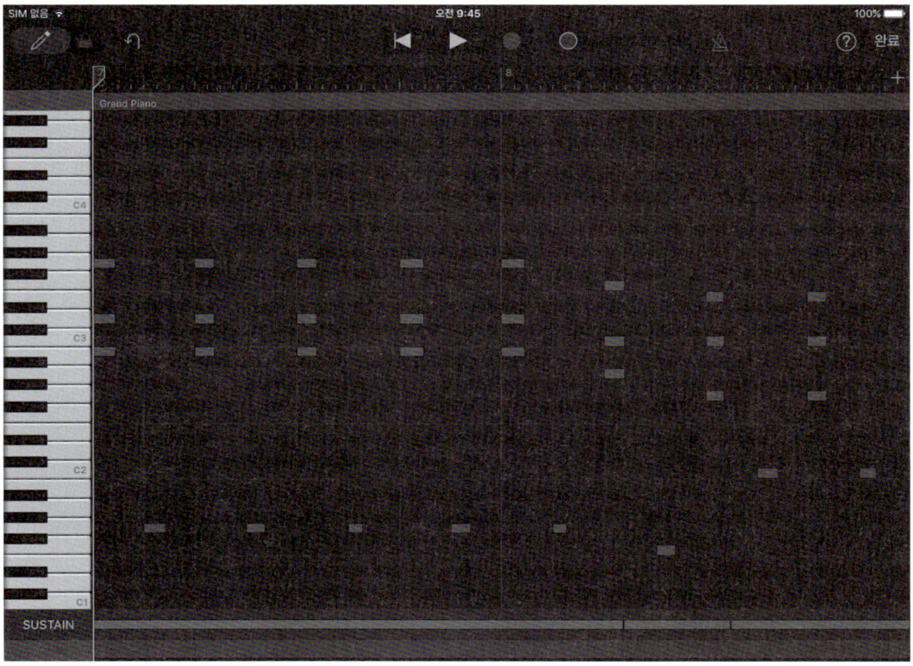

■ E 섹션(대롱대롱 풀잎마다 총총)

이 부분은 이전의 패턴과는 다른 패턴을 보이고 있습니다. 따라서 반주의 방법도 달라야 하겠습니다. 입력되어 악보는 다음과 같습니다.

코드 입력은 연주자의 취향에 맞게 입력합니다.

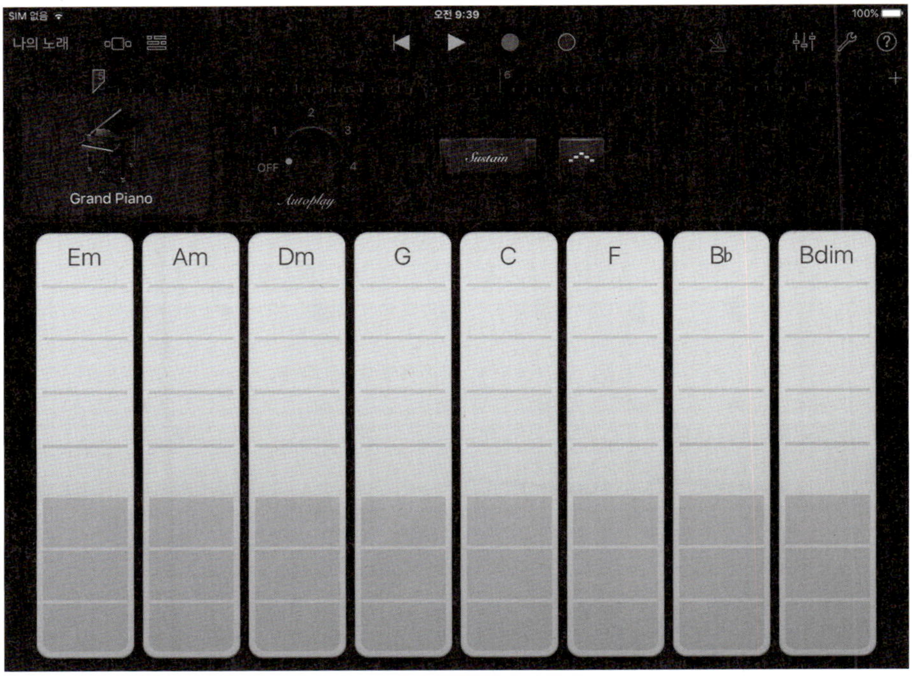

아래의 패턴을 입력하려고 한다면 autoplay의 값을 0으로 설정합니다.

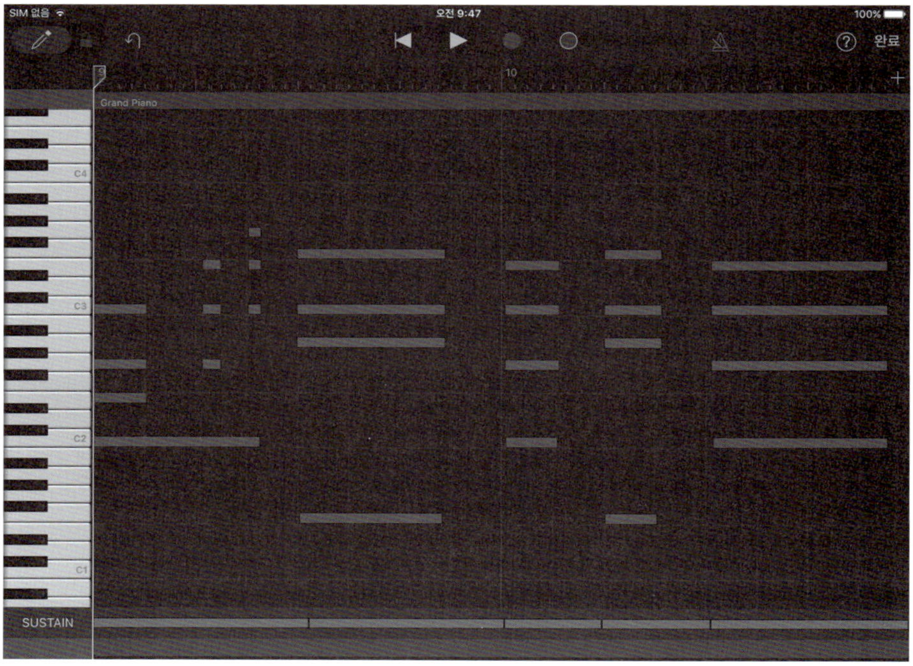

■ F 섹션(방긋 웃는 꽃잎마다 송송송)

가사의 1절이 끝나는 부분입니다.

코드의 진행은 C-C-C/G-C 순서대로 입력하면 됩니다.

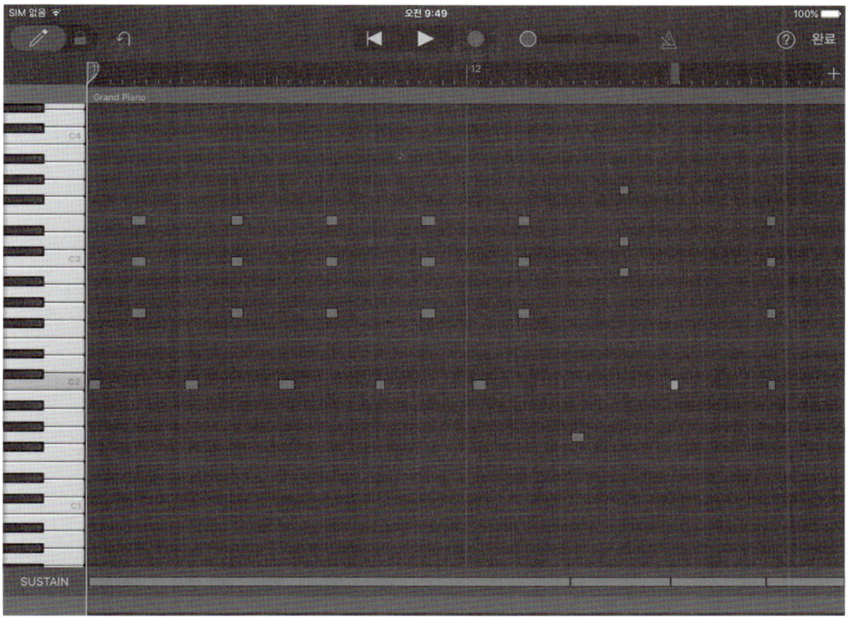

입력되어 있는 미디블럭들을 보면 정리되어 있지 않고 어색한 흐름들이 보입니다. 아래 화면과 같이 하나하나씩 미디블럭들을 정리합니다.

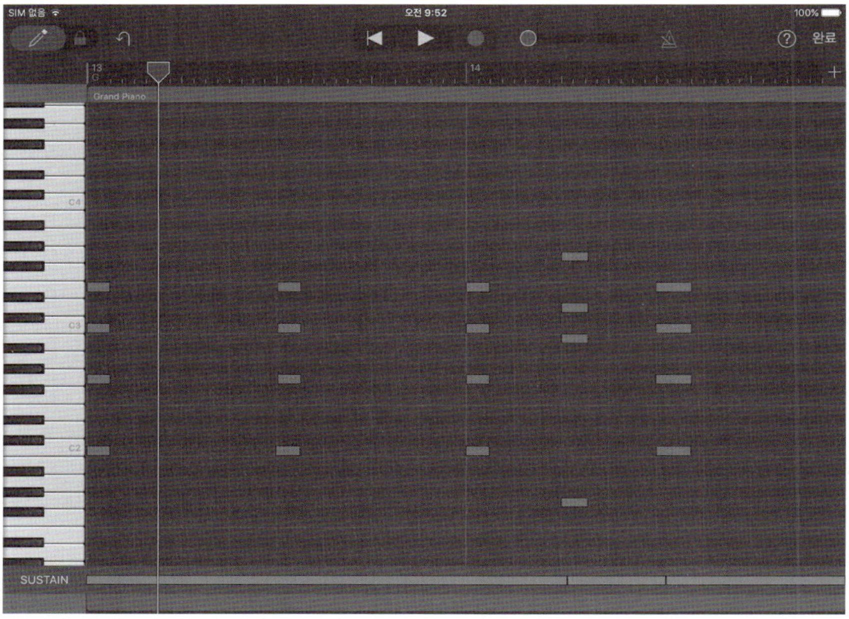

Intro, Verse 1에 대한 화음진행 입력이 끝났습니다.

■ G 섹션(Solo)

다음은 Solo 부분에 대한 입력입니다. 화음진행은 Intro 부분의 코드진행과 같습니다.

Solo 부분은 여러분이 선택할 악기를 고려하여(예를 들면 기타 등) 반주는 최대한 간단하고 심플하게 구성하였습니다. 입력하는 코드는 다음과 같이 G-C-C/G-C 순서대로 탭하면 됩니다.

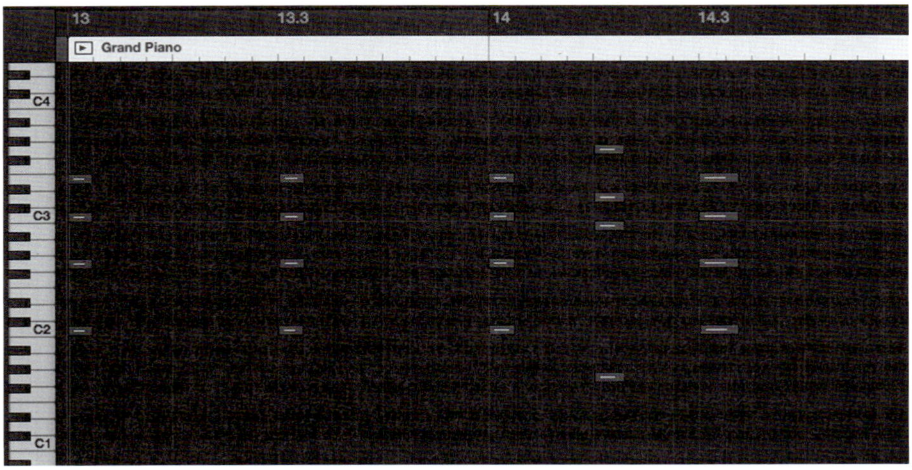

이렇게 Intro - Verse 1 - Solo 부분에 대한 입력을 마무리하였습니다.

나머지 Verse 2(가사 2절)에 해당하는 피아노 반주 H~K 섹션은 B~E 섹션과 연주방식을 동일하게 가져갈 것이므로 아래와 같이 B~E섹션을 복사하여 붙이면 됩니다.

복사할 영역을 탭하여 선택합니다.

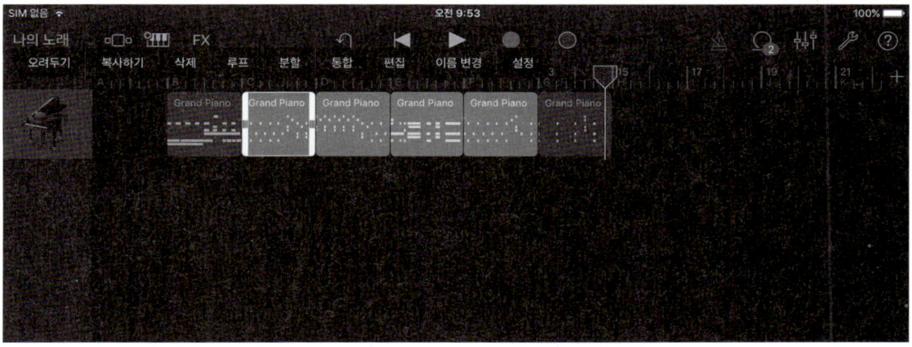

재생헤드를 복사하고자 하는 위치에 두고 빈 영역을 탭하면 팝업메뉴가 나타납니다. 복사한 영역을 다음과 같이 붙여넣습니다.

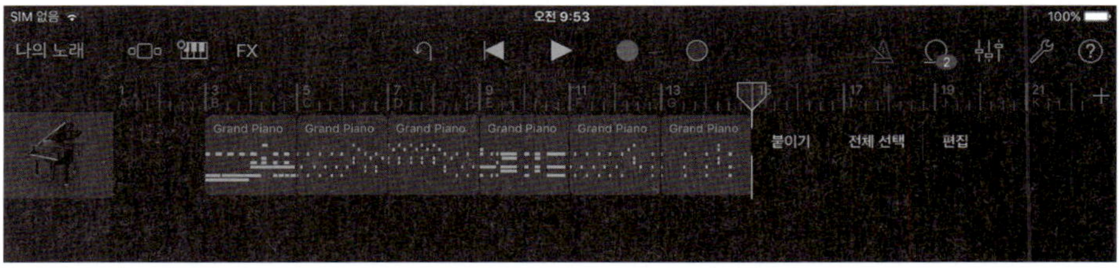

2) 드럼

이번에는 드럼을 입력할 단계입니다. 처음부터 드럼을 입력하고 피아노 반주를 입력해도 되지만 곡의 이해와 흐름에 대해서 충분히 알아볼 필요가 있어 피아노 반주를 먼저 입력했습니다.

동요에 쓸 드럼은 어떤 형태가 좋을까요? 나중에 EDM에서 활용할 수 있도록 일렉트릭 드럼을 활용해 보는 것은 어떨까요?

하단의 새로운 악기 추가에서 Drummer를 선택합니다. 노래섹션에서 전체섹션을 탭하여 곡의 전체 편집화면이 나타나도록 합니다.

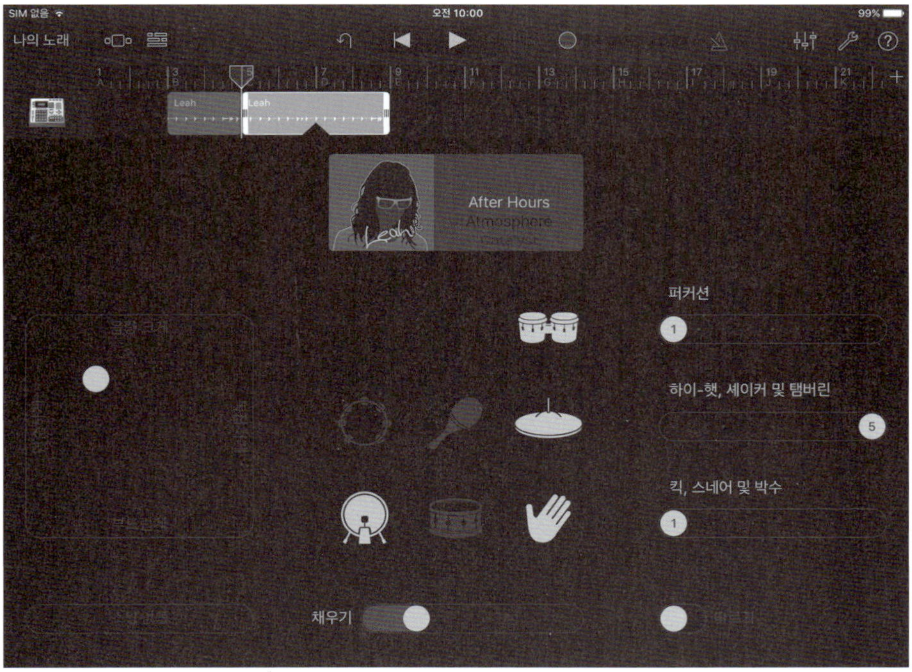

드럼은 Leah로 하였으며 Intro 부분은 After Hours 패턴(개러지밴드 화면 가운데 참고)을 선택하였습니다. Verse 1의 C, D 섹션도 마찬가지로 동일한 형태를 유지하도록 했습니다.

다음으로 E 섹션의 드럼 패턴을 만들어 줄 단계입니다.

E 섹션은 반주와 노래의 형태가 기존의 멜로디 로직과는 다른 연주내용을 보이기 때문에 드럼 반주의 스타일도 다르게 가져가야 합니다.

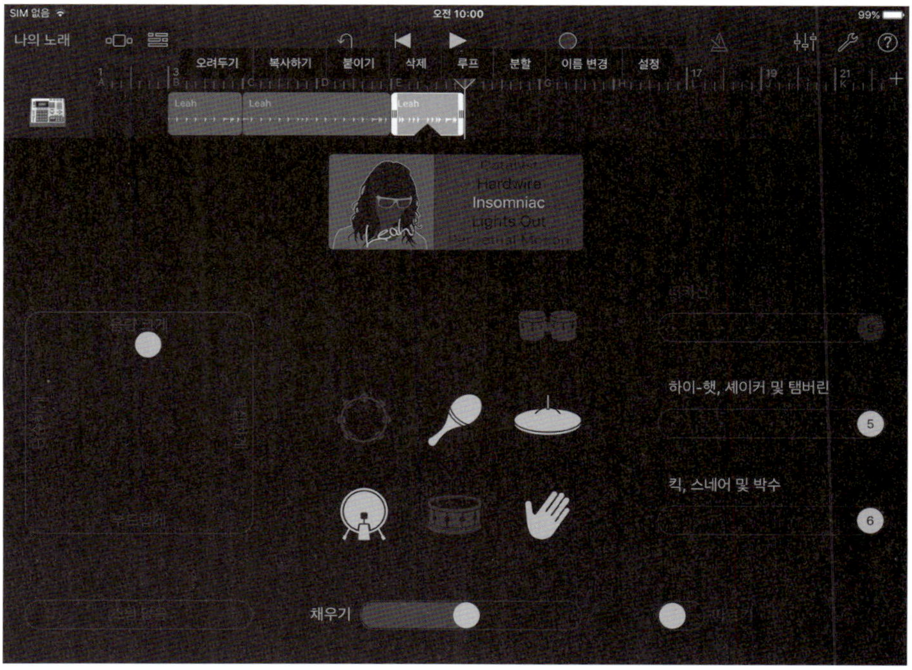

위와 같이 연주스타일을 'Insomniac'으로 설정하였습니다.

이제 F 섹션의 스타일을 만들어야 할 단계입니다.

아래의 화면과 같이 설정합니다.

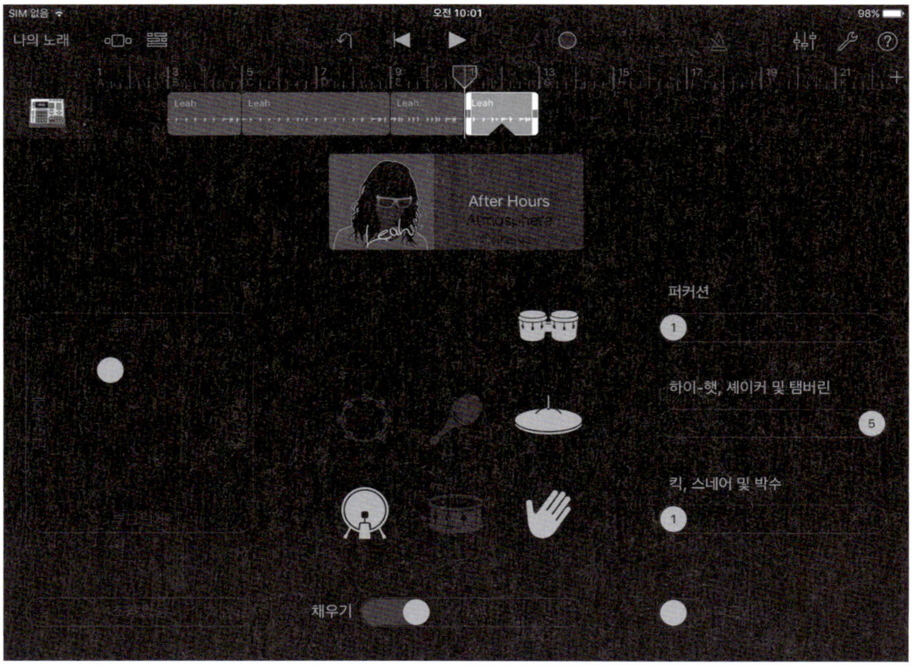

퍽의 위치는 음량은 크게하고 스타일은 부드럽게 설정합니다.

드러머의 연주 스타일은 After Hours, 퍼커션 값은 1, 하이-햇, 세이커 및 탬버린의 값은 5, 킥, 스네어 및 박수는 1로 설정합니다.

다음 부분은 Solo 부분으로 G 섹션에 해당되는 부분입니다. Intro에서 설정한 내용을 그대로 가져와서 활용합니다.

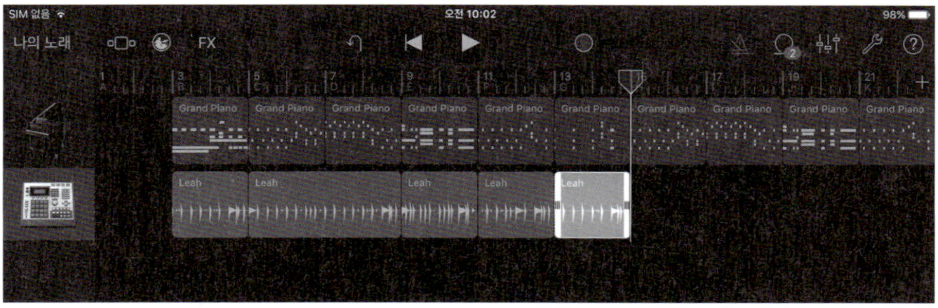

이제 나머지 섹션들에 대한 부분을 완성하는 단계로 C~F 섹션에서 만들었던 내용을 그대로 복사하여 붙여넣습니다.

3) 베이스

점점 속도가 오르고 있는 것이 느껴지시나요? 베이스 악기를 추가하여 봅시다. 악기는 'Liverpool'로 선택하였습니다. autoplay의 값은 3으로 하여 '둥둥둥둥'으로 진행합니다.

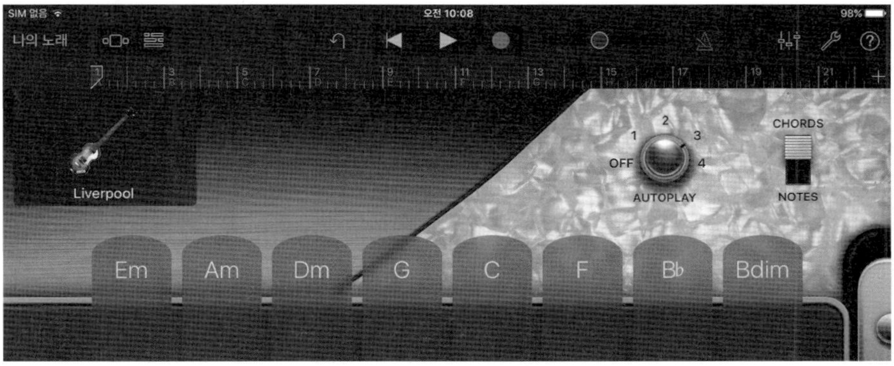

이제는 녹음을 전체 섹션으로 설정하여 원 테이크(Take)로 녹음하는 방법을 사용해 봅시다. 사전에 미리 전체 진행코드를 출력을 한다든지 노트에 기록해 두고 그것을 보면서 박자에 맞추어 연습합니다. 우리는 A 섹션의 빈 공간을 활용하여 미리 코드를 입력하여 템포에 맞는 연주기술을 배워야 합니다.

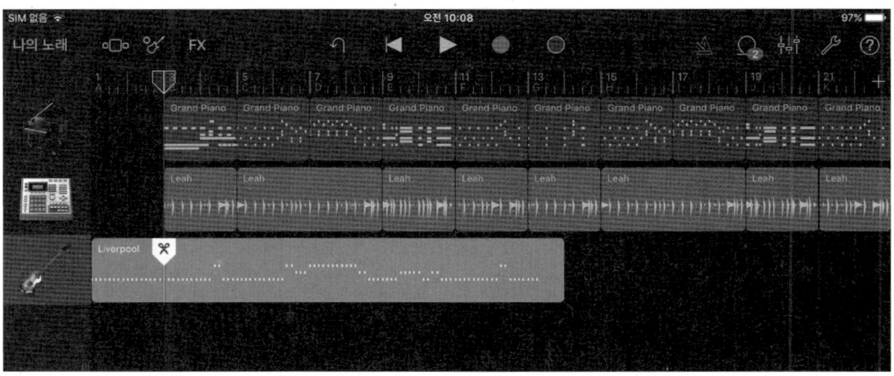

위의 화면처럼 입력을 완료한 뒤 눈금자를 B 섹션에 두고서 분할합니다.

분할한 트랙의 영역은 다음과 같습니다.

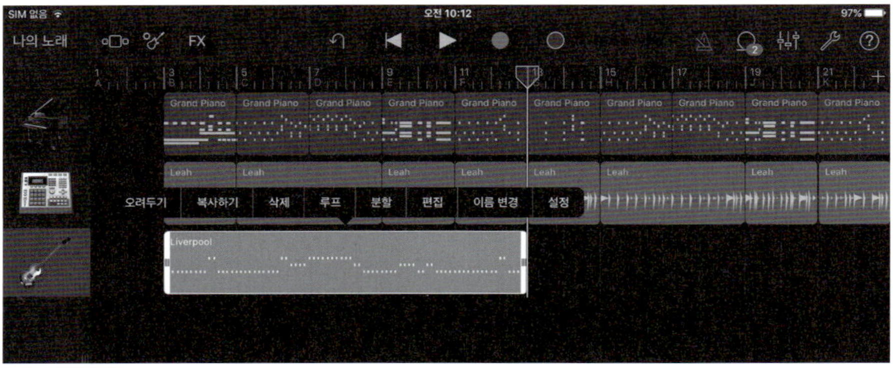

물론 편집창에서 코드진행에 어울리는 미디블럭들로 다시금 편집하는 것을 잊지 마시기 바랍니다. 또한 B~F 섹션까지의 내용을 복사하여 나머지 섹션들을 채우시면 베이스라인이 완성됩니다.

4) 키보드

다음으로는 멜로디에 해당하는 악기를 입력할 차례입니다.

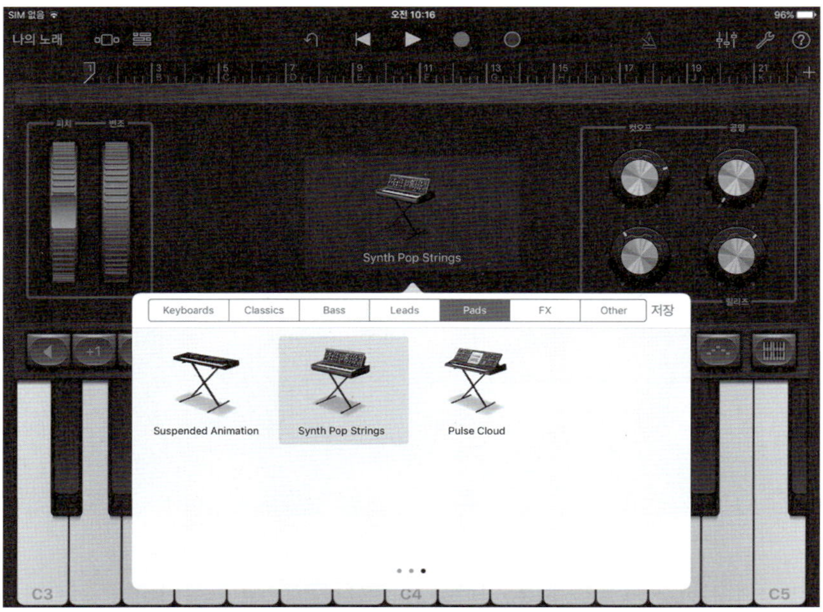

선택한 악기는 Pads 계열의 Synth Pop Strings라는 신디사이저입니다. 선택한 악기로 원 테이크(한 번에 녹음하는 방식) 방식으로 진행해 보겠습니다.

전체섹션을 선택한 뒤 A 섹션에 재생헤드를 위치시키고 녹음버튼을 탭하여 멜로디 라인을 입력합니다. 물론 사전에 여러 번 연습을 하게 된다면 실패할 확률이 줄어드는 것은 당연하겠지요? 원 테이크 녹음이 어려우신 분들은 장인정신으로 섹션별로 녹음하시면 됩니다.

원 테이크의 강점은 음악의 흐름과 감정선이 끊어지지 않고 한 번에 갈 수 있다는 장점이 있습니다. 간단하게 구성되는 동요를 통해 자신이 원하는 감정선을 끊어지지 않고 연결하는 방법을 배워보시기 바랍니다.

다음은 만들어진 전체 멜로디 악보입니다.

이제까지 만들어진 '구슬비'에 대한 전체 섹션의 트랙화면을 한 번 살펴보면 다음과 같습니다.

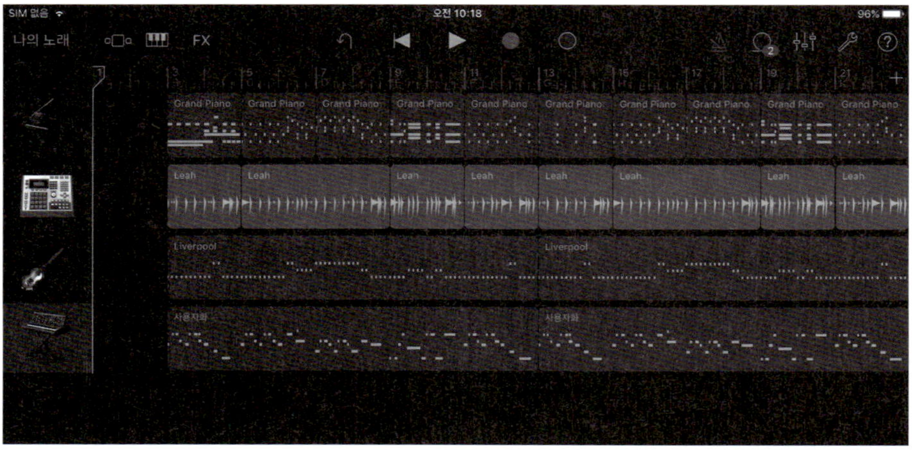

동요만들기, 어떻습니까? 생각보다 쉽고 간단합니다. 우리는 앞서 배웠던 컴퓨팅 사고절차를 가지고 계속 음악을 만들고 있습니다. 곡의 구성을 분해하고(Decomposition) 그 속에서 공통된 로직, 요소들을 찾아보고, 패턴을 발견하여 하나의 멜로디의 알고리즘이 어떻게 진행되는지에 대해서 알아보고 있습니다. 발견한 알고리즘(곡의 흐름들)을 응용하여 실제 새로운 곡을 만들어 보기도 하였습니다. 그동안 여러분들은 자신도 모르게 다양한 문제들을 만나거나 부딪혔을 때 이것을 해결할 수 있는 원리를 터득하고 있는 것입니다. 그것이 음악이든 다른 학문이든 실제 생활에서 일어나는 문제든지 말입니다.

CHAPTER 6

LIVE LOOPS

우리는 5장에서 대표적인 록장르와 동요에 대해서 알아보았습니다. 두가지 형식을 통해 만들어 보는 경험을 통해서 만들고자 하는 음악에 대한 대략적인 절차와 방법들에 대해서 공부하였습니다.

그렇다면 전체적인 곡의 구성에 의해서 만들어진 음악들을 단순히 재생하는 것에 머무르지 말고 상황에 따라 다르게 연주할 수 있는 방법은 없을까요? 사실 음악은 이미 만들어진 곡을 듣는 것도 있지만 실제 공연장이나 생활속에서 직접 연주하는 경우도 얼마든지 있기 때문입니다.

저녁무렵 산책을 나서다가 어디선가 들려오는 음악소리에 이렇게 넋을 잃고 바라보았습니다. 밝은 불빛아래 많은 사람들이 모여서 무엇인가 열심히 운동을 하고 있습니다.

바로

'신나는 댄스'

음악과 함께 말입니다.

사실 멋진 DJ는 아닐지언정 강가의 운동하는 곳에서 동네 사람들과 기쁨을 나누면서 자신이 만든 음악을 공유한다면 더욱 멋진 삶이지 않을까요? 그렇다면 이번 장에서 얘기하고 있는 내용에 대해서 주의깊게 살펴보시기 바랍니다.

만들어진 기존의 음악들의 요소들(멜로디 로직들)을 가지고서 얼마든지 다양하게 연주할 수 있는 방법이 있기 때문입니다.

6.1 LIVE 동요

개러지밴드를 실행하고 새로운 노래 생성을 탭 합니다. 화면의 위에 보면 'LIVE LOOPS' 라는 메뉴를 탭하면 아래와 같이 다양한 루프 사운드를 만들고 연주할 수 있는 메뉴들이 나타납니다.

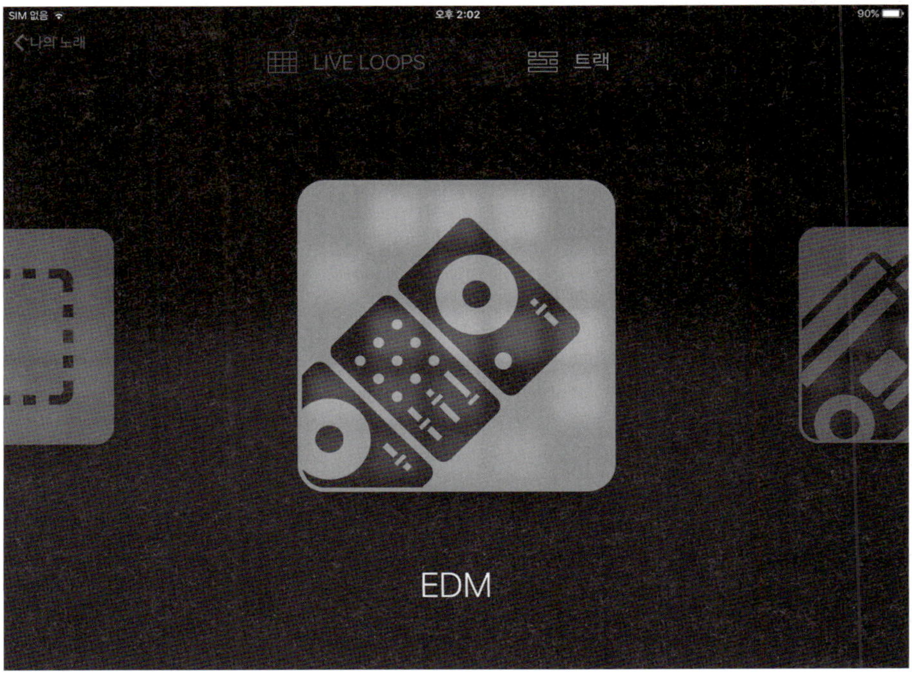

EDM(Electric Dance Music)은 춤을 추기 위해서 만들어진 전자음악으로 테크노

(techno), 하우스(house), 트랜스(trance), 드럼과 베이스 덥스텝(Drum and Bass dubstep)과 같은 다양한 장르를 포함하는 음악적 용어라고 할 수 있습니다.

이 외에도 Live Loops 메뉴에서는 Hip Hop, Dubstep, RnB, House, Chill, Rock, Electro Funk, Beat Masher의 기본 템플릿을 제공하여 사용자가 언제든지 손쉽게 바로 라이브로 연주할 수 있도록 제공해 주고 있습니다.

6.1.1 분해하기

Live Loops는 트랙기반의 음악을 만드는 방식과는 다른 셀(Cell) 기반의 음악을 만드는 방식으로, 예를 들어 템플릿에서 EDM을 선택하면 나오는 화면을 가지고 살펴보도록 하겠습니다.

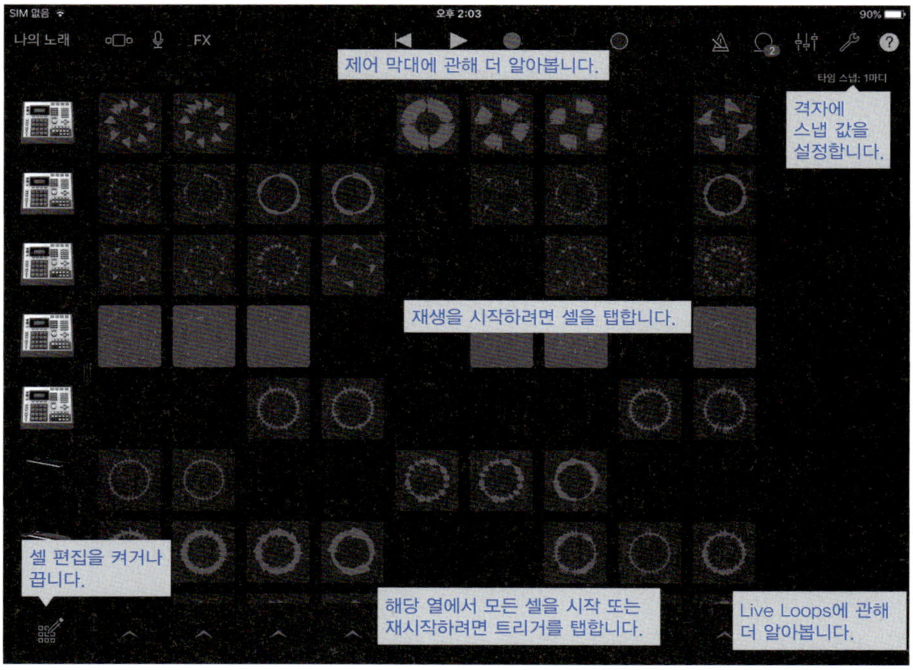

화면 맨 오른쪽 상단에서 ? 버튼을 탭하면 대략적인 메뉴에 대한 설명이 나타납니다.

제어바에 관한 것은 여러분들이 이미 많이 해 보아서 알고 있을 것이라 생각합니다. 화면의 재생, 녹음, 위치이동, 볼륨, 메트로놈, 사운드 라이브러리, EQ 등 각종 설정, 전체설정 등에 관한 내용을 담고 있습니다.

화면에서 볼 수 있는 것처럼 Live Loops는 셀 기반의 음악을 연주하고 만들 수 있는 인터페이스를 가지고 있습니다. 이전에 만들었던 '구슬비'라는 동요를 기반으로 각각의 셀에 어떠한 기능으로 동작되는지 좀 더 자세히 알아보도록 하겠습니다.

6.1.2 셀로 만들기

구슬비에 대한 곡의 구성을 적용하기 위해 템포는 128, 다장조, 4/4박자로 설정합니다. EDM 스타일의 동요를 연주하기 위해서 템포를 조금 빠르게 설정하였습니다.

그 다음 입력되어 있는 셀을 전체 선택하여 기존의 셀들을 다 지웁니다. 책에서 기술하고 있는 내용은 EDM 템플릿을 선택하여 만들어가는 과정을 설명하고 있으나 비어있는 템플릿에서 시작하여도 상관없습니다.

1) 셀의 동작원리

화면과 같이 하나의 셀은 멜로디 로직을 의미합니다. 즉 반복되는 가장 작은 단위의 멜로리 라인이라는 의미입니다.

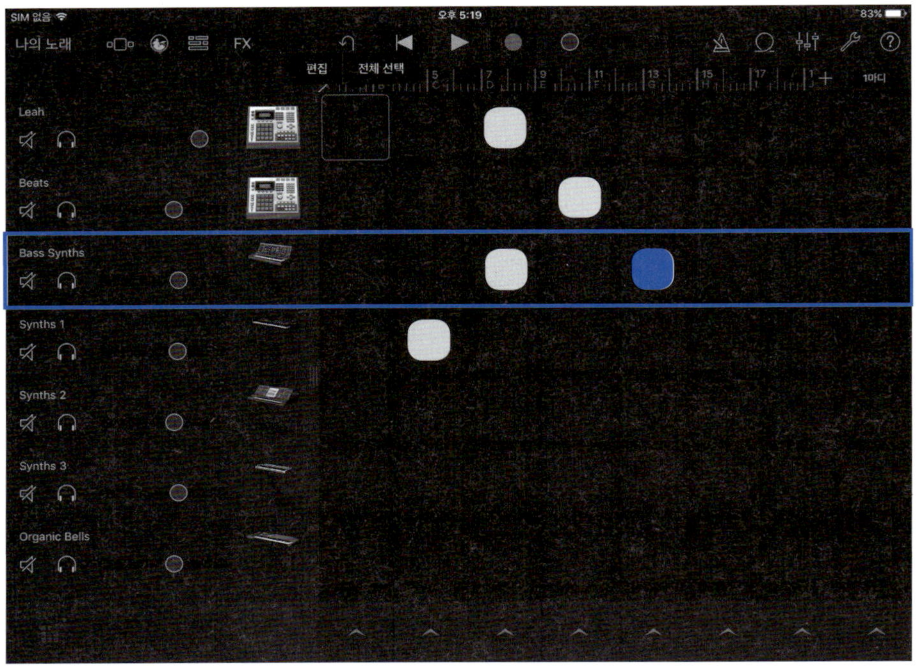

화면에서 보이듯이 하나의 루프(반복되는 사운드)나 악기는 하나의 셀만 연주가 가능합니다. 예를 들어 Bass Syths의 악기의 경우 다양한 셀들이 가로(수평)에 배치되어 있지만 그 악기에서는 하나의 셀만 연주가 가능하다는 의미입니다. 연주를 할 때 세로(수직) 방향으로는 얼마든지 각각의 셀을 탭하여 다양한 사운드를 동시에 연주할 수 있습니다.

즉, 왼쪽의 표시된 셀들을 탭하면 연주가 가능하나 예를 들어 Bass Synths 악기를 가지고 왼쪽과 오른쪽의 셀을 동시에 연주할 수는 없다는 의미입니다.

또한 각각의 셀은 멜로디 로직에 해당합니다. 셀을 탭하게 되면 설정되어 있는 타임스냅(화면 맨 오른쪽 1마디 표시부분)에 설정되어 있는 값을 기준으로 계속해서 반복하게 됩니다.

2) 셀 입력과 편집

맨 왼쪽 아래에 있는 셀편집 아이콘을 탭한다음 편집하고 싶은 셀이 비어있다면 탭하면 다음과 같은 팝업메뉴가 나타납니다.

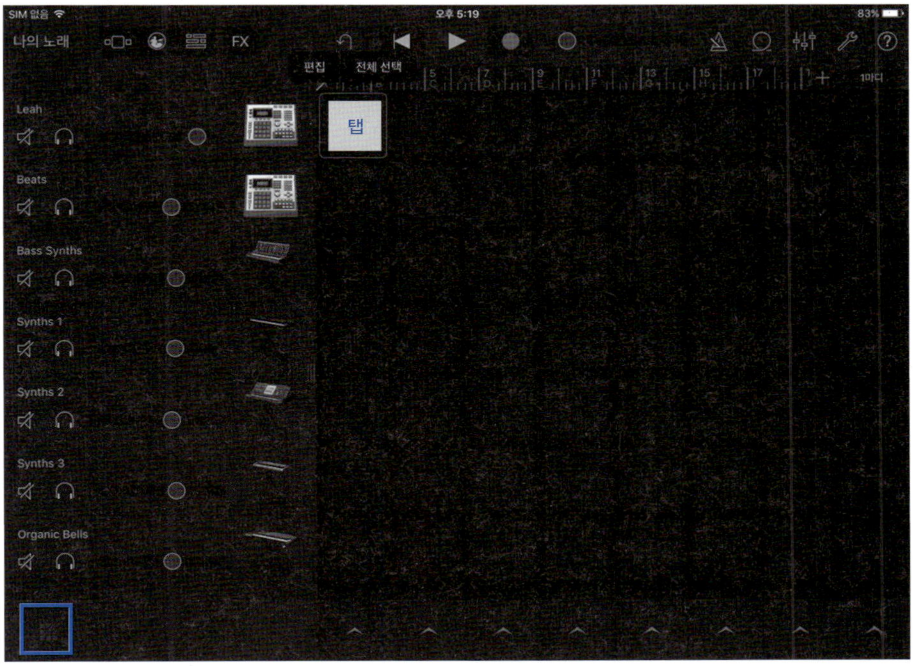

편집을 선택합니다. 기존의 설정되어 있는 악기가 Leah 드럼이기 때문에 다음과 같은 화면이 나타납니다.

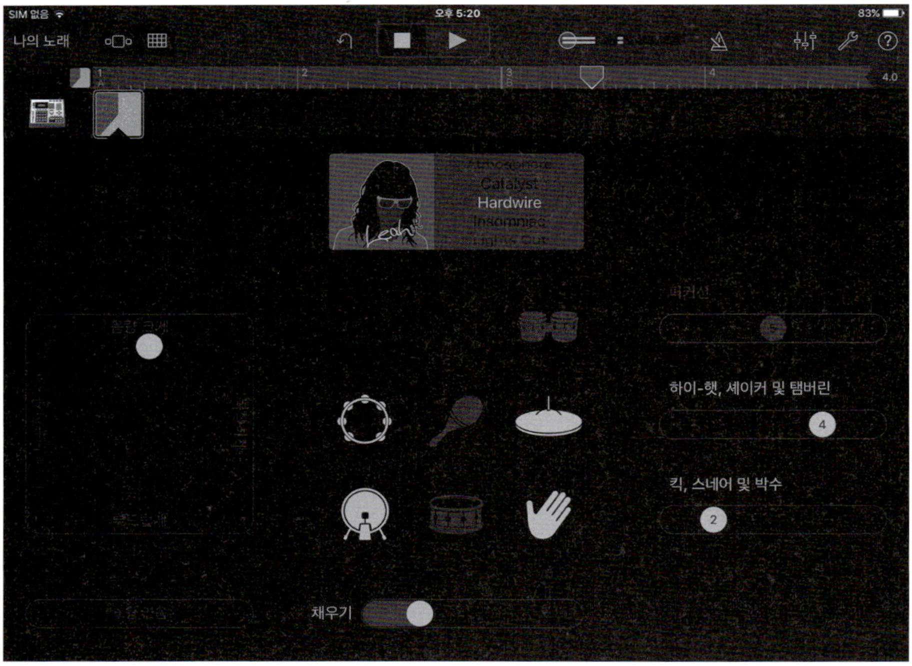

드럼을 편집하는 방법은 이전 장에서도 많이 해 보았습니다.

왼쪽 퍽의 위치를 어떻게 조정하느냐에 따라 연주의 스타일이 달라질 것입니다. Live Loops에서는 다양한 멜로디 로직을 가지고 그것을 각각의 셀에 입력한 뒤 필요할 부분에서 해당되는 셀을 탭하여 연주하는 방식이므로 꼭 곡의 진행이나 흐름에 영향을 받지 않고 다양한 방법으로 셀을 채워주면 됩니다. 물론 연주하는 내용이 많다면 곡의 흐름에 따라 리드미컬하게 사운드를 변형하여 채워주시면 되겠습니다.

멜로디를 입력하는 방법에 대해서 알아보겠습니다. 악기를 하나 추가합니다.

베이스 셀을 입력하기 위해서 악기를 하나 추가합니다. 아래 화면과 같이 Classic Synth Bass를 선택하였습니다. 오른쪽 눈금막대 끝에 있는 2.0은 반복되는 마디를 의미합니다. 설정을 변경하려면 2.0을 탭하면 마디수를 변경할 수가 있습니다. 첫 번째 코드인 C 코드를 연주합니다. 물론 여러분만의 스타일로 말입니다.

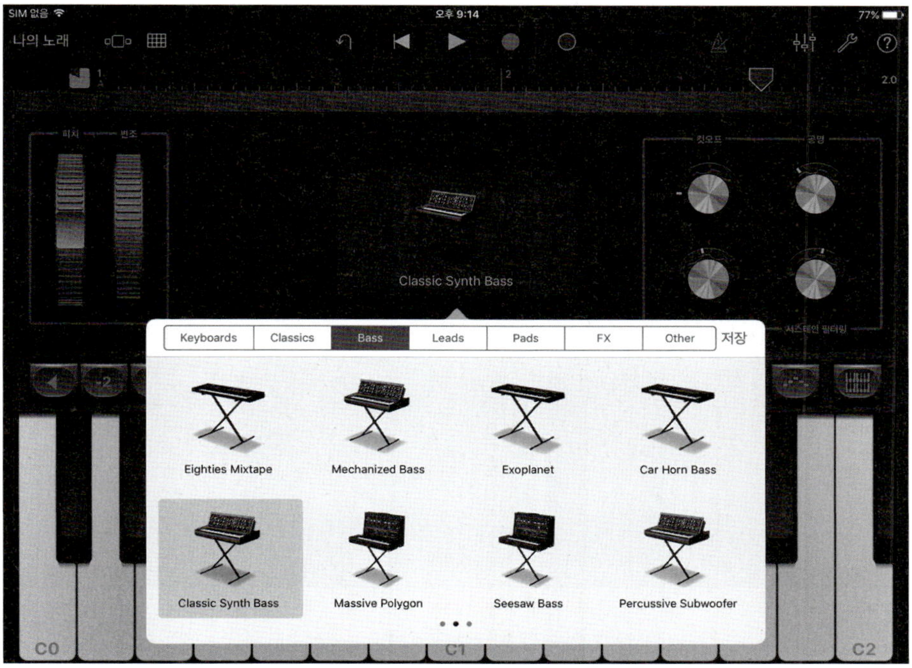

녹음이 끝나고 생성된 셀을 편집하기 위해 먼저 왼쪽 하단의 셀편집기를 탭하고 나서 입력하고자 하는 셀을 탭하면 팝업메뉴가 나타납니다.

아래의 화면은 기존에 있던 셀을 선택하였을 경우 나타나는 화면입니다.

앞의 화면에서 편집 메뉴를 클릭하여 녹음된 세부적인 미디블럭들을 보완합니다. 너무 기준선에 딱딱 맞으면 기계스러운 음악이 나옵니다.

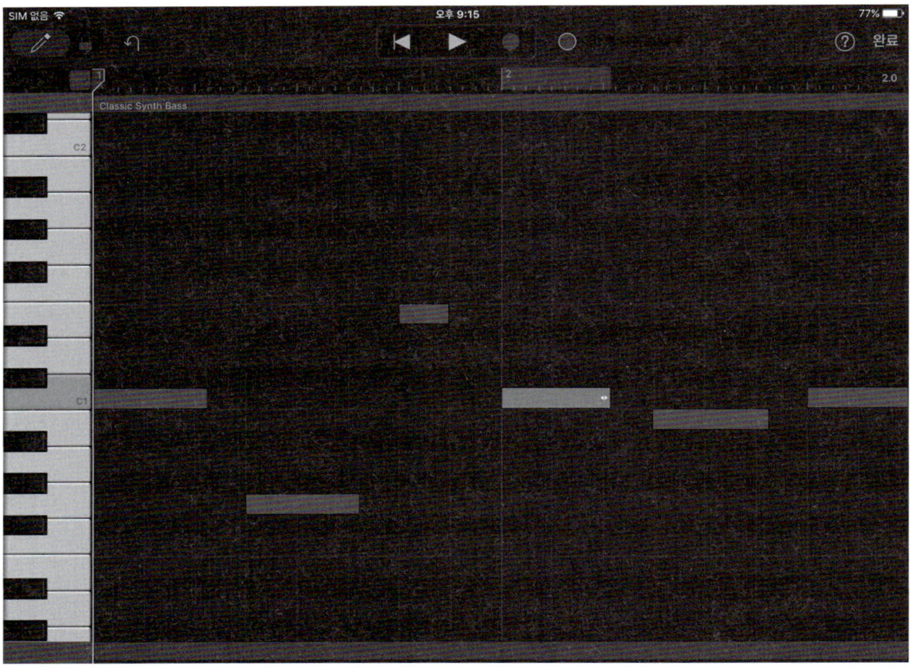

미디블럭들에 대한 정리가 되었으면 완료를 탭하고 다시금 셀편집창으로 돌아옵니다. Live Loops에서는 다양한 오디오 샘플파일을 기본적으로 제공하고 있으며 다음과 같이 추가하고 싶은 사운드를 셀에 삽입할 수 있습니다.

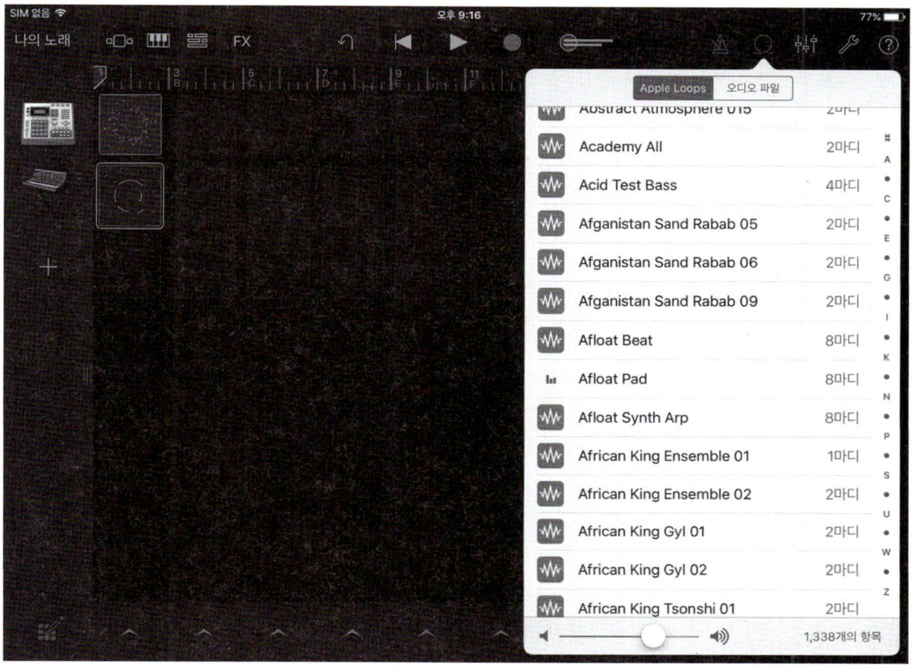

아래의 화면은 'Afloat Pad' 사운드를 셀에 삽입한 모습입니다.

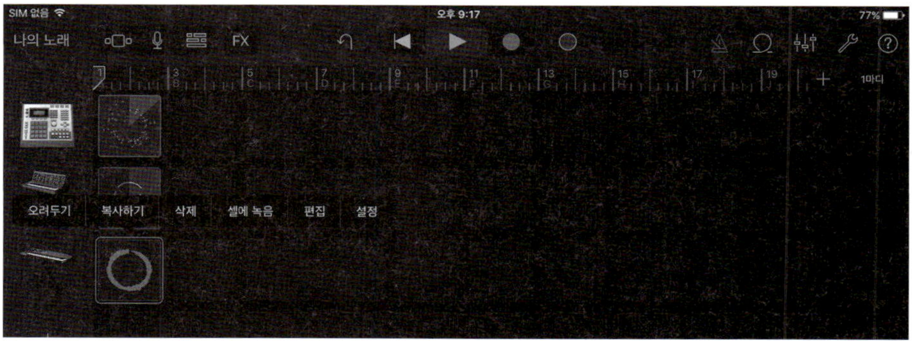

Live Loops 연주를 위해 참고하는 곡은 아까 만들어 보았던 '구슬비'입니다. 컴퓨팅 사고 절차에 따라 우선 곡을 분해(Decomposition)해 보면 다음의 표와 같이 크게 Intro, Verse 1, Solo, Verse 2로 구성되어 있는 간단한 곡입니다.

표 6-1 구슬비 동요의 곡 구조

Section	진행	마디 및 코드진행			
		1		2	
A	Blank				
B	Intro	C	C	C / G	C
C	Verse 1	C	C	C / G	F
D		G	G	G / F	C
E		C	F	C / F	C
F		C	C	C / G	C
G	Solo	C	C	C / G	C
H	Verse 2	C	C	C / G	F
I		G	G	G / F	C
J		C	F	C / F	C
K		C	C	C / G	C

중요한 로직들과 패턴, 곡의 흐름은 이미 표에서 나와 있습니다.
곡을 위해 필요한 부분들만 요약(Abstraction)해 보면 다음과 같습니다.

B	Intro	패턴 1	C	C	C / G	C
C	Verse 1	패턴 2	C	C	C / G	F
D		패턴 3	G	G	G / F	C
E		패턴 4	C	F	C / F	C
F		패턴 1	C	C	C / G	C
G	Solo	패턴 1	C	C	C / G	C

A 섹션은 라이브 형태의 연주에서는 필요하지 않습니다. 또한 H~K 섹션은 앞서 C~F 섹션을 반복하는 것이므로 삭제를 해도 되는 부분입니다. 또한 반복되는 패턴들이 사실상

셀에 입력되어야 하는 부분들이므로 표에서 최소단위인 멜로디 로직을 찾아보면 다음의 코드 진행들이 나오게 됩니다.

드럼의 경우 B 섹션, C~D 섹션, E 섹션, F 섹션, G 섹션으로 나누어 연주하는 스타일을 다르게 하면 될 것 같습니다. 다음은 노래 반주를 위해 만들어야 하는 셀에 대해서 살펴보겠습니다.

패턴 1	C	C	C / G	C
패턴 2	C	C	C / G	F
패턴 3	G	G	G / F	C
패턴 4	C	F	C / F	C

동요 노래를 반주하기 위해 필요한 코드들은 크게 3가지입니다. C, F, G 코드가 되겠습니다. 즉 다시 말하면 하나의 셀에 패턴 1을 입력하고서 연주하는 방법이 있고, 단순히 C, F, G 코드를 각각의 셀에 입력하여 해당되는 셀을 탭하여 연주하는 방법이 있다는 것입니다.

어떤 것이 더욱 효율적인 것인지는 최종적으로 연주하게 될 연주자의 취향에 따른 것으로 정답이 있는 것은 아닙니다.

3) 드럼 셀

입력하고자 하는 셀의 종류는 크게 Intro(B 섹션), C~D 섹션, E 섹션, F 섹션, G 섹션으로 나눌 수 있으므로 5개의 셀이 필요합니다. 각각의 셀마다 연주하고자 하는 연주자의 취향에 맞게 드럼의 각종 셋팅값을 변형하여 저장합니다.

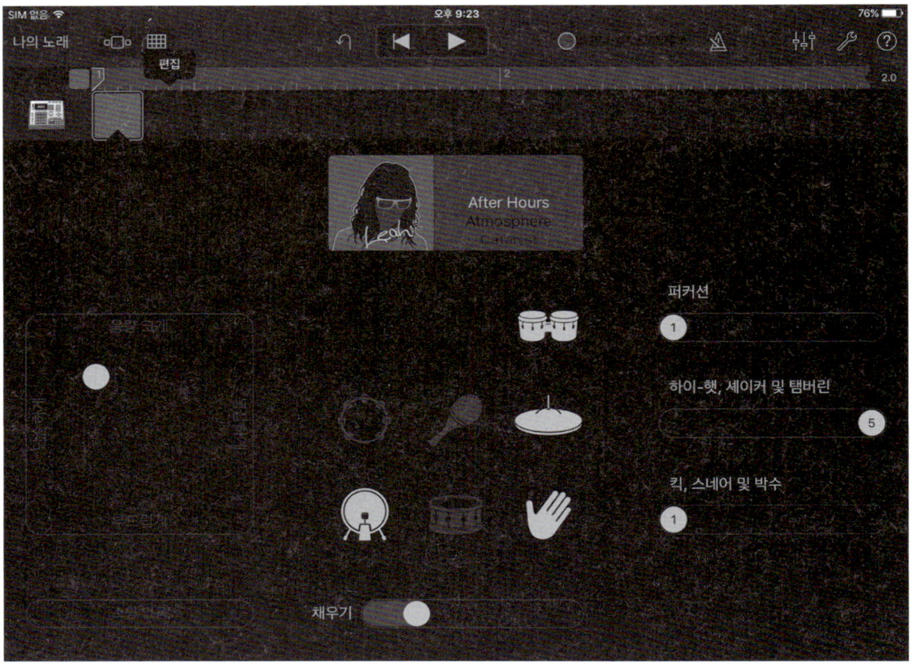
SIM 없음
오후 9:23
76%
나의 노래
편집
2.0
After Hours
Atmosphere
퍼커션
1
하이-햇, 셰이커 및 탬버린
5
킥, 스네어 및 박수
1
채우기

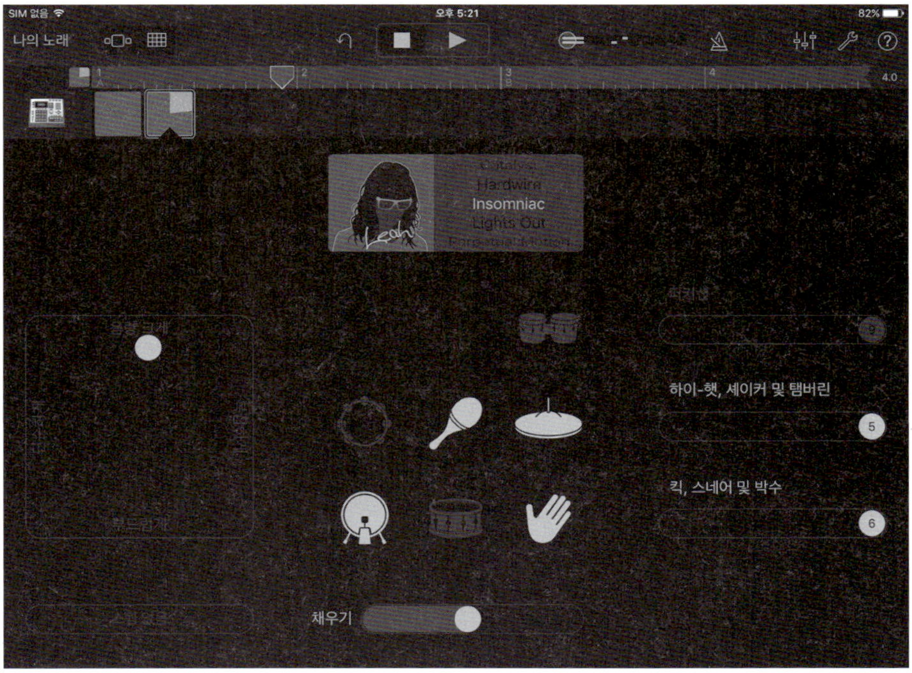
SIM 없음
오후 5:21
82%
나의 노래
4.0
Hardwire
Insomniac
Lights Out
하이-햇, 셰이커 및 탬버린
5
킥, 스네어 및 박수
6
채우기

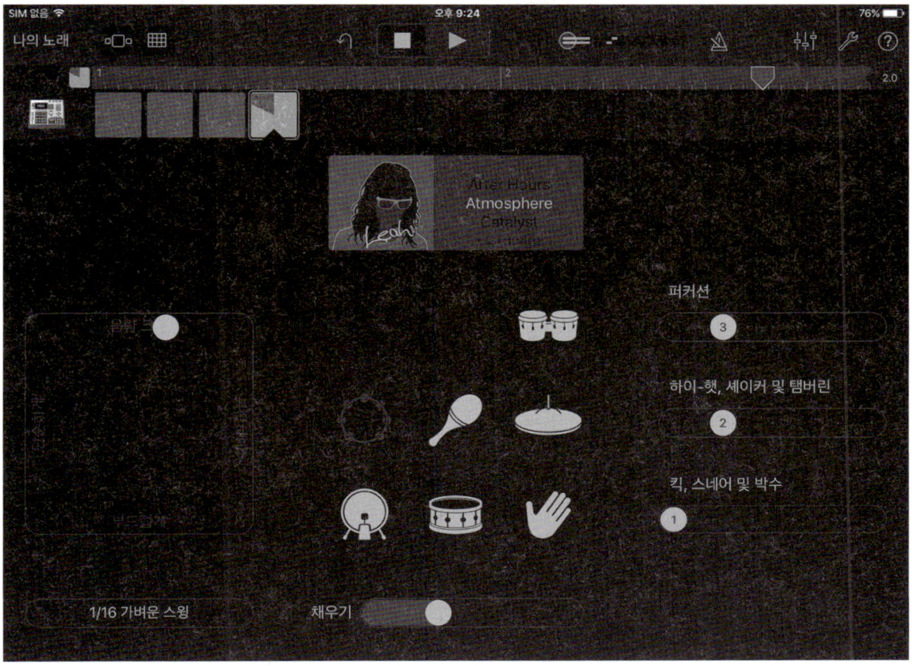
SIM 없음
오후 9:24
76%
나의 노래
After Hours
Atmosphere
Catalyst
퍼커션
3
하이-햇, 셰이커 및 탬버린
2
킥, 스네어 및 박수
1
1/16 가벼운 스윙
채우기

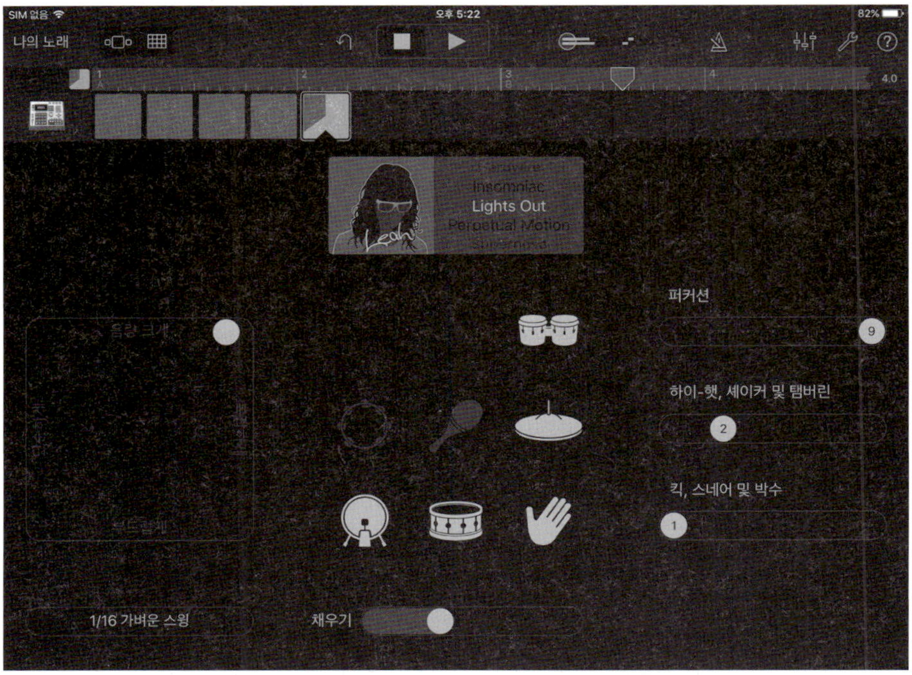
SIM 없음
오후 5:22
82%
나의 노래
Insomniac
Lights Out
Perpetual Motion
퍼커션
9
하이-햇, 셰이커 및 탬버린
2
킥, 스네어 및 박수
1
1/16 가벼운 스윙
채우기

4) 베이스 셀

버튼을 탭하여 악기를 추가합니다. 악기는 Liverpool 베이스를 선택하였으며 autoplay 값은 4로 설정하였습니다. 입력하여야 하는 코드는 C, F, G 코드이므로 셀은 3개가 필요합니다.

입력하는 코드들이 셀에 삽입되어 있는 화면입니다. 마지막 셀만 채우면 되겠습니다.

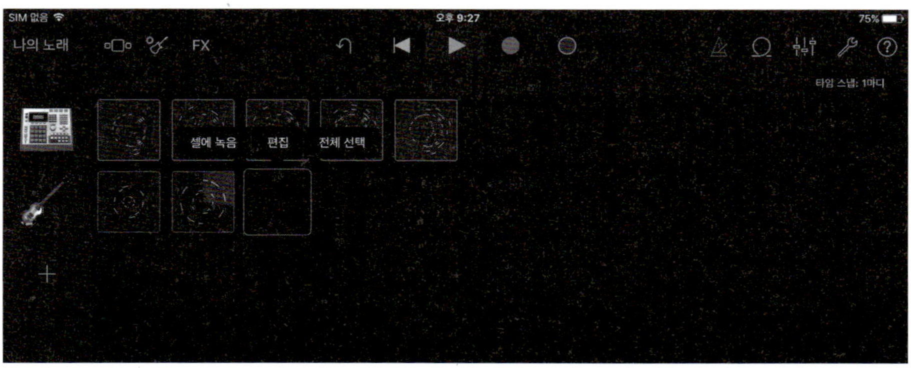

5) Leads 신디악기

멜로디 반주를 담당해 줄 악기를 추가합니다. Leads 계열의 Dane Anthem 신디사이저를 선택합니다. 이번 장에서는 값을 조정하여 보면서 자신의 취향에 맞는 사운드를 설정하시기 바랍니다. 자세한 신디사이저에 대한 내용은 다음 장에서 다루도록 하겠습니다.

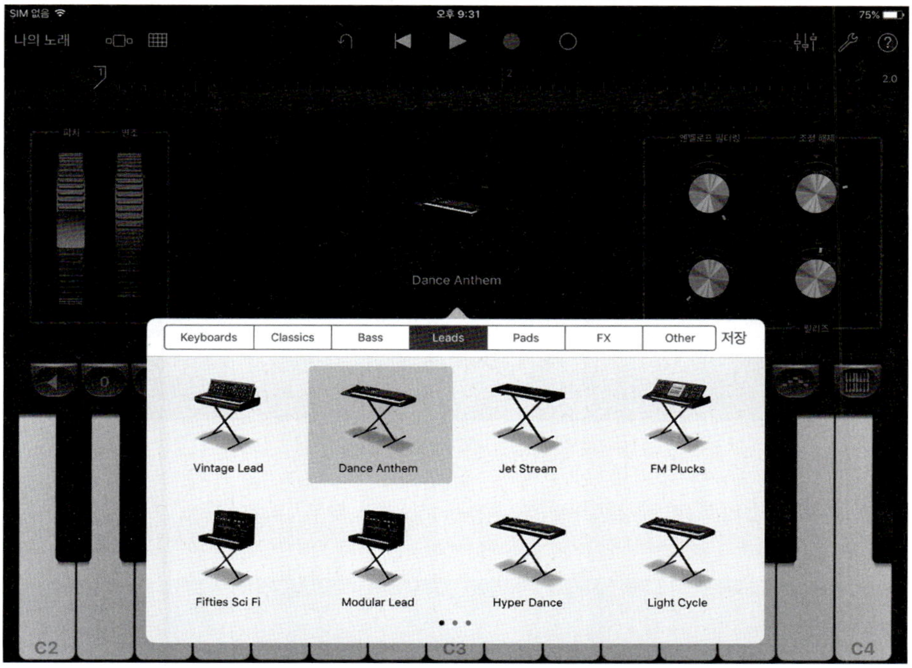

물론 입력하는 코드들은 편집창에서 아래와 같이 세부적으로 편집하면 보다 깔끔한 사운드를 얻을 수가 있습니다.

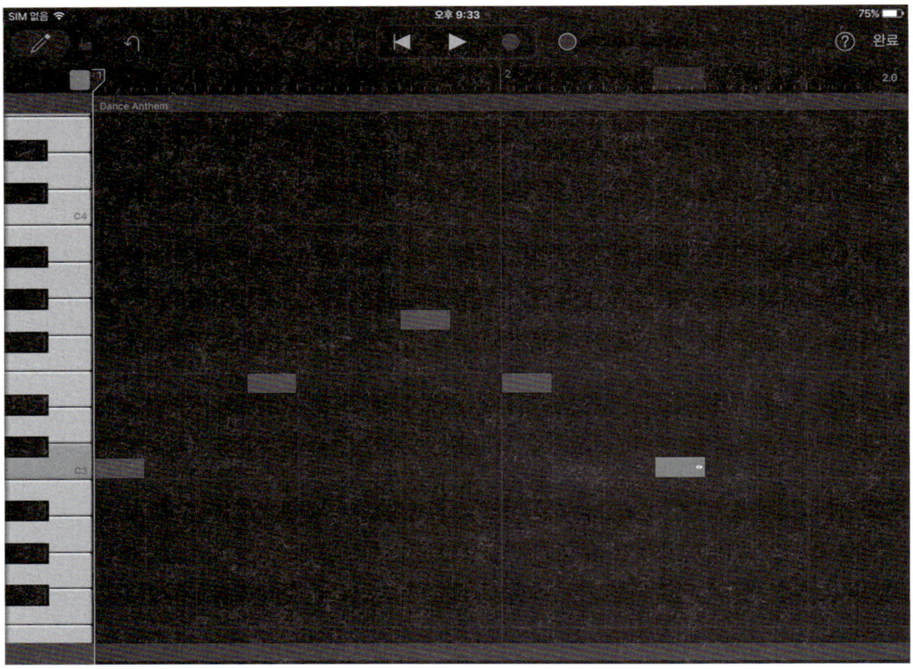

이렇게 하여 아래의 화면과 같이 셀의 내용을 하나씩 채워나갑니다.

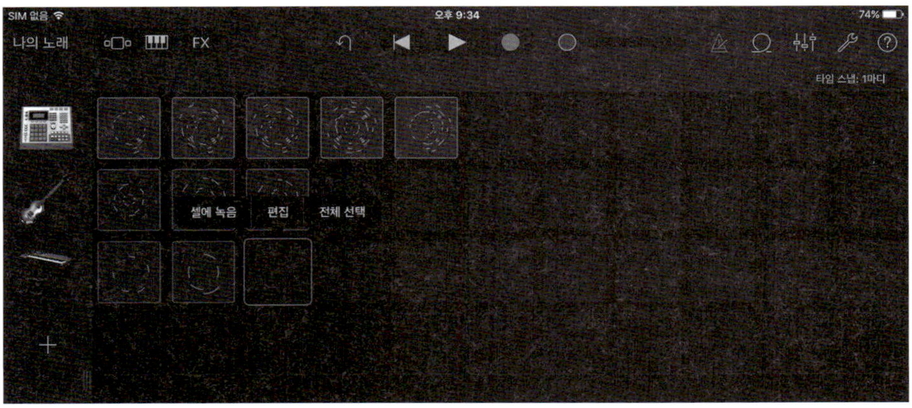

6) 각종 사운드 효과

아래 화면에서 오른쪽 상단에 있는 라이브러리를 탭하시면 다양한 오디오 샘플 사운드를 추가할 수 있습니다.

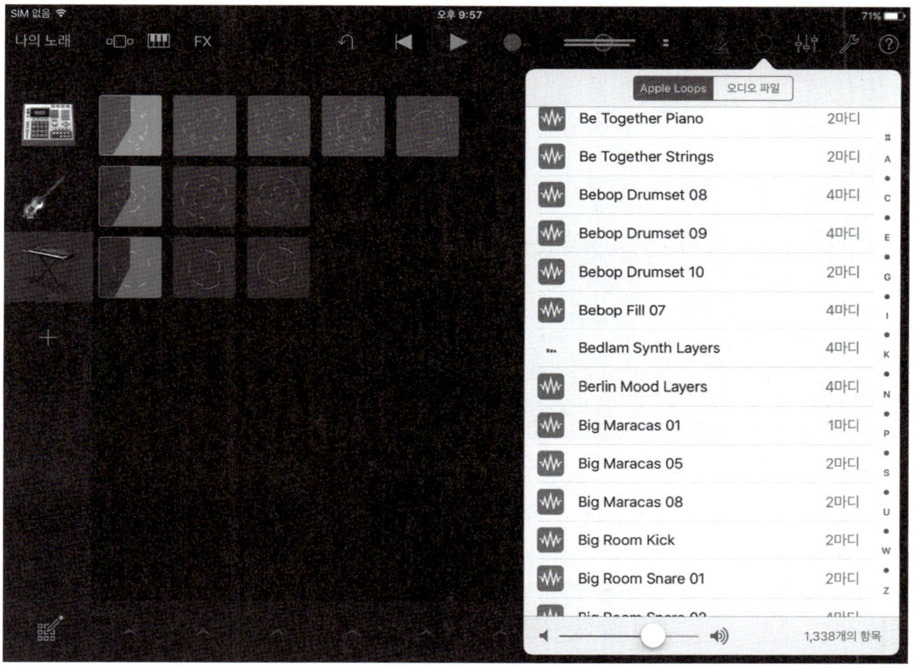

삽입하고 싶은 사운드를 탭하면 선택된 사운드를 들을 수가 있습니다. 선택한 사운드를 셀영역으로 드래그하면 사운드가 해당 셀에 사운드가 삽입됩니다.

또한 다양한 사운드를 검색하기 쉽도록 다음과 같이 '악기', '장르', '설명'을 탭하면 각각의 메뉴에서 자신이 찾고자 하는 사운드 종류를 보다 쉽게 검색할 수 있습니다.

검색조건에서 해당되는 악기만 선택할 수 있습니다.

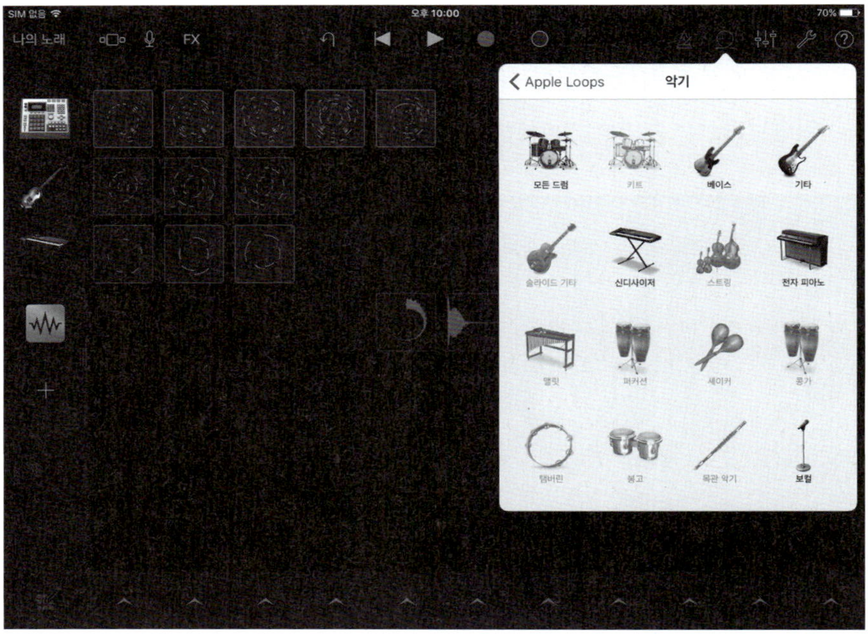

원하는 장르도 다음과 같이 선택이 가능합니다.

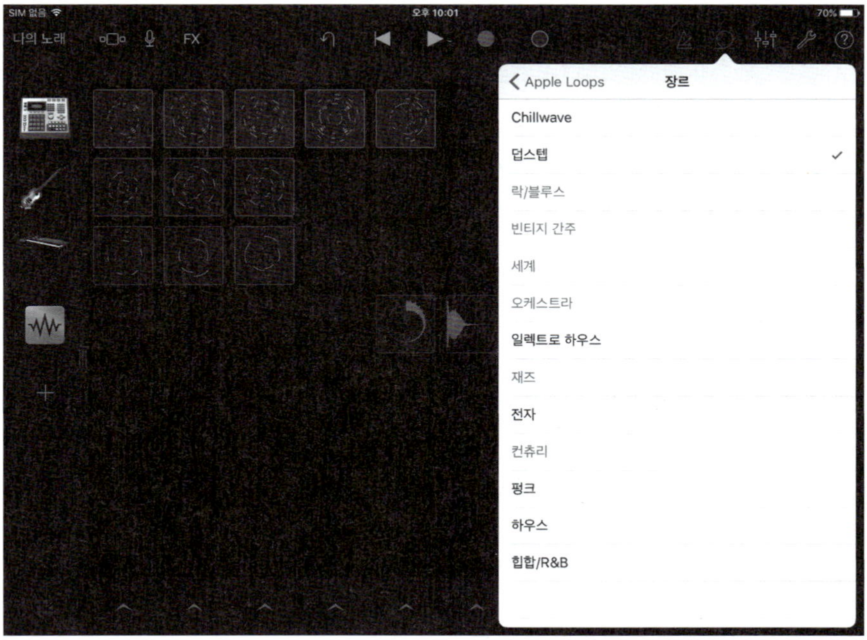

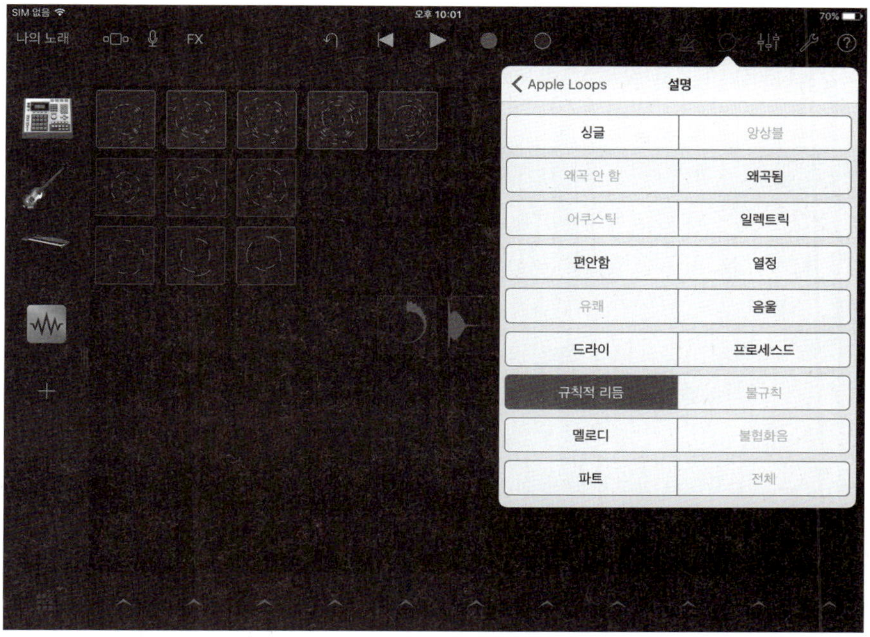

설정한 내용대로 검색범위가 좁혀진 것을 확인할 수 있습니다. 키워드 재설정을 탭하면 검색 초기화로 돌아갑니다.

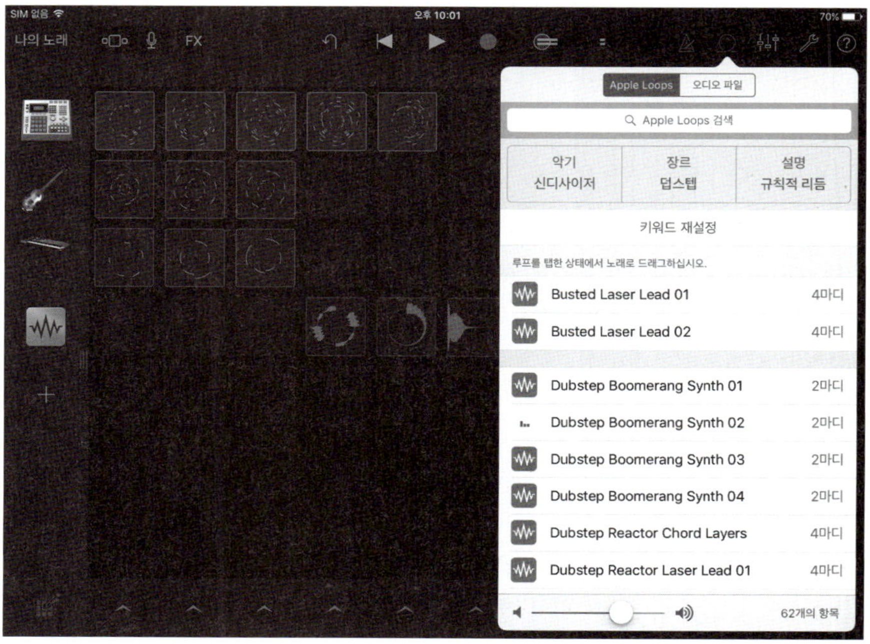

6.1.3 동요 Remix FX

다음은 간단하게 만들어 본 구슬비 반주 EDM입니다.

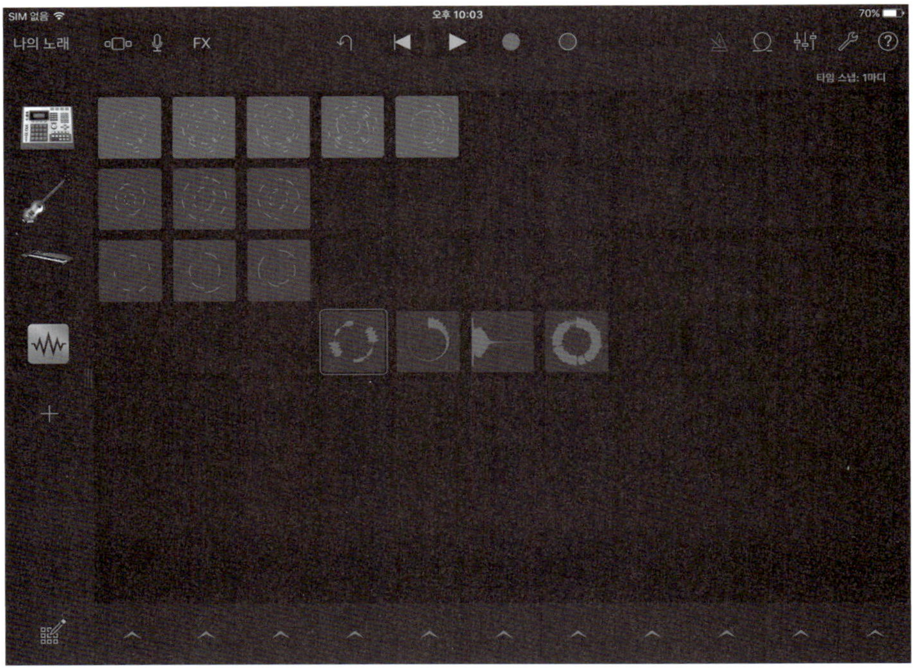

수업시간이나 또는 다양한 라이브 환경에서 음악을 연주할 수 있습니다. 물론 코드 패턴이나 드럼비트 등을 보다 작은 요소로 나누어 각각에 셀에 넣어두면 훨씬 다양한 곡들을 연주할 수가 있을 것입니다.

EDM 템플릿을 불러와서 연주되고 있는 화면입니다.

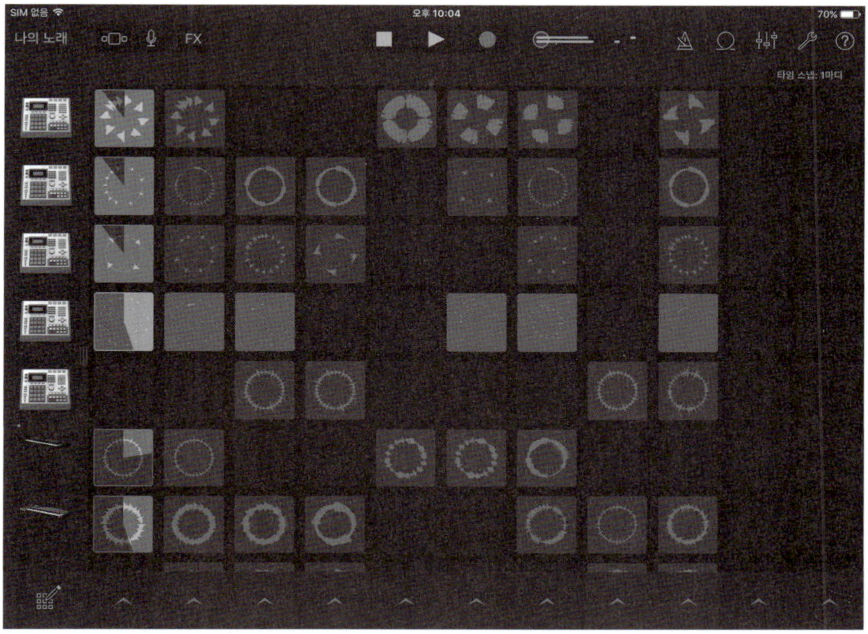

여기에서 상단의 FX를 탭하면 다음과 같은 메뉴가 나타납니다.

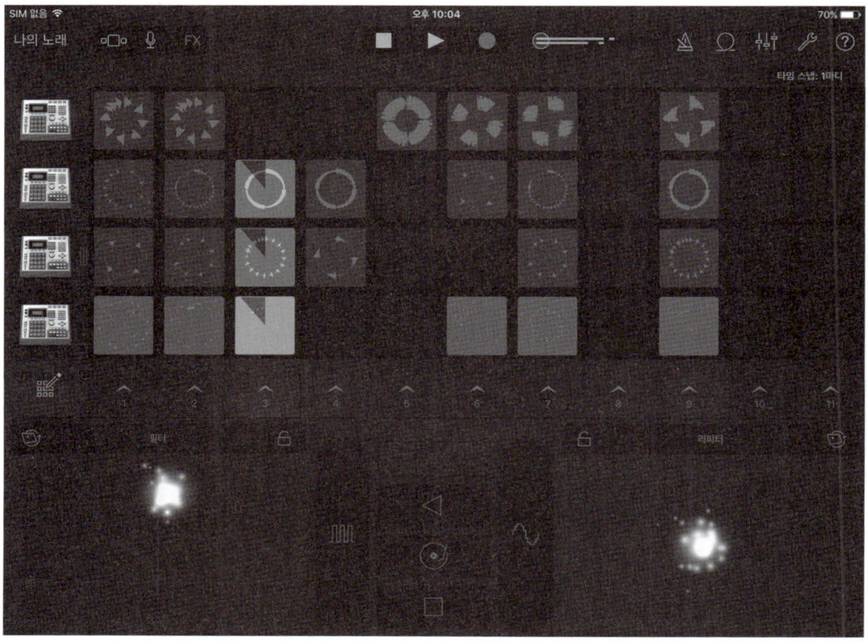

연주하는 상태에서 한 번 여러 가지 기능들을 선택하면서 보다 다이나믹한 라이브 연주를 해 보시기 바랍니다.

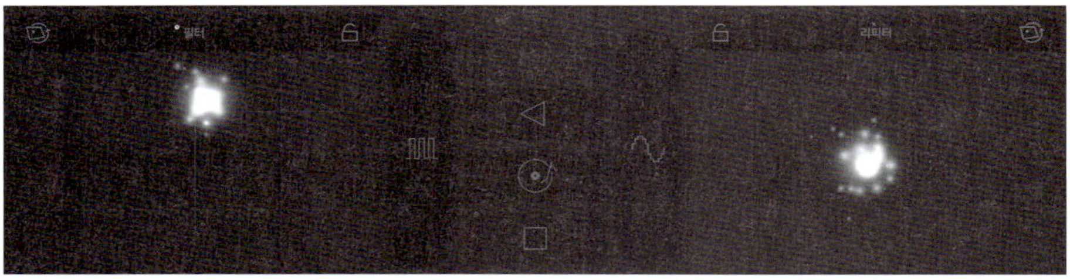

또한 연주하는 내용을 직접 녹음할 수 있습니다. 제어바에서 녹음버튼을 탭한 다음 자신이 연주하고 있는 내용 그대로 각각 트랙별로 녹음이 됩니다.

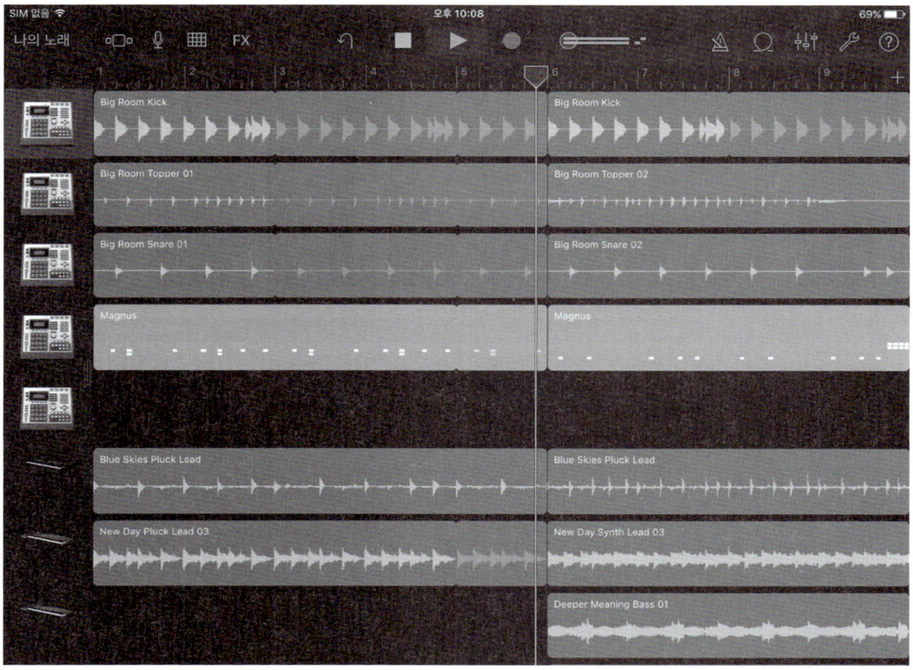

6.2 LIVE ROCK

세상을 살아나가다가 보면 우리가 의도하지 않는 여러 가지 상황을 부딪히게 됩니다. 때로는 그러한 상황에서 좌절하기도 하고 내면의 자신의 모습에 분노를 느끼기도 합니다. 일반적으로 그러한 상황이 지나고 나면 나 자신에 대한 상처를 치유하기 위한 합리화 과정을 통해 어두운 터널을 벗어나서 점점 일상의 자리로 돌아옵니다.

서두에서 약간은 무거운 주제를 꺼내는 것은 단조(Minor Scale)에 대한 이야기를 시작하려고 하기 때문입니다. 곡에서도 위에서 얘기한 바와 같이 그러한 나 자신에 대한 치유의 과정을 드러내기 쉬운 곡이 단조 형식의 곡이라 생각합니다.

이전 장에서 곡의 구성과 코드의 진행에 대해서 살펴보았는데 장조(Major Scale)에 대한 흐름 설명이었습니다. 그렇다면 단조의 진행은 어떻게 되는 것일까요? 이야기의 시작은 장조에서 출발해 보겠습니다. 익숙한 스케일이 보입니다. 다장조의 스케일입니다.

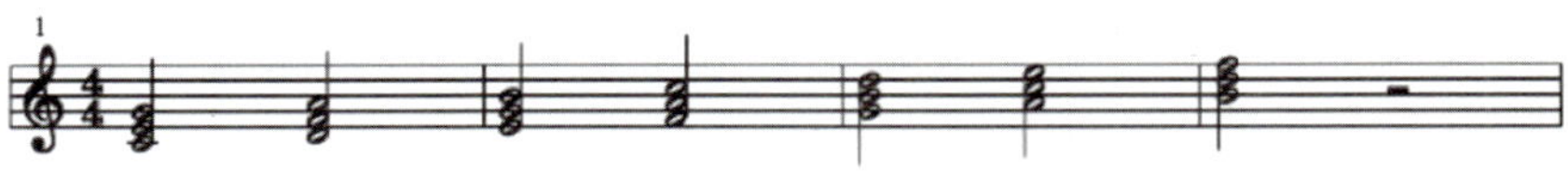

도	I	II	III	IV	V	VI	VII
으뜸음	도	레	미	파	솔	라	시
코드명	C	Dm	Em	F	G	Am	Bdim
화음	도미솔	레파라	미솔시	파라도	솔시레	라도미	시레파
숫자	0 4 7	2 5 9	4 7 11	5 9 12	7 11 14	9 12 16	11 14 17
변환	4 3	3 4	3 4	4 3	4 3	3 4	3 4

우리는 이전에 밝고 장조의 느낌을 가지는 것은 4, 3계열(3화음 간격)의 음들, 즉 C, F, G 코드에 해당한다고 배웠습니다. 단조의 느낌인 우울하고 블루지한 것은 3, 4계열(3화음 간격)의 음들 Dm, Em, Am, Bdim 입니다. 그러난 요즘의 곡들을 살펴보면 꼭 단조라서 우울하거나 어두운 느낌의 곡은 아닙니다. 왜냐하면 그 속에 포함되어 있는 다양한 화음들이 만들어 내는 감성이 그 곡의 분위기를 결정짓는 것이기 때문입니다. 단조이지만 장조의 화음들이 많이 쓰이거나 리듬들이 밝고 경쾌한 느낌을 주는 구성을 많이 사용한다면 곡의 전체적인 분위기는 밝게 느껴지는 것처럼 말입니다.

그렇다면 아래 표와 같이 가장 기본적인 가단조(A minor Scale) 자연단음계를 한 번 살펴보도록 하겠습니다. 가단조를 선택한 것은 별다은 꾸밈음(#, b)이 없이 음계를 구성할 수 있기 때문입니다. 다장조와 가단조는 서로 나란한조라고 하는 것입니다.

구분	i	iidim	biii	iv	v	bvi	bvii
자연단 음계	라(A 9)	시(B 11)	도(C 12)	레(D 2)	미(E 4)	파(F 5)	솔(G 7)

표에서 살펴보면 맨 위의 자연단음계는 아무 임시표도 붙이지 않고 구성하는 단조의 음계입니다. 물론 화성 단음계, 가락 단음계가 있지만 이 책에서는 다루지 않겠습니다. 자연단음계만으로도 충분하니까요.

6.2.1 분해하기

이번에 만들어 볼 곡은 약간은 차분하게 진행되는 발라드입니다. 발라드에 대한 레퍼런스 코드 진행은 가장 기본적인 Am-Dm-E7-Am로 정하였습니다. 곡을 만들어 가면서 코드의 진행은 변화될 것 입니다.

전체적인 곡의 흐름은 앞에서 만든 것과 같은 구조로 다음과 같습니다. 맨 뒷부분의 Chorus 2는 앞의 내용과 유사하기 때문에 여기서는 만들지 않습니다.

곡을 만드는 방법은

"LIVE LOOPS"

트랙방식이 아닌 셀방식의 연주이므로 연주하고자 하는 다양한 셀들을 탭하여 연주할 수 있도록 구성합니다.

표 6-2 곡의 구조

Intro	Verse 1	Verse 2	Pre-Chorus	Chorus 1	Solo	Bridge

곡의 템포는 95로 설정합니다.

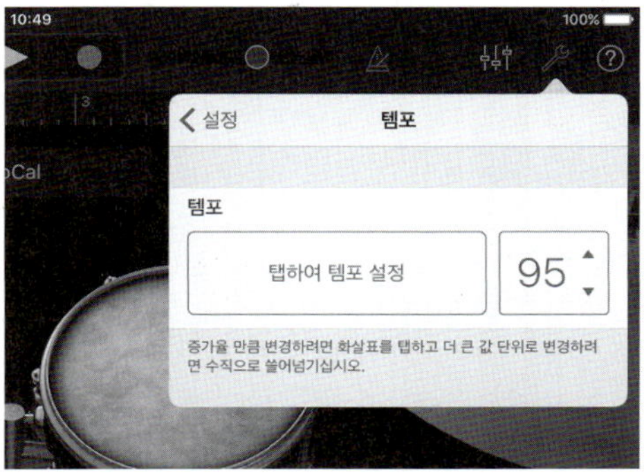

키는 A단조로 설정합니다.

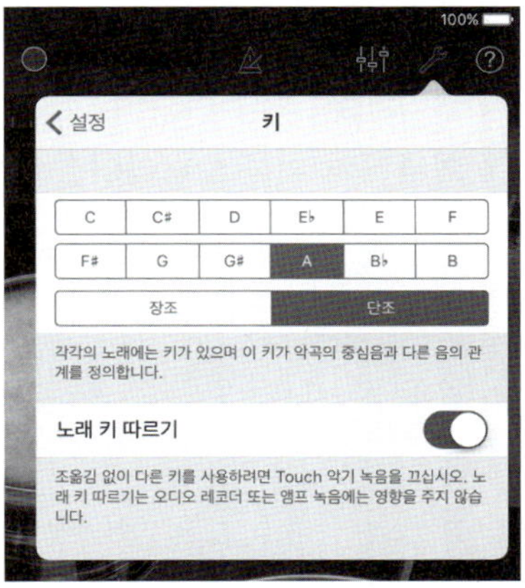

6.2.2 셀로 만들기

1) 드럼

우선 전체적인 곡을 구성하기 위한 드럼을 먼저 배치시켜 봅시다. + 를 탭하여 새로운 악기를 선택합니다. Smart Drums를 선택하고 드러머로 Kyle을 선택합니다.

연주하는 방식은 탐은 2, 킥 및 스내어 2이며 퍽의 위치는 화면에서 보시는 바와 같이 오른쪽 위쪽에 위치하여 좀 더 복잡하고 강하게 연주합니다.

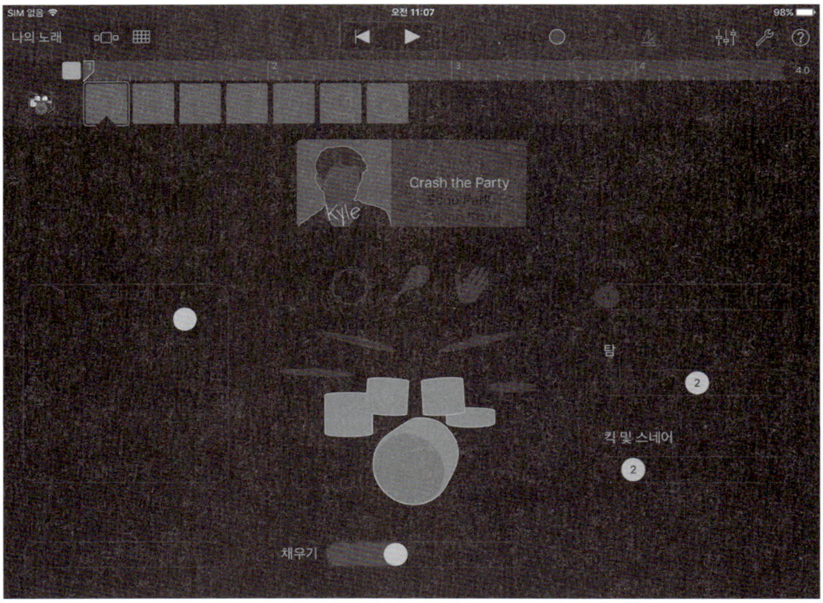

그 다음 진행부분인 Verse 1을 연주하기 위한 드럼라인을 만듭니다.

설정값은 하이-햇 2, 킥 및 스네어 5로 하며 퍽의 위치는 상단 가운데에 위치하게 둡니다.

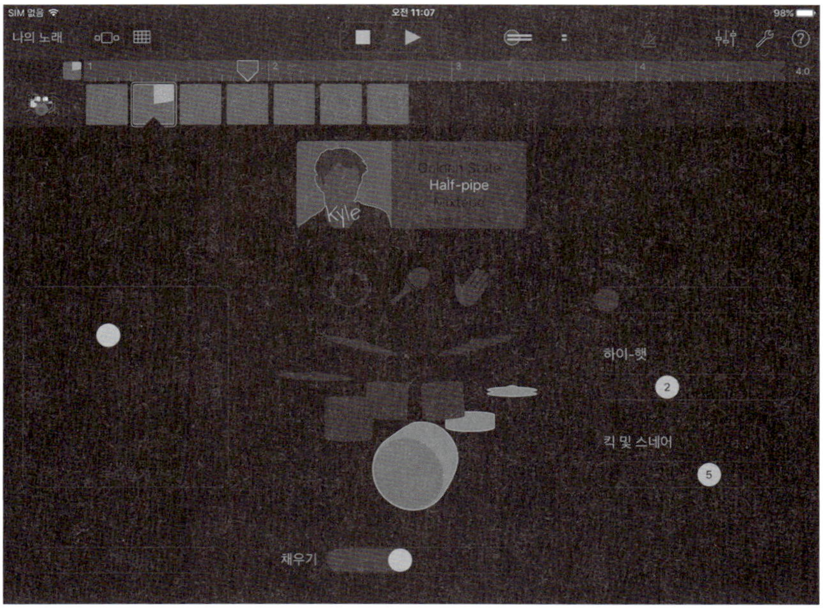

3번째 부분은 Verse 2에 해당되며 입력값은 하이-햇 2, 킥 및 스내어 2, 퍽의 위치는 가운데 상단부분에 위치하게 합니다.

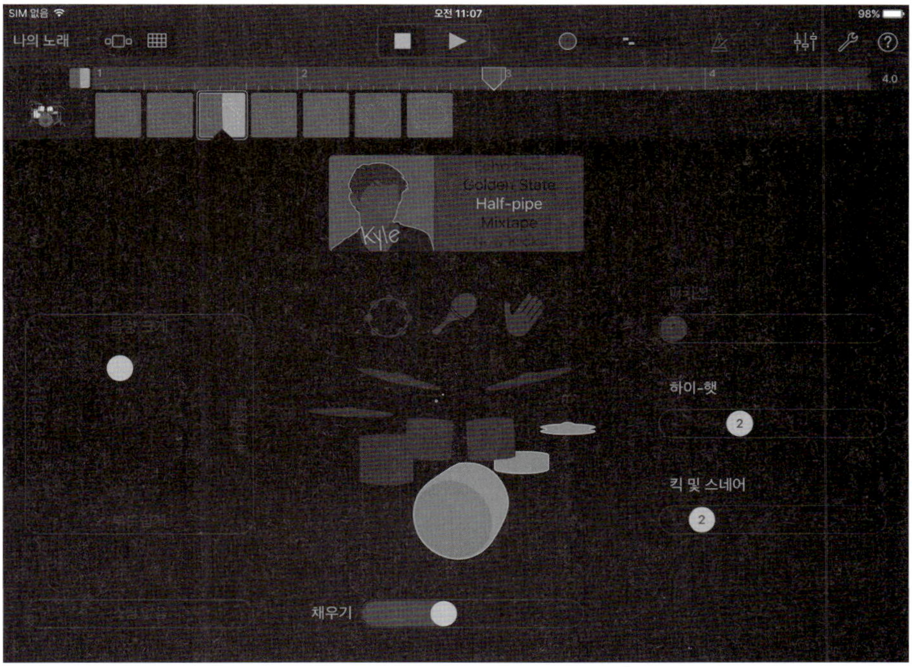

마찬가지로 나머지 부분들도 곡의 흐름에 맞도록 드럼사운드를 설정합니다.

2) 베이스

새로운 악기를 추가하여 Smart Bass를 선택합니다.

악기는 Light Cycle을 선택하여 컷오프의 값과 공명, autoplay 2로 설정합니다.

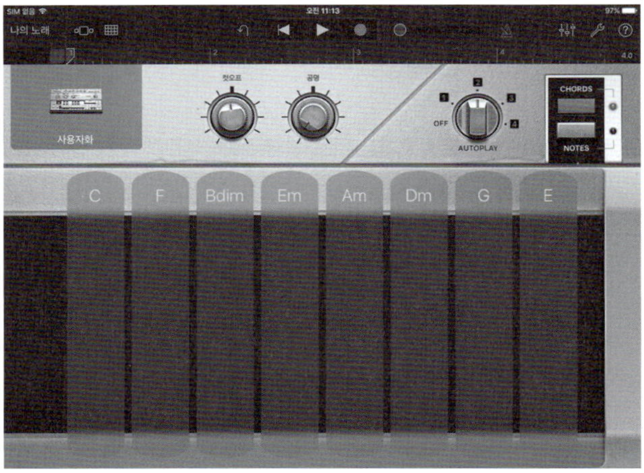

녹음버튼을 탭하여 아래 표에서 제시하는 코드대로 입력합니다.

표 2 코드 진행

1마디	2마디	3마디	4마디
Am	Dm E	Am	Dm E

입력을 하고 나면 다음과 같이 셀에 입력된 값이 녹음됩니다. 화면에서 드럼사운드가 마지막으로 입력한 해당하는 열에 입력이 되므로 셀 편집기를 탭하여 옮기거나 입력하려는 셀을 먼저 선택한 후 셀에 녹음을 탭하면 원하는 셀에 입력이 가능합니다.

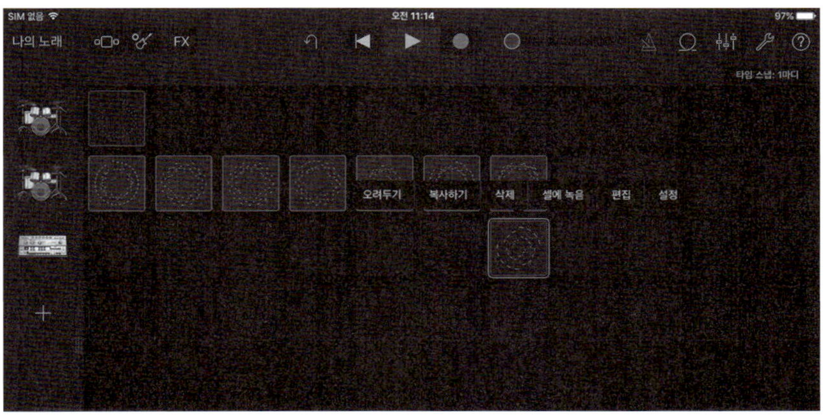

다음으로 입력된 셀의 내용을 좀 더 수정하기 위해 왼쪽 하단에 있는 셀편집기를 탭한 뒤 방금 입력한 셀을 탭하면 위와 같이 팝업 메뉴가 나타납니다.

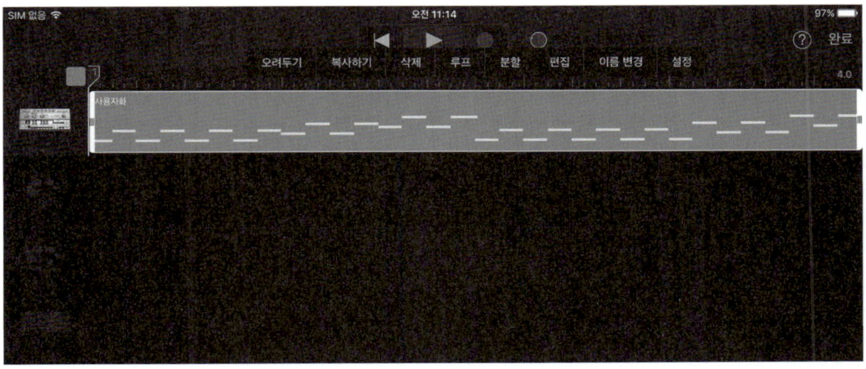

편집을 탭하게 되면 아래와 같은 트랙뷰 화면이 나타나면 입력된 트랙을 탭하면 팝업메뉴가 나타납니다.

곡을 재생하여 보고 흐름상 어색한 부분들에 해당하는 미디블럭들을 수정하여 줍니다.

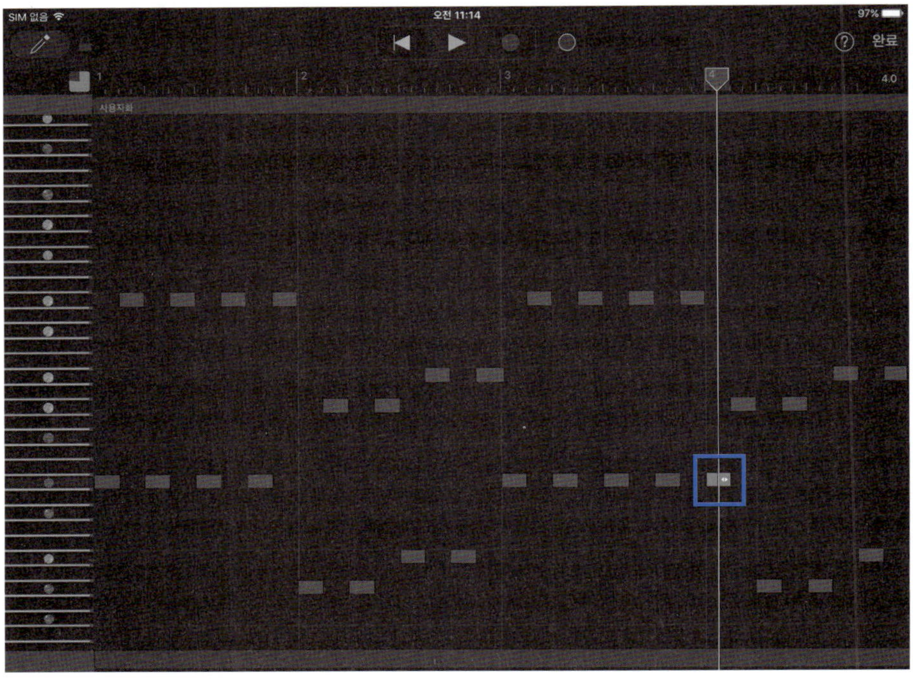

해당 악보에서는 노란 사각형의 미디블록이 D음으로 내려가야 하는데 A음으로 입력되어 있습니다. 해당 블록을 선택하고 드래그하여 원래의 음인 A음으로 내려줍니다.

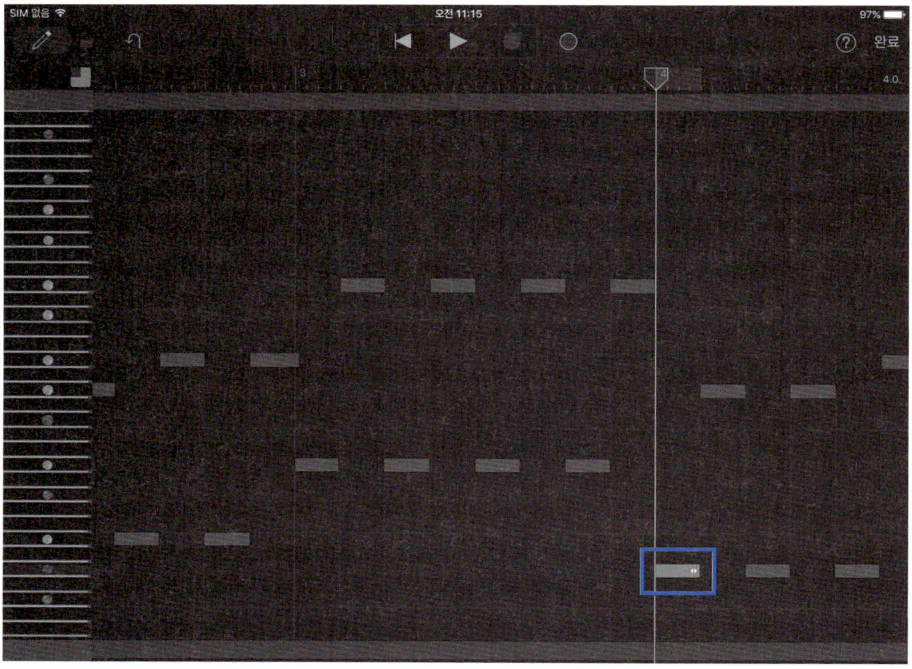

셀편집기에서 편집모드에서는 다음과 같이 셀들의 색깔이 음영으로 반전되어 있습니다.

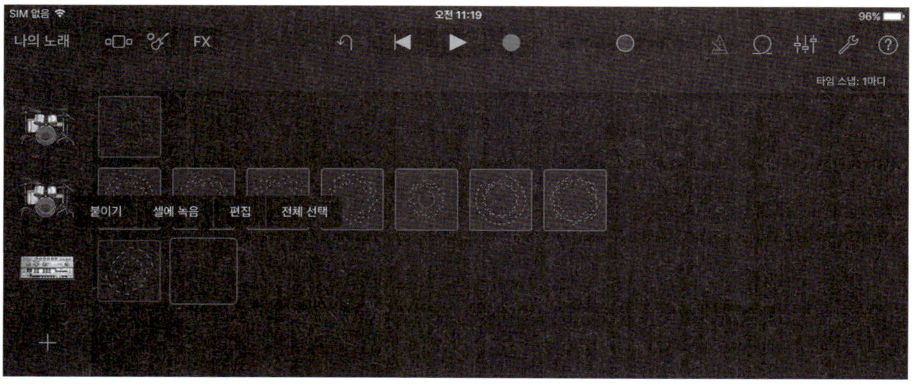

베이스 악기에서 첫 번째 Intro 부분에 사용될 내용이 입력이 완료된 상태입니다.

이제는 Verse 부분을 연주할 내용을 입력합니다. 물론 스타일을 다르게 적용하려면 autoplay 값의 설정을 수정하거나 autoplay의 값을 off로 한 뒤에 자신의 취향에 맞게 입력하면 됩니다.

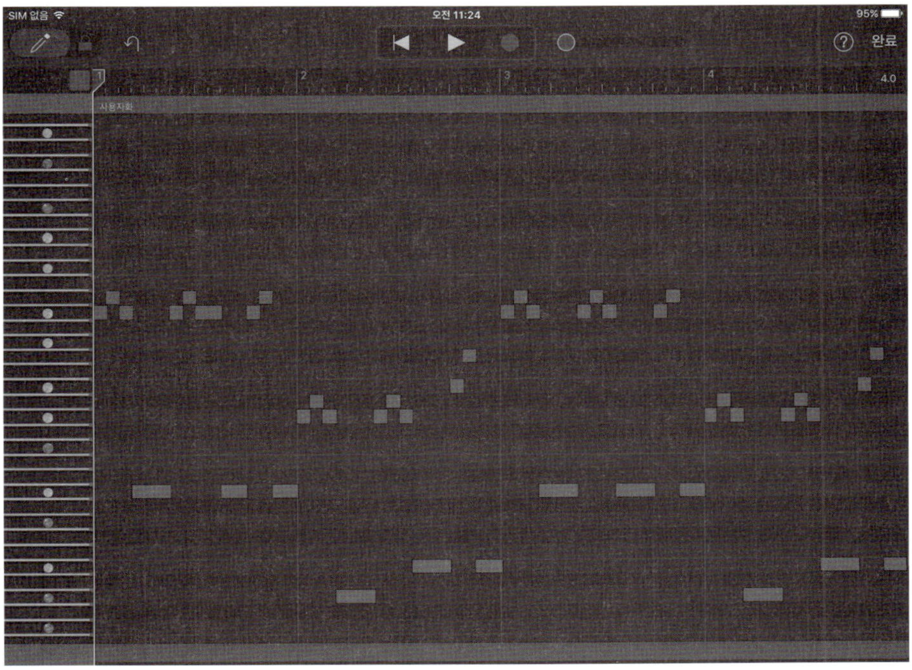

다음으로 다른 스타일의 베이스 악기를 하나 더 추가합니다.

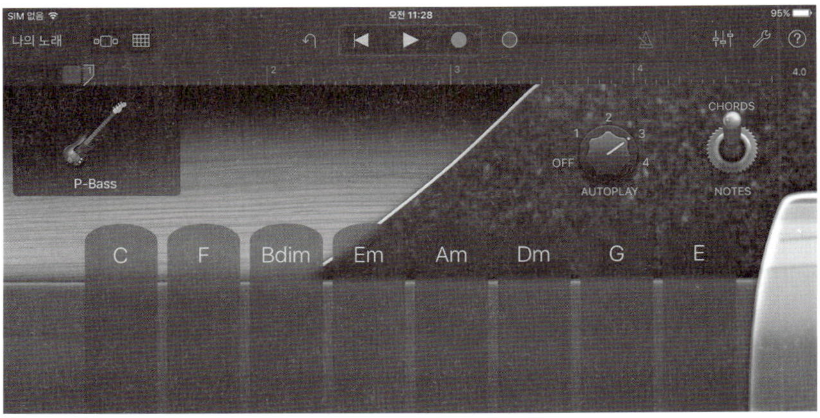

악기는 Smart Bass에서 P-Bass를 선택하고 autoplay 값은 3으로 하여 '둥둥둥둥' 스타일로 진행합니다. 마찬가지 입력되는 4마디의 코드 내용은 다음과 같습니다.

Am – Dm E – Am – Dm E

이후 모든 악기에서 동일하게 적용됩니다.

셀에 입력된 화면은 아래와 같습니다. 보다 다양한 패턴을 만들어 다른 진행스타일(Verse, Chorus 등)에도 입력합니다.

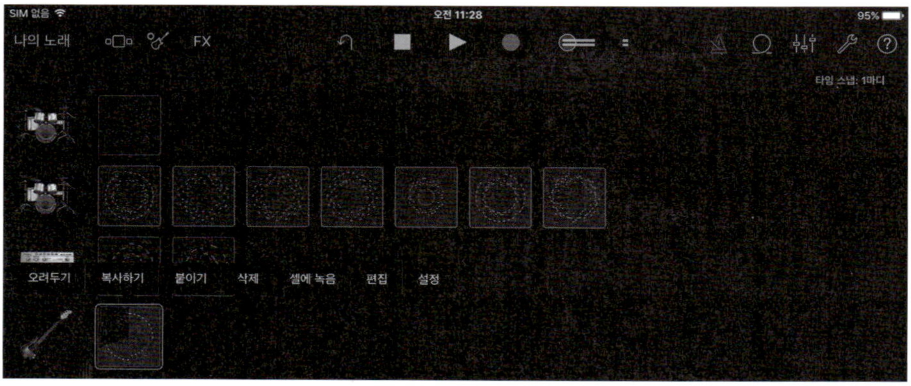

3) 일렉피아노

이제 반주를 입력할 단계입니다.

Smart Keyboard를 선택하고 난 뒤에 기본적인 Electric Piano를 선택한 뒤 sustain 값을 사용하는 것(오른쪽으로 슬라이드 합니다.)으로 하고 트레몰로, 코러스의 값은 자신의 취향에 맞게 설정합니다.

Am – Dm E – Am – Dm E

마찬가지로 위에 있는 4마디를 입력할 때 위에서 보이는 회색음역부분(베이스 부분)과 상단의 부분을 동시에 탭하여 심플하게 4마디를 입력합니다.

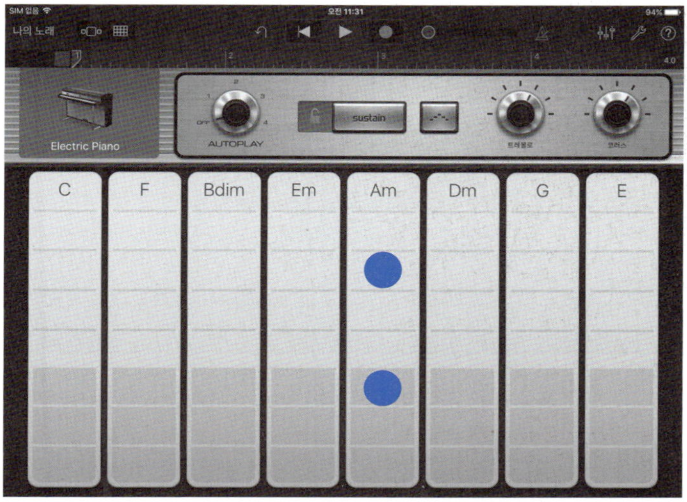

입력이 완료되고 왼쪽 위에 있는 격자를 탭하면 다시 셀편집창으로 돌아옵니다. 왼쪽 아래에 있는 셀편집기를 탭한 뒤에 나타나는 팝업메뉴에서 편집을 다시 탭합니다.

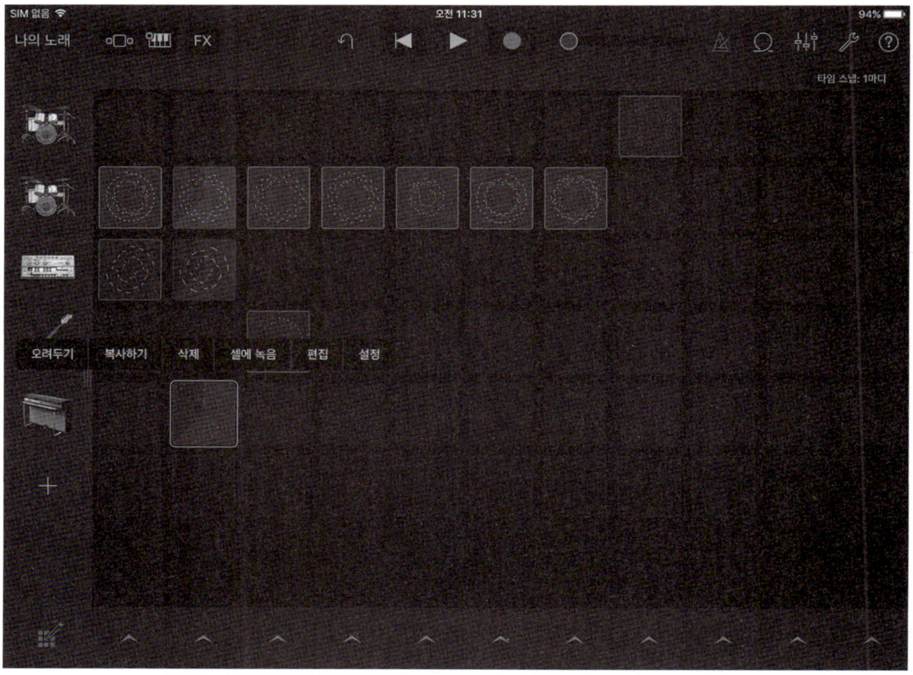

일렉트릭 피아노의 코드들이 입력되어 있는 트랙뷰가 보입니다. 해당 트랙을 탭하면 나타나는 편집을 탭하여 미디블럭들을 편집하는 모드로 들어갑니다.

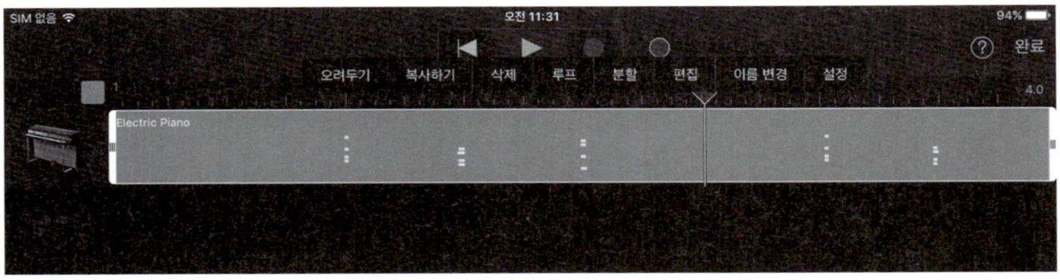

그 다음에 미디블럭들을 보다 정교하게 편집합니다.

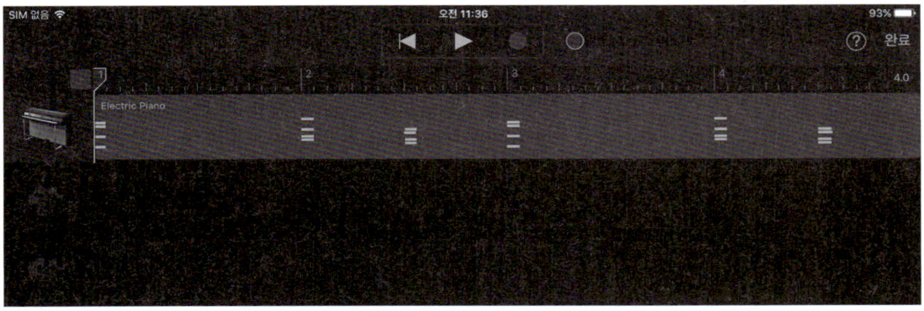

다음으로 나머지 파트들(Verse, Chorus 등)에 대해서도 각기 다른 멜로디 패턴을 입력합니다.

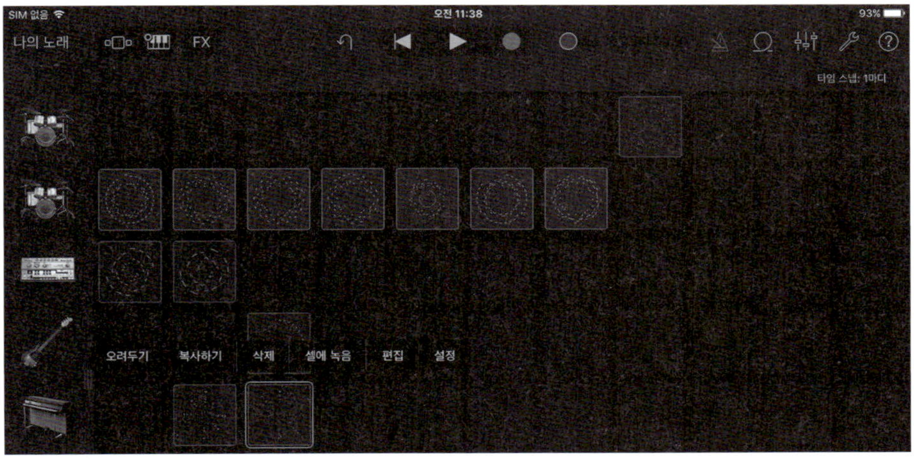

다음은 일렉트릭 피아노의 미디블럭들을 정리한 화면입니다.

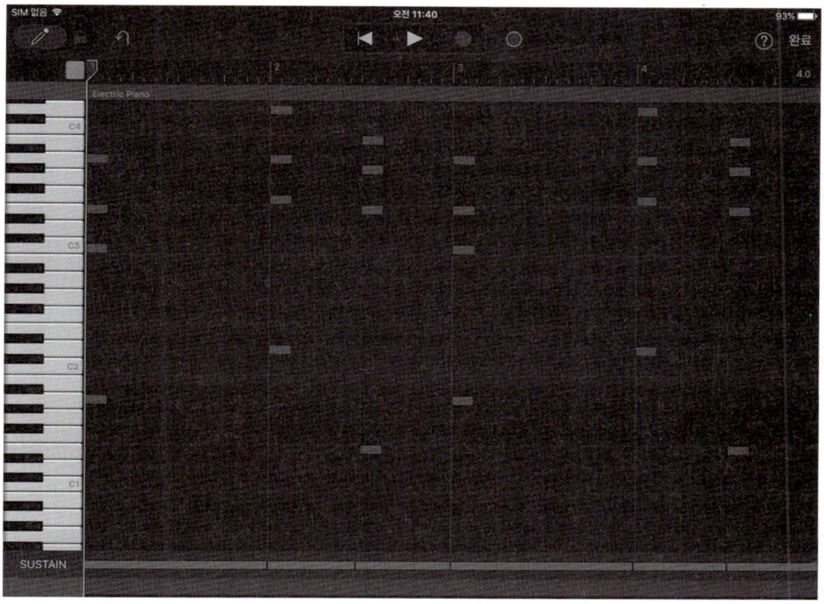

일렉트릭 피아노의 멜로디 로직은 베이스 라인을 고려하여 만들어야 하기 때문에 베이스 라인을 먼저 입력하고 난 뒤 일렉피아노의 멜로디 라인을 입력하는 순서로 만들어도 상관이 없습니다.

입력하고자 하는 베이스 셀을 선택하는 화면입니다.

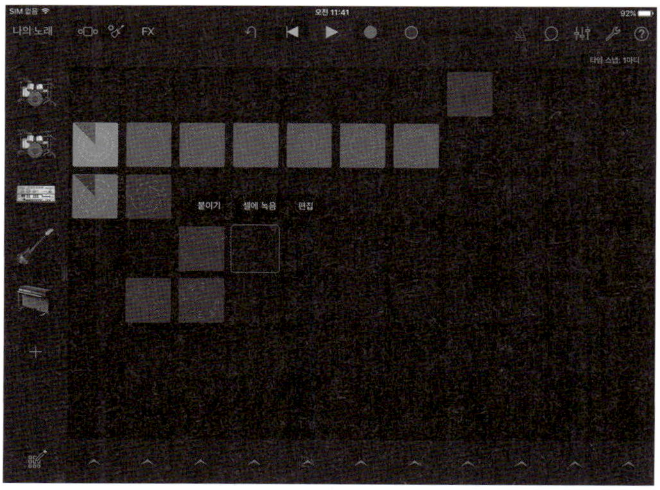

베이스의 연주스타일을 NOTES로 설정하고 자신의 취향대로 코드에 맞도록 입력합니다.

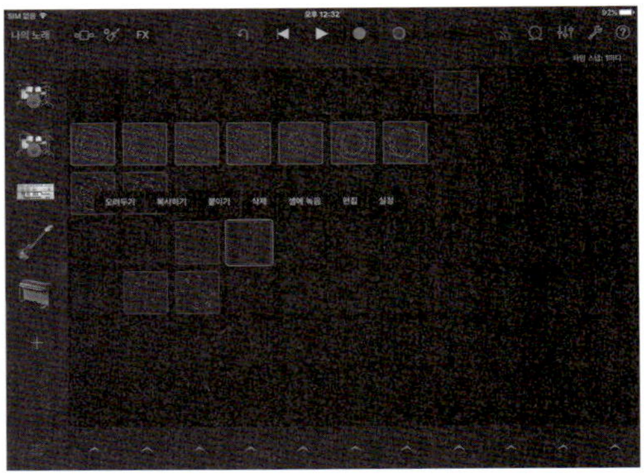

입력되어진 베이스 라인을 한 번 살펴봅시다.

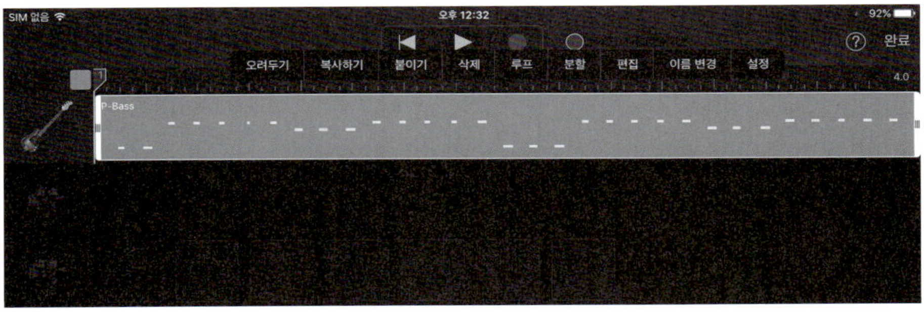

컴퓨터로 입력하는 방법은 사람이 작업하는 것이기 때문에 코드입력 내용이 흐트러져 있는 경우가 많이 있거나 사용하는 스마트기기의 성능에 따라 약간씩 밀리면서 입력이 되는 경우가 있습니다.

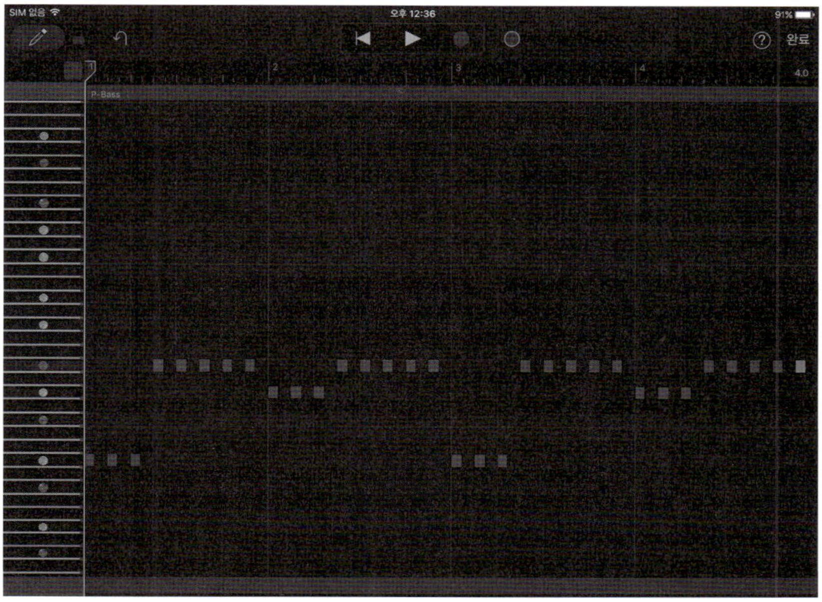

베이스 라인을 입력하기 때문에 다음으로 일렉트릭 피아노 반주패턴을 입력합니다.

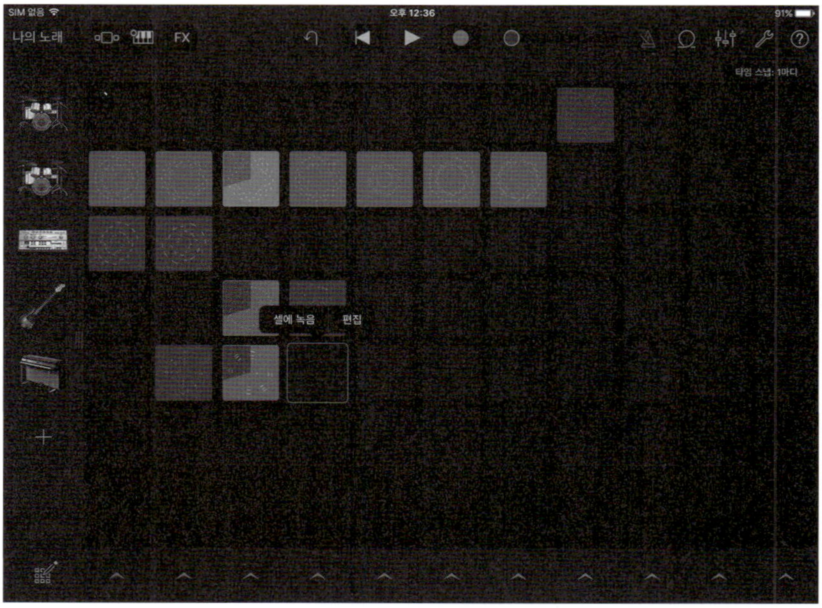

이번에는 아르페지에이터의 기능을 활용하여 옥타브를 넘나드는 효과를 넣어보겠습니다. 화면에서와 같이 아르페지에이터를 탭하여 실행을 켜줍니다.

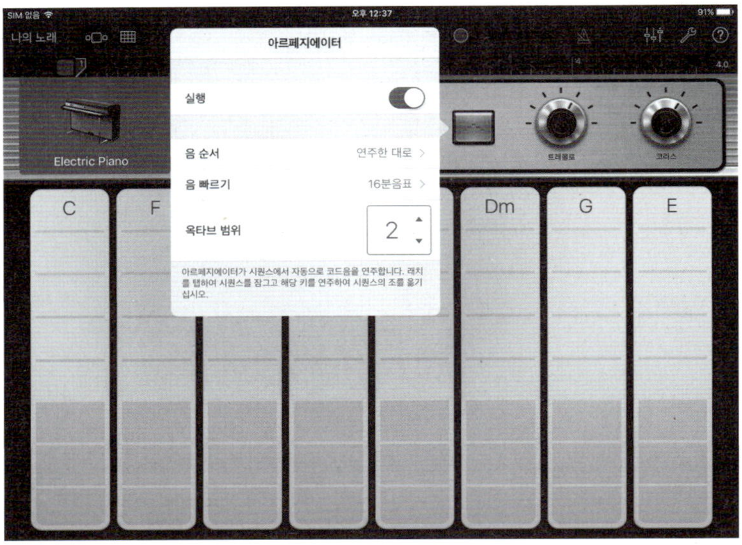

아르페지에이터가 실행된 화면에서 autoplay 값은 1로 설정하고 트레몰로와 코러스의 값도 아래의 화면을 참고하여 자신의 취향에 맞도록 설정합니다.

이제는 리듬을 타면서 코드를 입력하면 됩니다.

4) 리드 악기

새로운 악기인 Keyboard를 추가하여 Lead 탭에 있는 Warp Lead를 선택합니다. 그 다음에 다음의 멜로디 라인을 입력하여 줍니다.

악보의 내용은 다음과 같습니다. 일종의 Hook에 해당되는 멜로디입니다.

코드가 입력되어 있는 트랙의 모습은 다음과 같습니다.

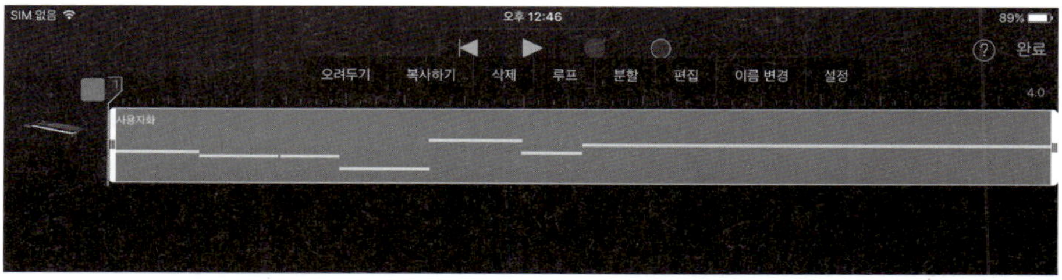

5) 록기타

사운드를 보다 강하게 만들어 주기 위해 새로운 악기인 Smart Guitar를 추가하고 Hard Rock을 선택합니다.

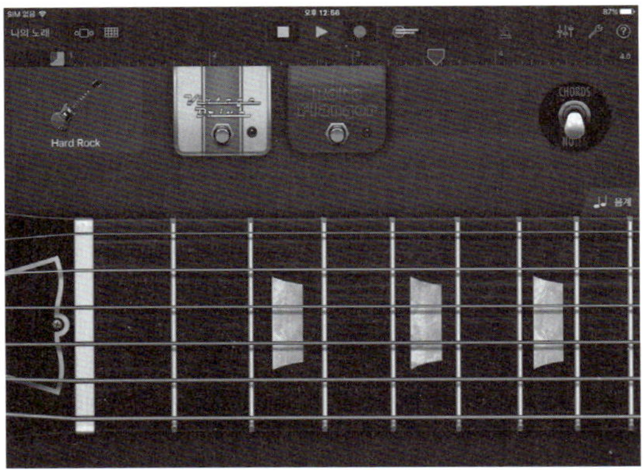

입력되어 있는 내용을 악보로 살펴보면 다음과 같습니다.

이렇게 복잡한 것을 어떻게 입력하냐구요?

걱정하지 마세요. 우리는 벌써 지난 장에서 많은 경험을 쌓아왔습니다.

다음과 같이 한땀한땀 장인정신으로 수정하여 봅시다.

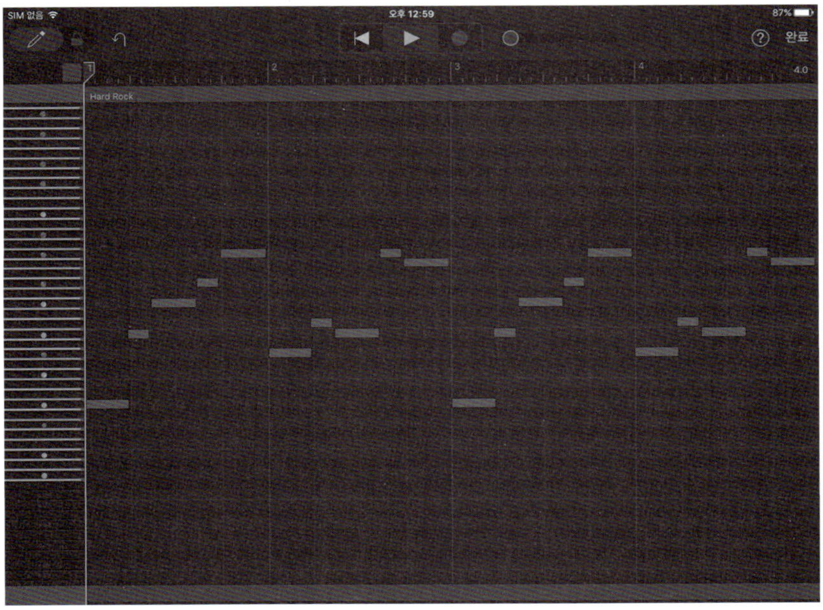

앞에서 입력된 미디블럭들을 참고하여 자신이 입력한 내용을 수정합니다. 여기서 컴퓨팅 사고 절차를 적용하면 먼저 로직들이 눈에 보일 것입니다. 즉 1마디, 2마디에 들어있는 멜로디라인의 흐름입니다. 그러면 그 다음에 패턴이 눈에 들어올 것입니다. 1-2번째 마디가 3-4번째 마디와 같은 것을 알 수 있을 것입니다. 즉 1, 2마디의 세부적인 로직을 세밀하고 수정한 다음 1-2마디 전체를 복사하여 눈금자를 3번째 마디에 위치시킨 뒤에 붙여넣기하면 되는 것입니다.

만들어진 셀을 맨 처음의 Intro에 위치시킵니다. 점점 악기들이 늘어나고 있는 중입니다. 나중에는 어떤것이 어떤 악기인지 구분할 수 없으니까 다음과 같이 악기를 탭하여 이름을 변경해 줍니다.

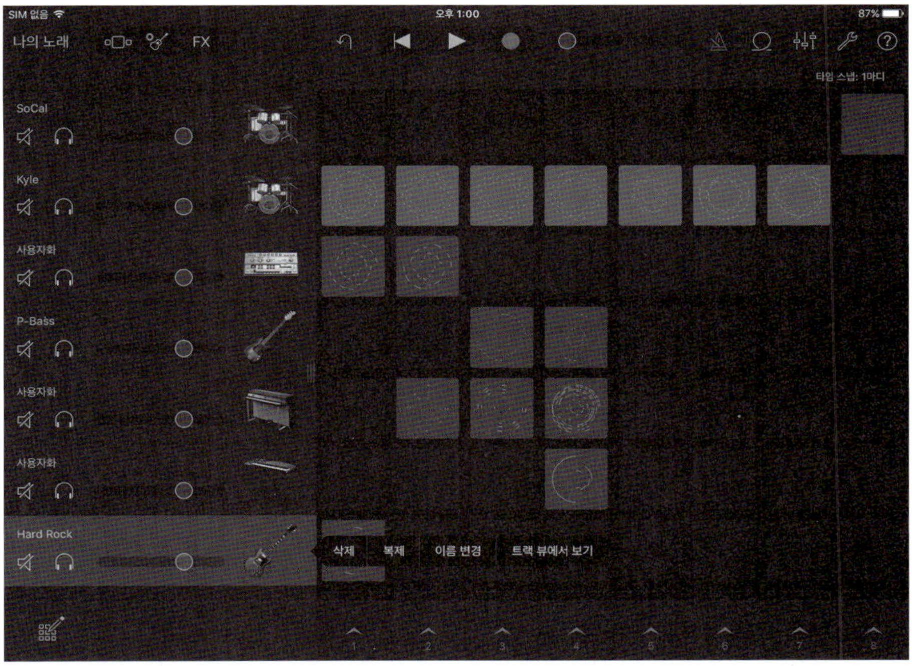

악기의 이름을 GT melody logic으로 변경합니다.

곡을 만들기 위해 처음 셋팅할 때 또는 악기를 추가할 때마다 이름을 설정해 주는 것이 더욱 편리합니다. 저는 GT melody logic으로 이름을 입력하였습니다.

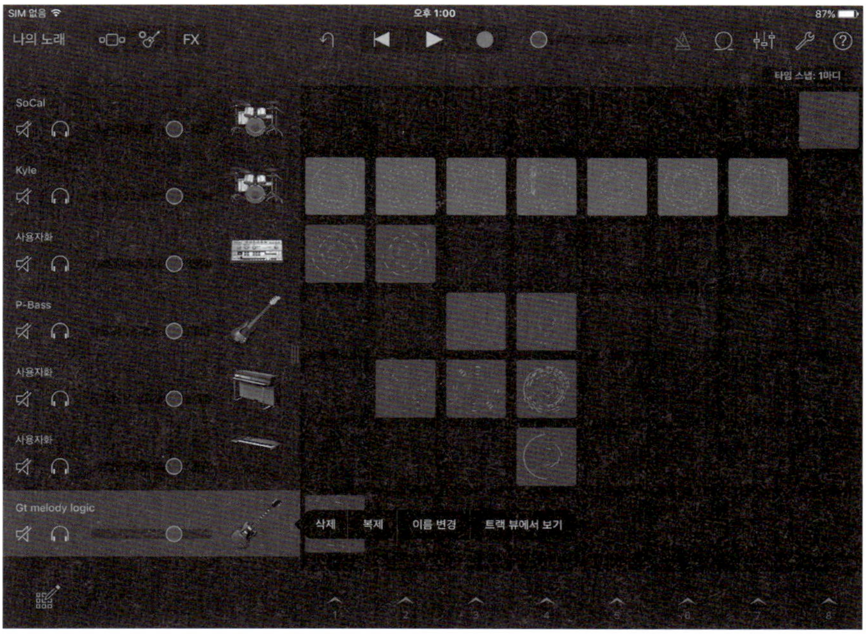

이제는 만들어진 기타를 복제하여 다음과 같이 새로운 악기를 추가합니다. 추가한 기타의

이름을 GT left로 설정합니다. 이름에서 알 수 있겠지만 기타를 하나 더 추가할 계획입니다.

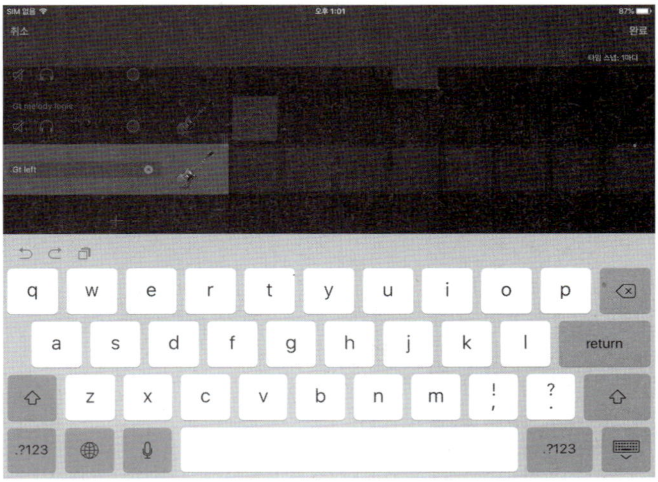

기타를 왼편에서 연주하고 있는 것처럼 하기 위해서 해당 기타의 트랙팬을 왼쪽 끝까지 조정해 줍니다.

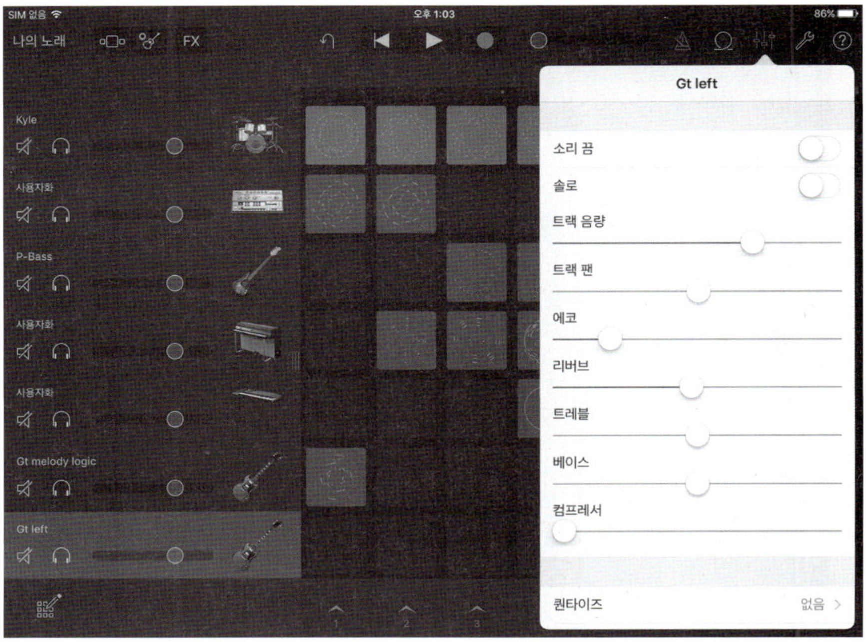

또한 GT right 기타도 하나 더 복제하여 주고 트랙 팬을 오른쪽 끝까지 슬라이드 해 줍니다.

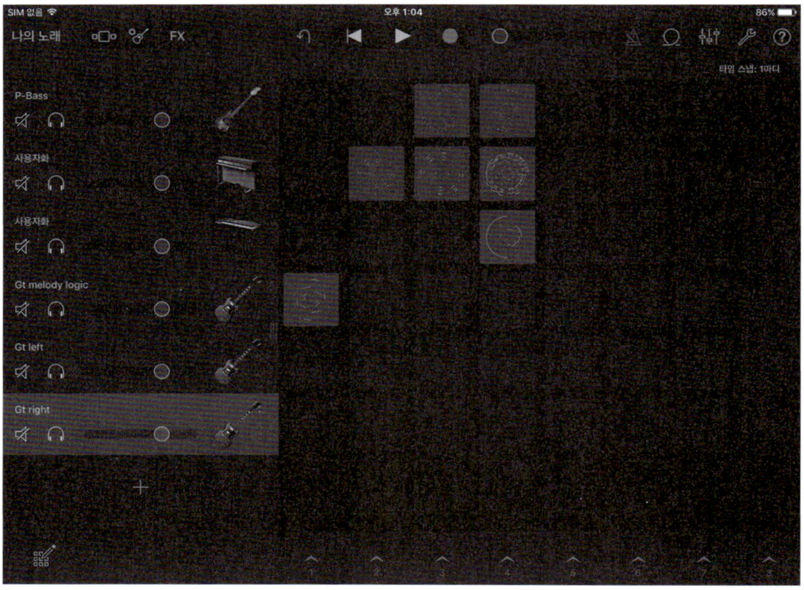

이제 본격적으로 기타의 멜로디를 입력하여 봅시다. 왼쪽 하단의 셀편집기를 선택한 다음 GT left에 있는 셀을 탭하여 셀에 녹음을 탭합니다.

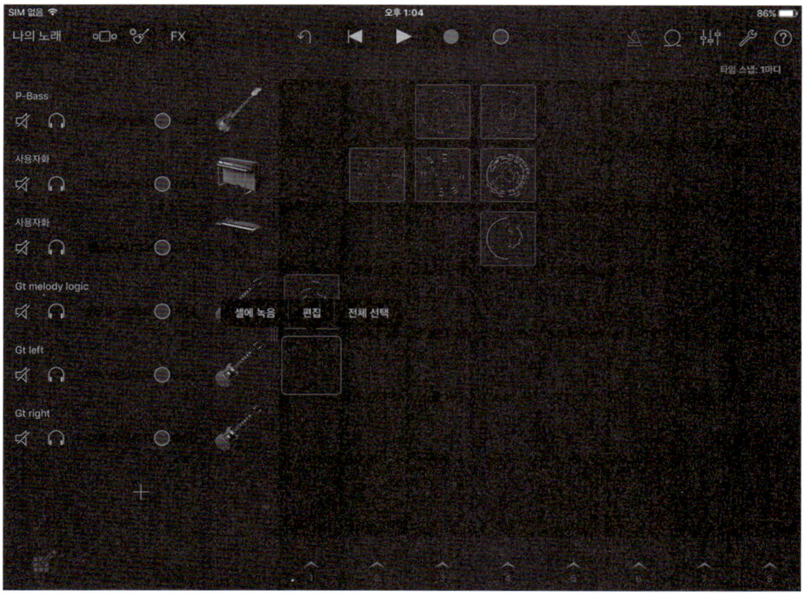

아래 화면에서 녹색(Am), 파란색(Dm), 빨간색(E/Em)에 해당합니다. 리듬에 맞게 '둥둥 둥둥' 형식으로 탭하여 입력하면 됩니다.

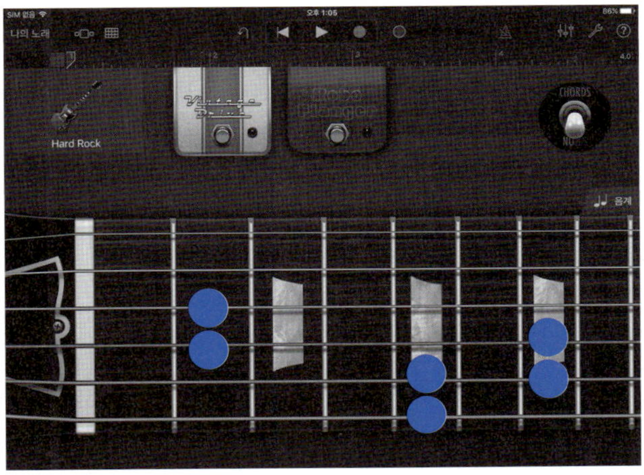

우리는 자신이 입력한 미디블럭들을 편집할 때 한땀한땀 장인정신으로 하나씩 수정하였습니다. 사실 이 방법이 가장 정확하고 감정선을 무너뜨리지 않는 범위에서 세밀한 조정이 가능하기 때문에 추천하였던 방법이었고, 보다 효율적으로 한 번에 적용하는 방법이 있습니다.

퀀타이즈를 이용하는 방법입니다.

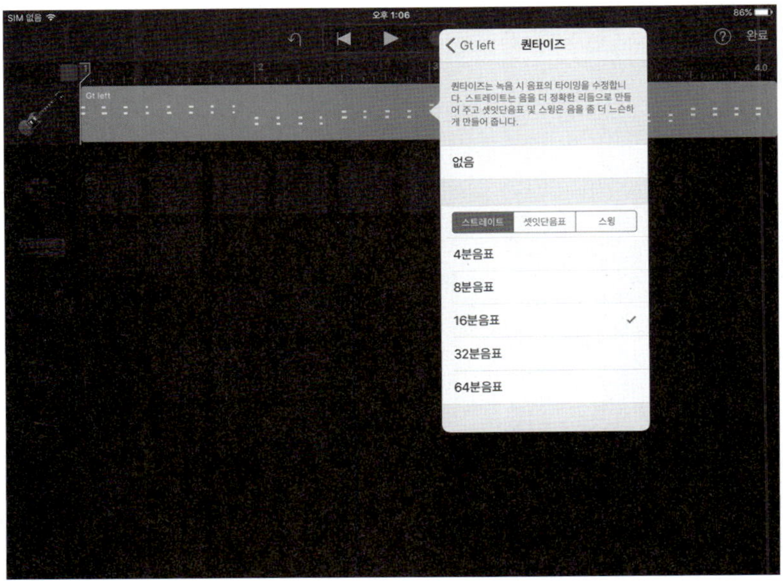

편집하고자 하는 셀을 선택한 다음 트랙뷰에서 해당되는 트랙을 선택한 뒤 설정을 탭합니다. 퀀타이즈 메뉴에서 조절하고 싶은 음표의 기준을 정해 줍니다. 예를 들어 16분음표라고 선택한 다음 다시 GT left를 탭하고 완료하면 선택되어 있는 미디블럭들이 다음과 같이 전체적으로 16분음표에 맞는 길이로 재조정된 것을 알 수 있습니다.

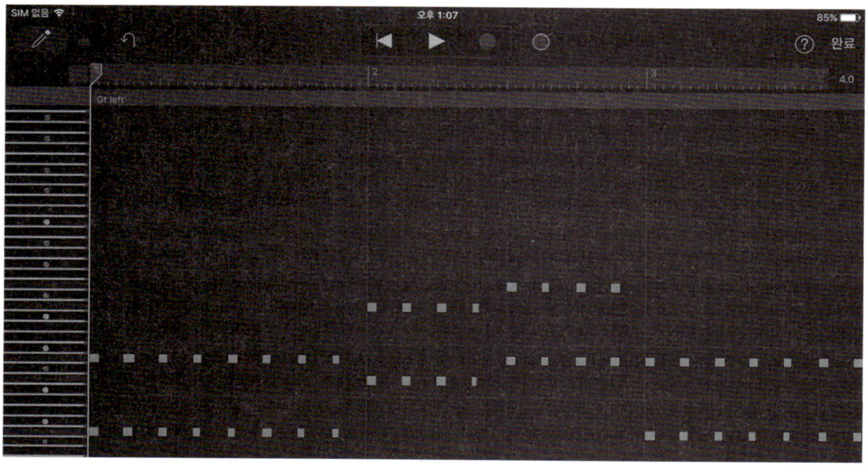

마찬가지의 멜로디를 GT right 기타에도 적용하여 새롭게 만들어 줍니다.

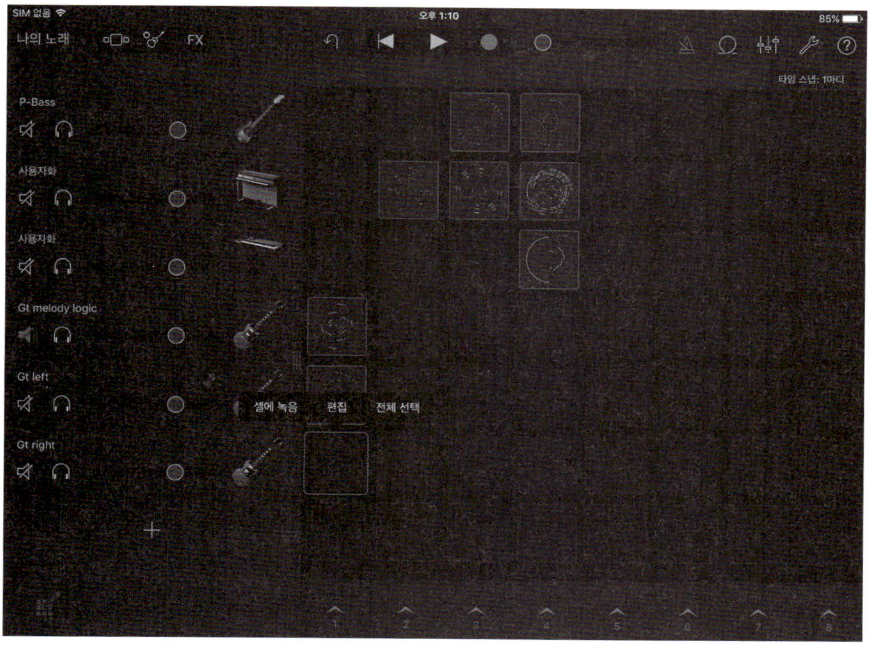

미디블럭의 편집창에서도 퀀타이즈를 적용할 수 있으므로 참고하시기 바랍니다.

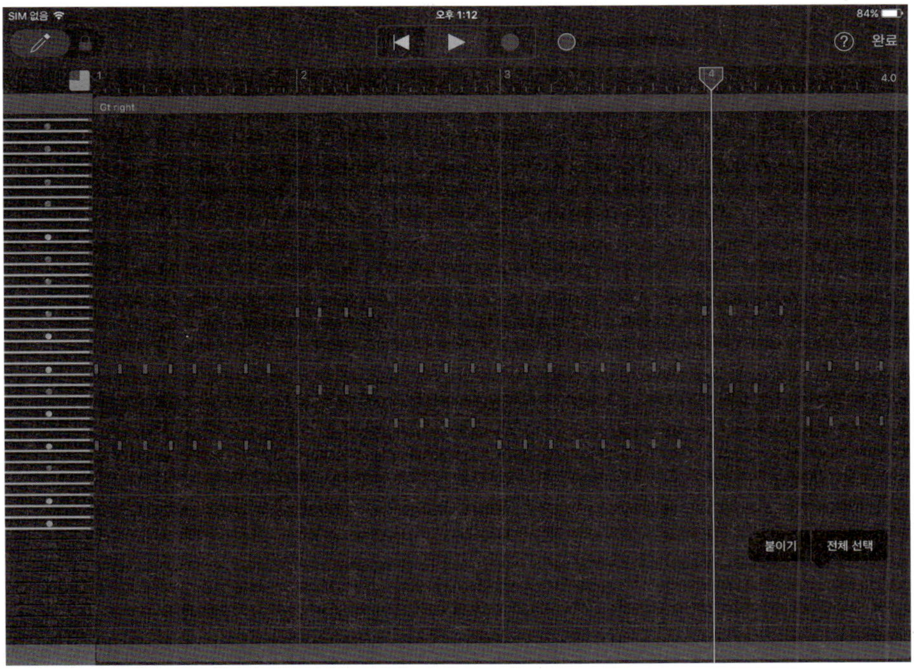

다음으로 기타의 Hook을 만들어 볼 단계입니다.

각각의 악기별로 주로 이끌어가는 멜로디 로직이 있어야 셀 중심의 Live loops을 가지고 연주할 때 듣는 사람들이 주된 멜로디를 이해하면서 감정선을 흐트러뜨리지 않고 청취할 수 있습니다.

기타악기를 하나 더 추가한 다음 다음과 같이 간단한 기타의 멜로디 로직을 만듭니다. 보다 자세한 기타 입력방법은 유튜브 채널을 참고하시기 바랍니다.

악보가 입력된 미디블럭들의 모습입니다.

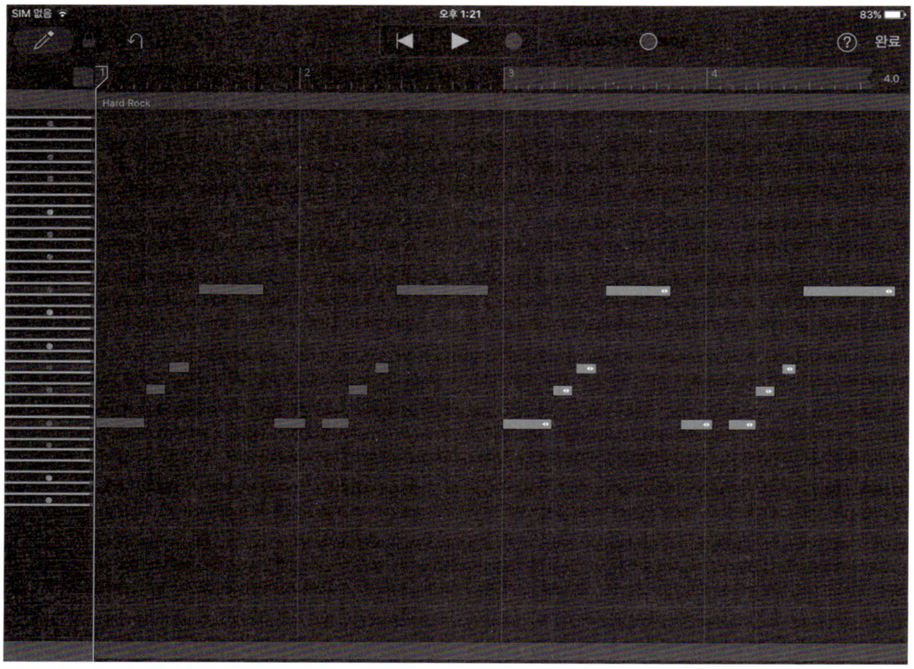

6) 루프 추가

루프는 반복되는 멜로디나 리듬을 의미하고 있으며 요리의 비빔밥으로 표현하면 참기름과 같은 존재라고 생각합니다. 우선 맨 왼쪽 하단의 + 탭하여 루프를 선택합니다. 다음의 화면과 같이 라이브러리에서 추가하고 싶은 파일을 선택하면 자동으로 재생되고 자신의 취향에 맞는 루프를 선택하여 추가하고 싶은 셀에 드래그 해 줍니다.

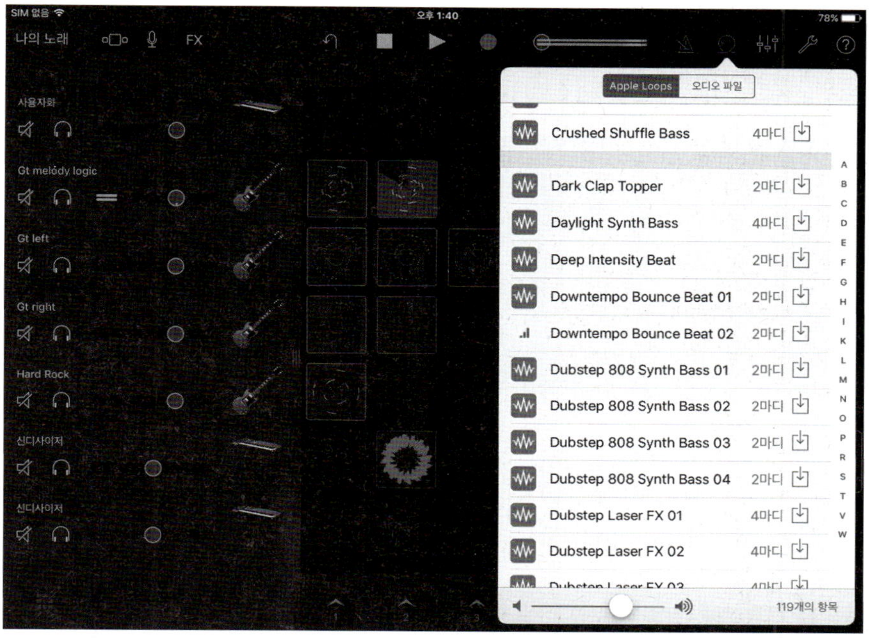

Apple Loops, 오디오 파일을 보다 편리하게 검색할 수 있는 방법은 다음과 같습니다.

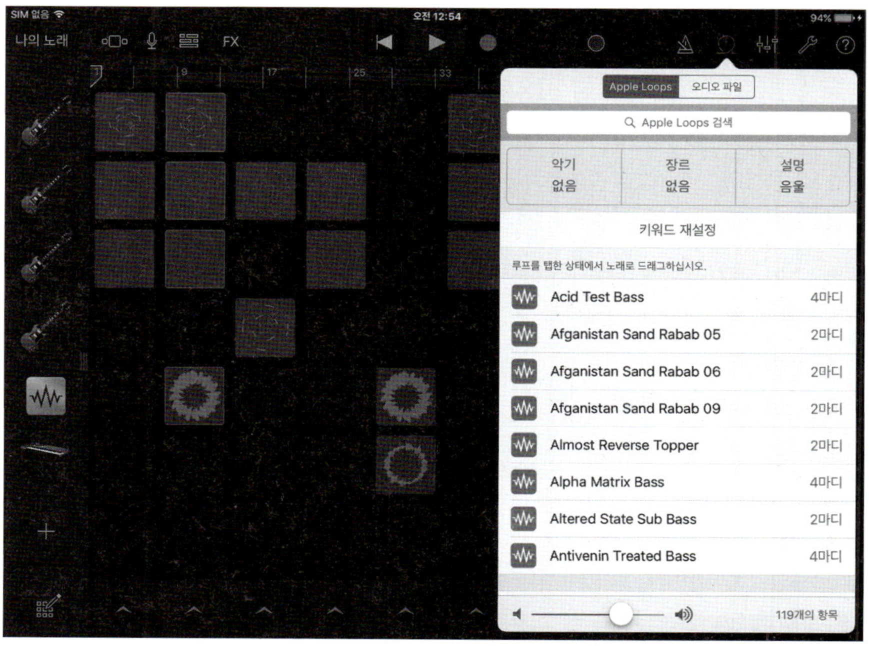

상단에 있는 검색탭에서 악기, 장르, 설명과 관련된 내용을 탭하여 검색범위를 조정하면 됩니다.

예를 들어 베이스악기에 관련된 루프 파일을 찾아보겠다고 한다면, 첫 번째 악기를 탭하여 베이스를 선택합니다.

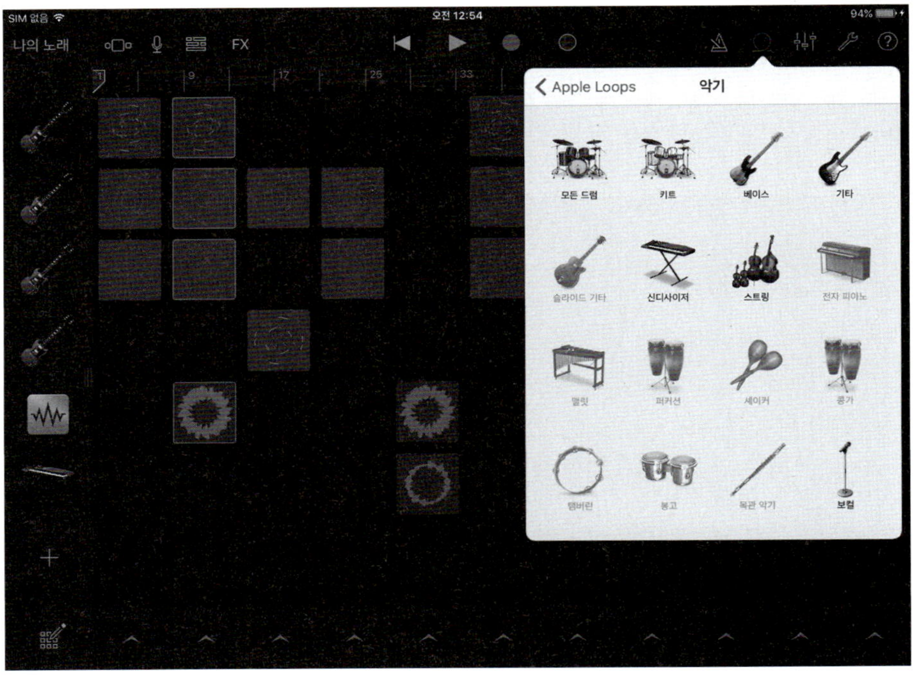

그 다음 Apple Loops를 탭하여 검색화면으로 돌아오면 베이스와 관련된 파일들이 먼저 검색되어 있을 것입니다.

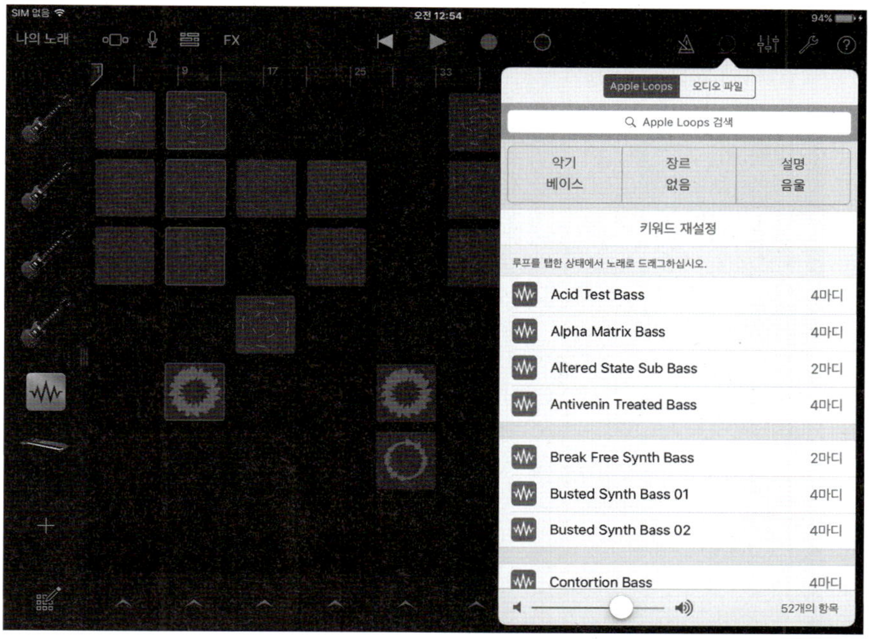

장르를 탭하여 베이스 중에서 일렉트로 하우스와 관련된 루프 파일로 검색의 범위를 좀 더 좁혀 봅니다.

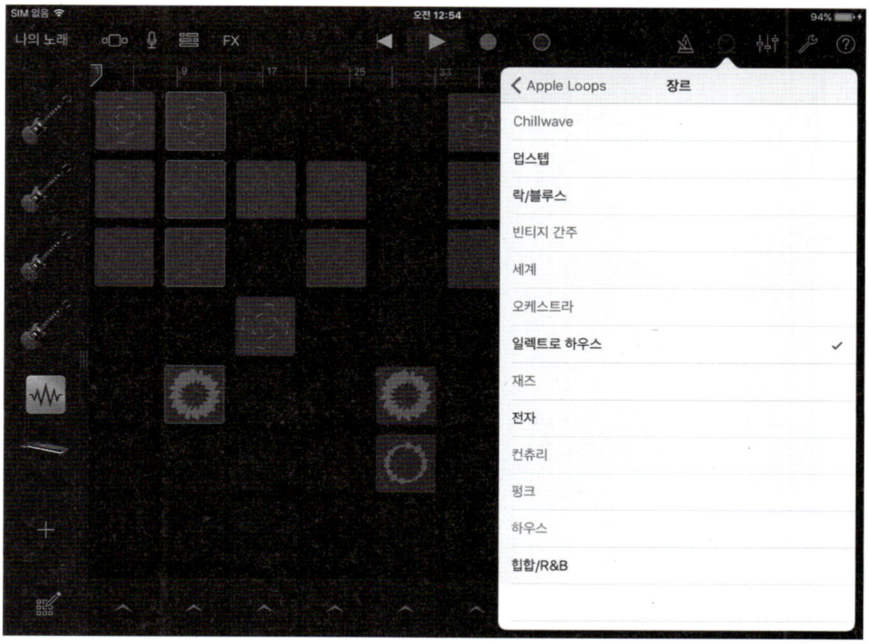

다음에 설명과 관련된 내용 중에서 음울과 규칙적 리듬을 탭하고 Apple Loops로 돌아오면 다음과 같은 검색결과가 나타납니다.

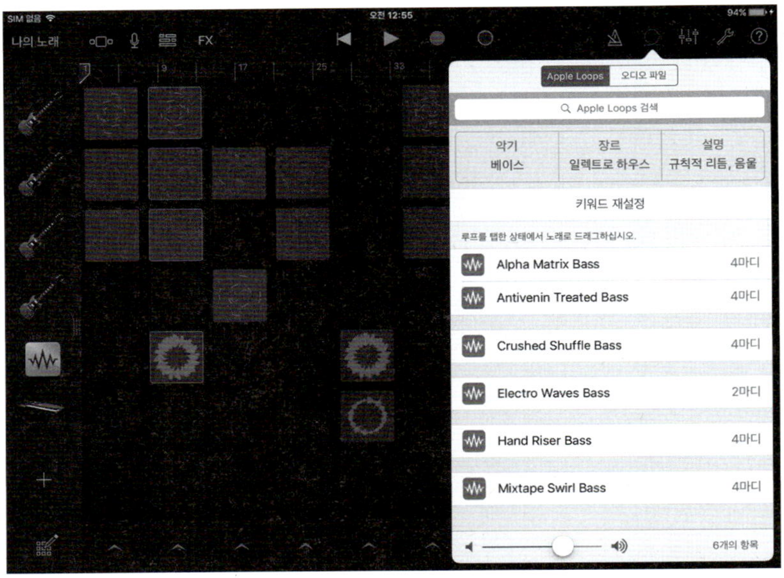

검색한 결과를 원래대로 되돌리고 싶다면 키워드 재설정을 탭하면 원래의 화면으로 돌아옵니다.

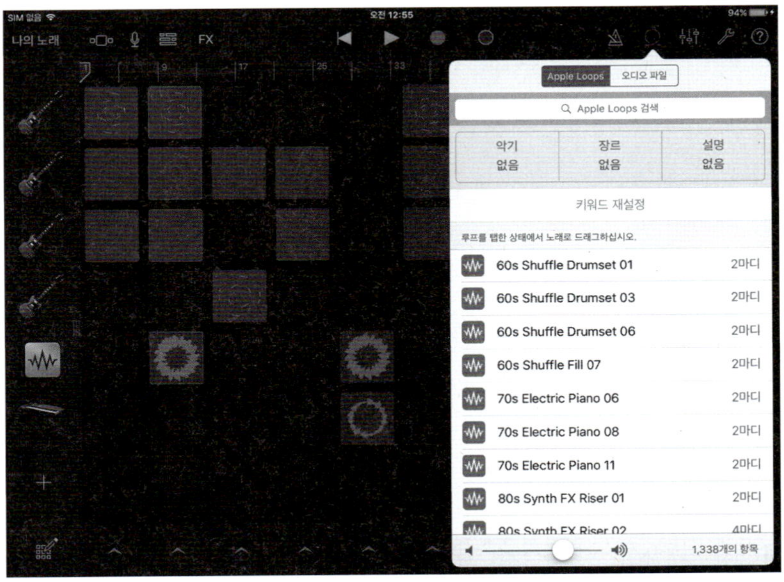

화면에서 파란색으로 표현되어 있는 셀은 오디오 파일을 의미하고 있습니다. 녹색으로 표현되는 셀은 미디파일입니다.

6.2.3 LIVE 환경설정

셀편집기를 탭한다음 편집모드에서 아래의 탭하면 해당 열 전체의 셀에 대한 연주형태를 설정할 수 있습니다.

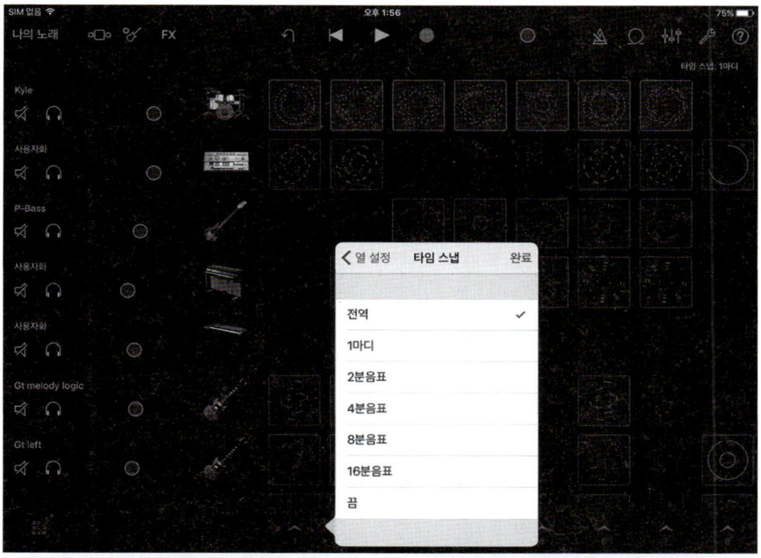

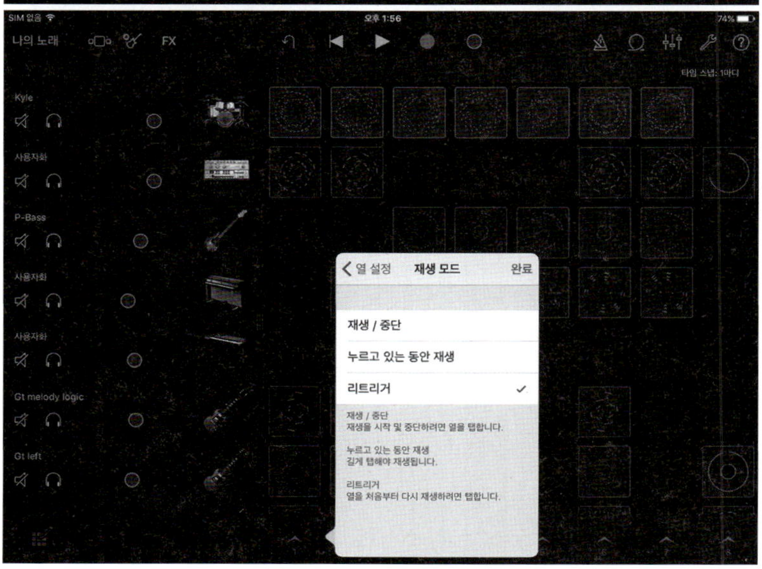

6.2.4 Remix FX

개러지밴드에서는 실제 라이브를 해야 하는 상황에서 다음과 같은 FX 설정으로 보다 다이나믹한 연주가 가능합니다. 제어바에 있는 FX를 탭합니다. 연주영역의 아래에 다음과 같은 FX 필터들이 나타납니다.

1) 필터

필터는 공명과 컷오프 옵션이 있습니다. 손가락으로 드래그하면서 사운드의 변화를 느껴볼 수 있습니다. 공명쪽으로 가까울수록 울리는 음들이 커지게 되고 컷오프로 갈수록 보다 선명하게 들립니다.

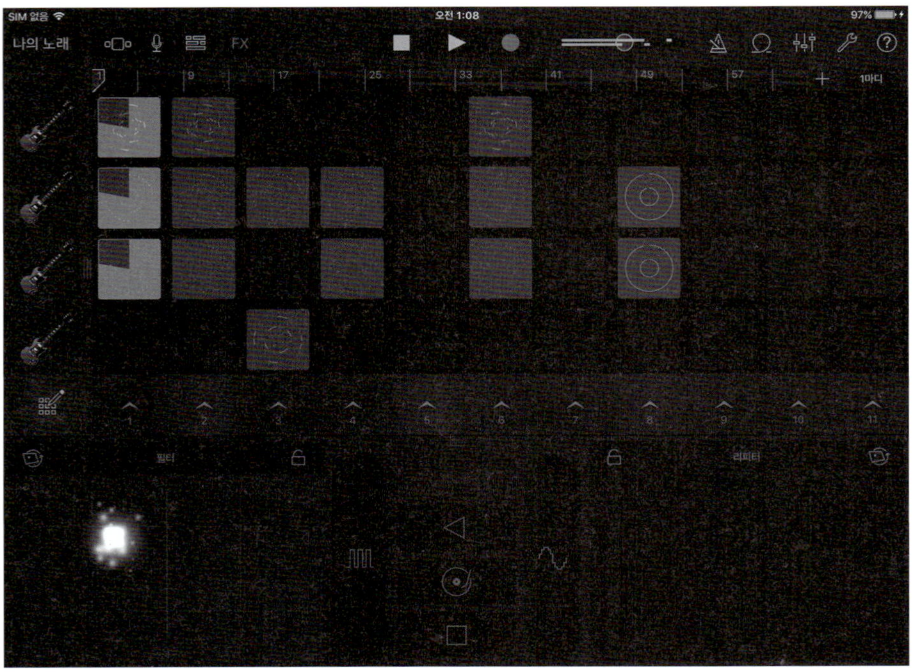

필터 왼쪽에 있는 버튼은 자이로 센서입니다. 스마트기기의 기울에 의해서 필터의 중심 포인트가 움직이게 되며 사운드를 제어하게 됩니다.

왼쪽 아래로 갈수록 둔탁하고 낮은 소리가 나게되며 오른쪽 위로 갈수록 하이톤의 사운드가 강조됩니다.

2) 기타

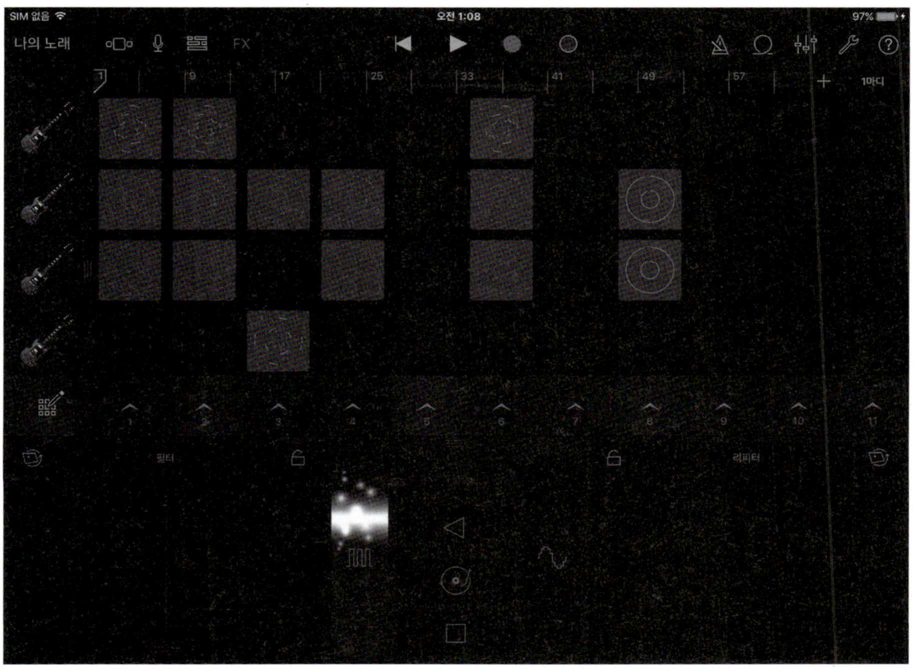

가) 역순 : 연주되는 사운드를 뒤집는 효과를 냅니다.

나) 스크래치 : LP 음반을 거꾸로 돌릴 때 나는 사운드 효과를 냅니다.

다) 테이프 중단 : 사운드 정지 효과를 나타냅니다.

이외에도 게이터 필터, 리피터 필터 등 다양한 필터들로 라이브 효과를 극대화시킬 수 있습니다.

CHAPTER

7

믹싱

이제까지 우리는 컴퓨팅 사고를 기반으로 멜로디 로직을 만들고 로직들을 연결한 패턴을 구성하여 보았습니다. 구성한 패턴을 기반으로 하나의 흐름이 되는 알고리즘이 담긴 음악을 만들었습니다. 대표적인 형식인 록, 동요 등의 장르를 활용하여 만든 곡의 내용을 적용시켜 보았습니다.

곡을 만드는데 있어서 중요한 것은 무엇일까요?

물론 좋은 로직과 패턴, 알고리즘을 연결한 곡의 흐름과 구성도 중요할 것입니다. 음악은 사운드를 들려주는 것이기 때문에 무엇보다 각각의 트랙속에 있는 음악적인 소스들이 잘 어우러져서 아름답게 나와야 하는 것입니다. 마치 비빔밥에 비유하자면 너무 나물만 많이 들어가서도 안되고 그렇다고 밥의 양이 너무 많아도 식감에 영향을 줄 것입니다.

고추장과 참기름의 소스의 양은 얼마나 되는지 등등 비빔밥의 맛을 좌우하는 것은 이것 말고도 여러 가지 요소들이 있을 것입니다. 마찬가지로 음악에 있어서도 각각의 트랙별로 만들어 놓은 사운드 소스들을 어떻게 믹싱하느냐에 따라서 음악 사운드의 질적인 차이가 발생할 것입니다.

이번 장에서는 5장에서 만들어 본 록 레시피 곡을 활용하여 보다 아름답고 조화로운 사운드를 만들어서 여러분이 만든 사운드의 질적인 수준을 한 번 높여 보려고 합니다. iOS용 개러지밴드에서는 믹싱과 마스터링에 대한 다양한 기능을 제공하고 있지는 않지만 기본 오디오에 대한 처리, 이퀄라이저 등의 기능을 활용하여 여러분의 음악을 보다 빛나게 해 줄 수 있습니다.

7.1 편곡을 위한 환경설정

7.1.1 트랙별 재배치

5장에서 만든 록 레시피를 개러지밴드에서 불러와 봅시다.

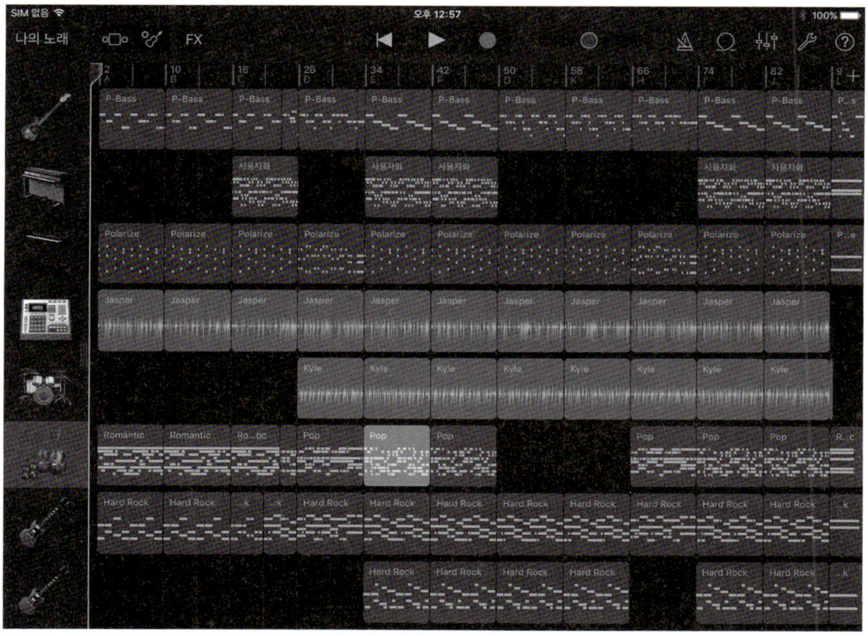

왼쪽에 있는 슬라이드 바를 오른쪽으로 쓸어넘기면 각 악기별로 볼륨 등을 조절할 수 있는 트랙 제어기가 나타납니다.

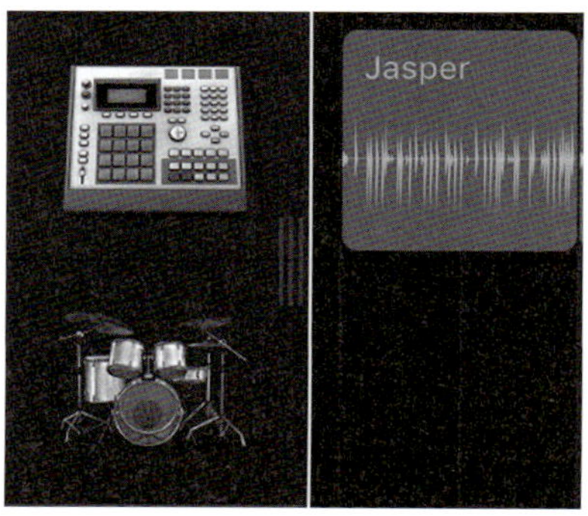

편집을 편리하게 하기 위해서 각각의 악기별로 이름을 설정해 줍니다. 악기 아이콘을 탭하면 팝업메뉴가 나타납니다.

팝업메뉴에서 나타나는 악기의 이름을 다음과 같이 변경합니다. 여러분의 이해를 돕기 위해서 원래 악기 이름을 그대로 두었습니다. 예를 들어 베이스 악기인 P-bass는 이름을 '베이스 P-bass'로 변경하였습니다.

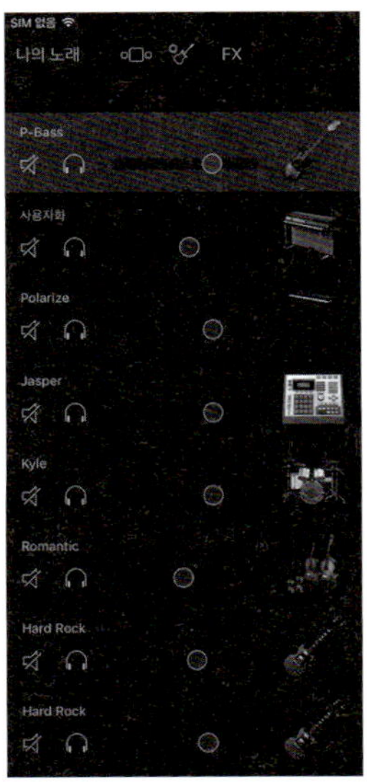

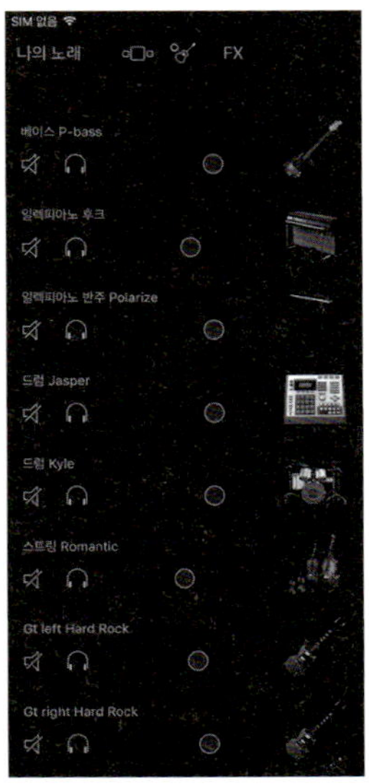

다음으로 악기의 순서를 드럼 > 베이스 > 멜로디 악기(피아노, 신디사이저) > 기타 > 보컬 순으로 정리합니다. 정리하려고 하는 악기를 손가락으로 탭하고 있으면 옮길 수 있도록 해당 트랙 전체가 플로팅됩니다. 배치하고 싶은 순서대로 옮깁니다.

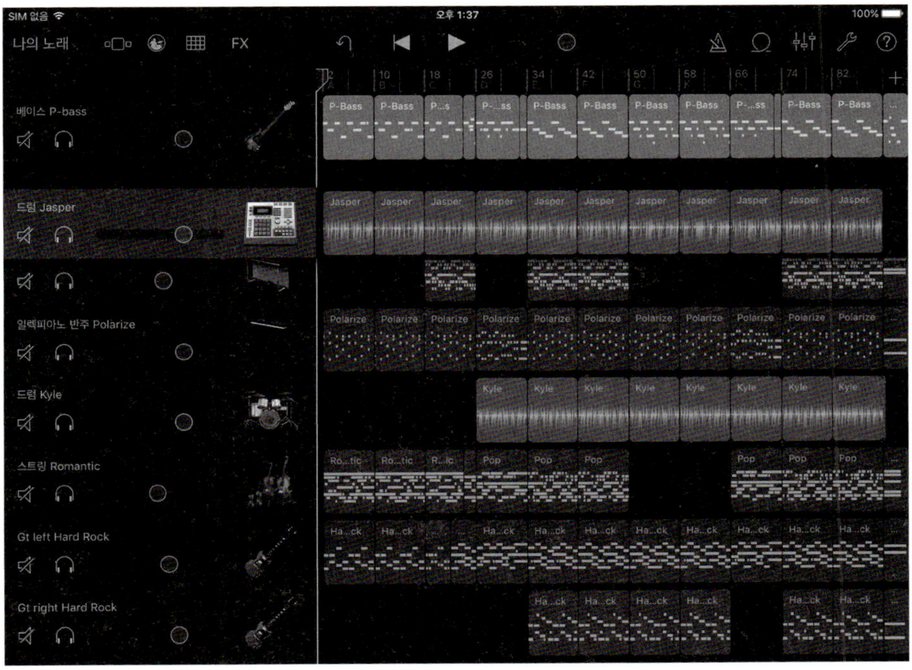

드럼 Jasper > 드럼 Kyle > 베이스 P-bass > 일렉피아노 후크 > 일렉피아노 반주 Polarize > 스트링 Romantic > GT left Hard Rock > GT right Hard Rock > GT Solo Hard Rock > 보컬 Clarinet 순서로 배치하였습니다.

7.1.2 트랙제어기 사용하기

트랙제어기는 각각의 트랙에 있는 악기의 음량을 조절하거나 끄거나 솔로로 처리할 수 있는 제어기가 있습니다.

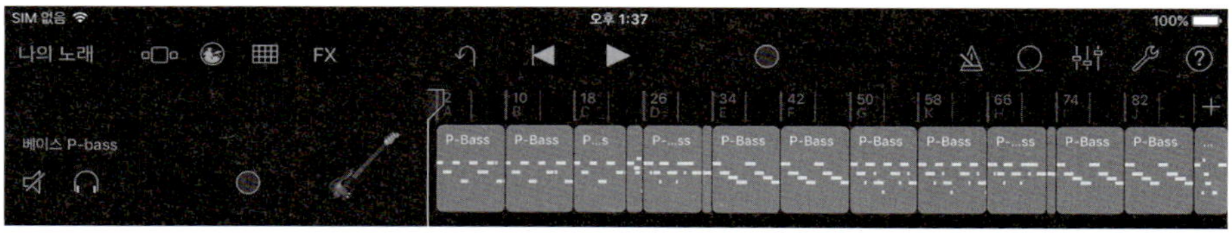

1) 트랙 음량 조절하기

트랙에 있는 사운드의 볼륨을 높이려면 오른쪽으로 드래그하고 낮추려면 왼쪽으로 드래그하면 됩니다. 만약 음량을 설정값(0dB)로 재설정하려면 음량 슬라이더를 이중탭(탭-탭)하면 됩니다.

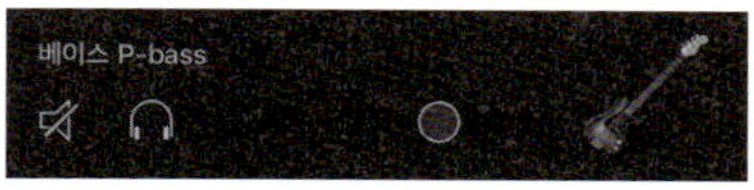

각각의 트랙별 악기의 음량을 재설정하기 위해서 트랙별 음량 전체를 다음과 같이 재설정하기 바랍니다.

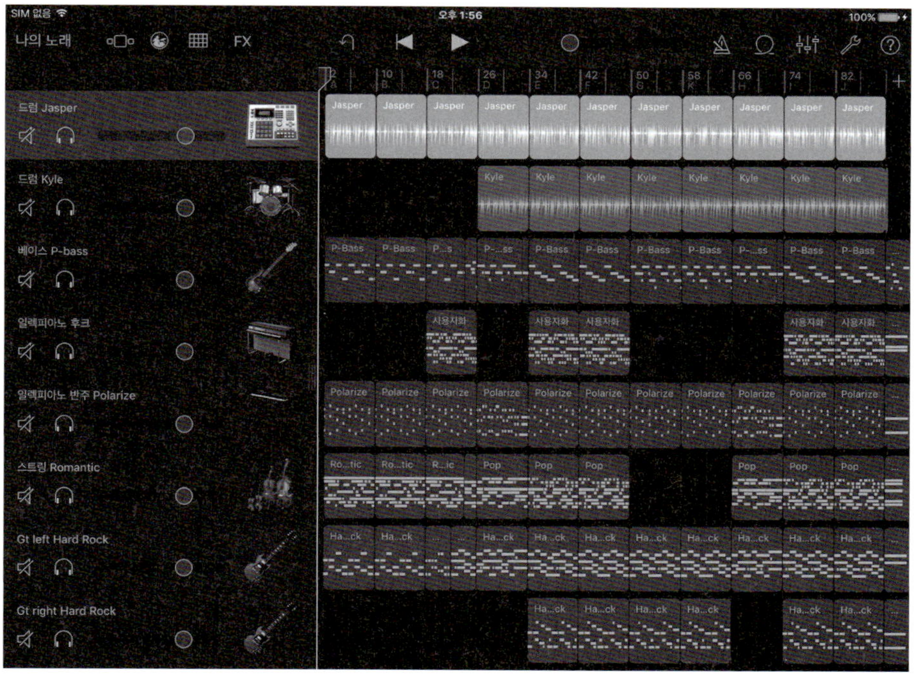

2) 트랙 소리 끔

각 트랙별 사운드 재생 소리를 끄려면 해당하는 트랙의 소리끔 아이콘을 탭하면 소리를 끌 수있습니다. 소리가 꺼진 트랙은 소리끔 아이콘이 파란색으로 변경됩니다. 또한 다중 트랙을 한 번에 소리를 끄게 하고 싶다면 손가락으로 탭하여 드래그하면 아래의 베이스, 일렉피아노 악기와 같이 드래그 한 영역에 해당되는 악기의 소리가 꺼지게 됩니다. 소리가 꺼진 트랙은 트랙별로 회색으로 처리되어 사운드가 재생되지 않는다는 것을 보여주고 있습니다.

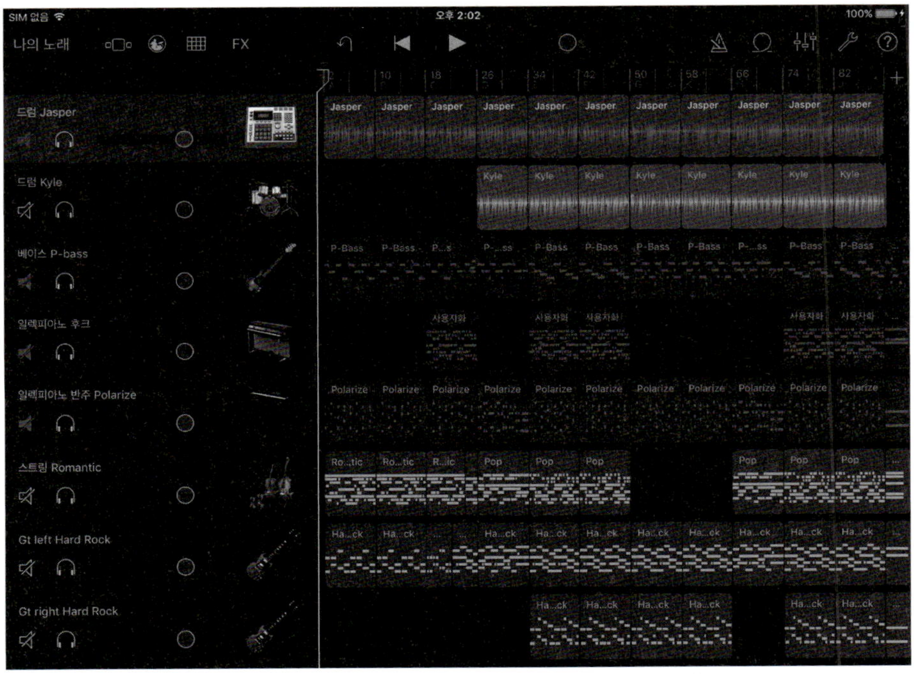

3) 트랙 솔로 재생

사운드의 조절을 위해 선택한 트랙만 연주하게 하고 싶다면 솔로 아이콘을 탭하면 됩니다. 물론 다른 트랙들의 아이콘을 탭하면 기존에 솔로 연주하는 부분과 동시에 연주가 됩니다.

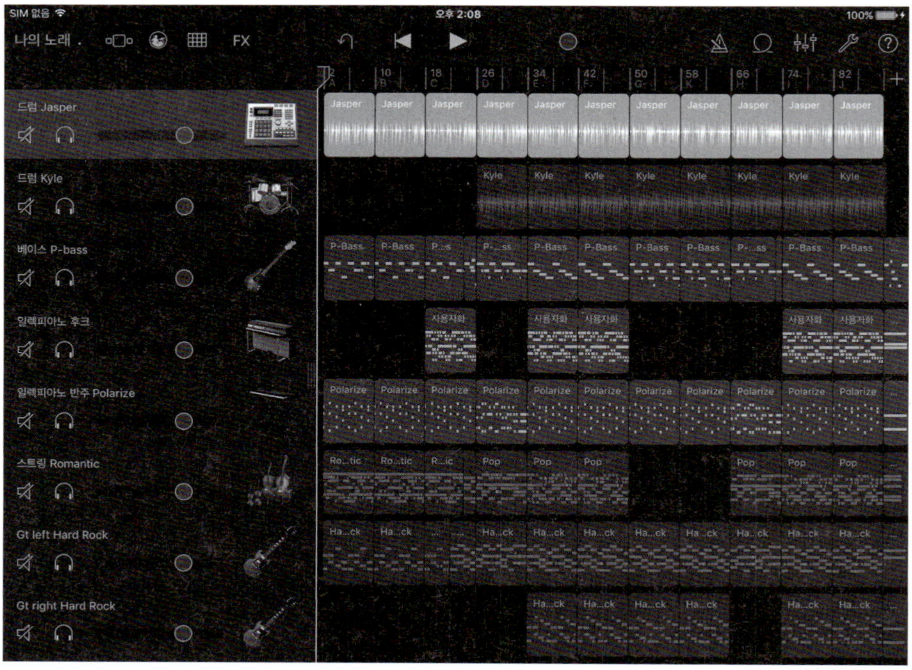

7.1.3 믹서제어기 사용하기

트랙별로 믹서제어기를 열어 녹음되어 있는 사운드의 세부적인 음색들을 변화시킬 수 있는 방법에 대해서 알아봅시다.

■ 믹서 제어기 열기

화면 오른쪽에 있는 믹서제어기 아이콘을 탭하여 엽니다.

1) 트랙 소리끔

트랙제어기에 있는 소리끔 기능과 같으며 소리끔 슬라이더를 오른쪽으로 쓸어넘기면 선택한 트랙에 대해서 소리가 나지 않습니다.

2) 트랙 솔로

트랙 솔로는 왼쪽에 있는 솔로 아이콘과 동일하며 선택된 트랙에 대한 솔로연주가 가능합

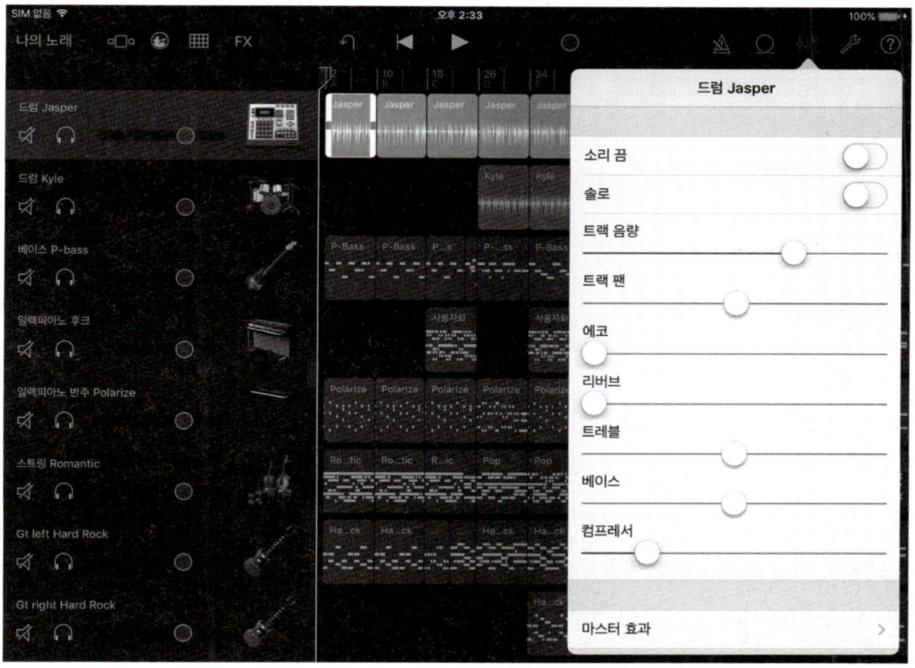

니다.

3) 트랙 음량 및 팬위치 조절

트랙의 음량은 슬라이더 바를 좌우로 쓸어넘겨서 사운드의 크기를 조절할 수 있습니다. 일반적으로 사운드의 소리가 크면 사람들은 가깝게 들리고 사운드의 크기가 작으면 멀리서 들리는 듯한 느낌을 받습니다. 사운드의 크기가 곧 공간감을 만드는 것입니다.

트랙팬의 경우 사운드가 재생되는 좌우의 위치를 의미합니다.

트랙 음량과 팬위치를 기본 설정상태로 만들고 싶으면 슬라이더 막대를 이중탭(탭-탭)하면 기본 위치에 오게 됩니다.

4) 트랙 또는 마스터 에코 및 리버브 효과

에코와 리버브는 사운드에 공간감과 거리감을 느낄 수 있게 하는 효과입니다.

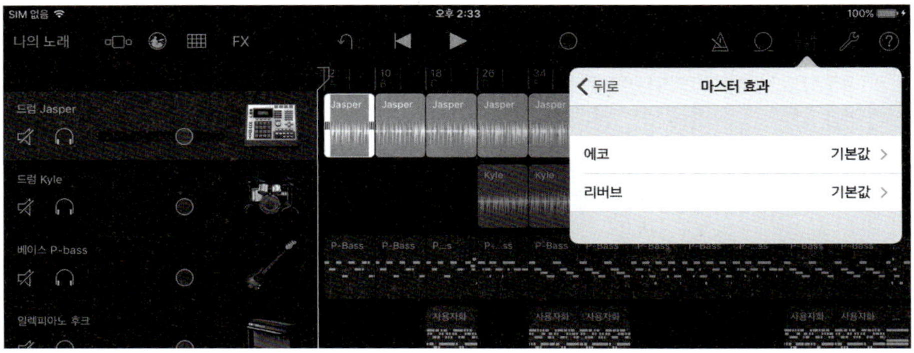

■ 에코

에코효과는 사운드가 나중에 반복적으로 재생되게 하는 효과로 보다 큰 공간에서 사운드가 발생하는 느낌을 생성합니다. 에코의 양을 점점 늘려가면서 직접 들어보면 훨씬 쉽게 이해할 수 있습니다. 다양한 프리셋들이 준비되어 있으니 들어보면서 트랙에 맞는 효과를 적용하면 됩니다.

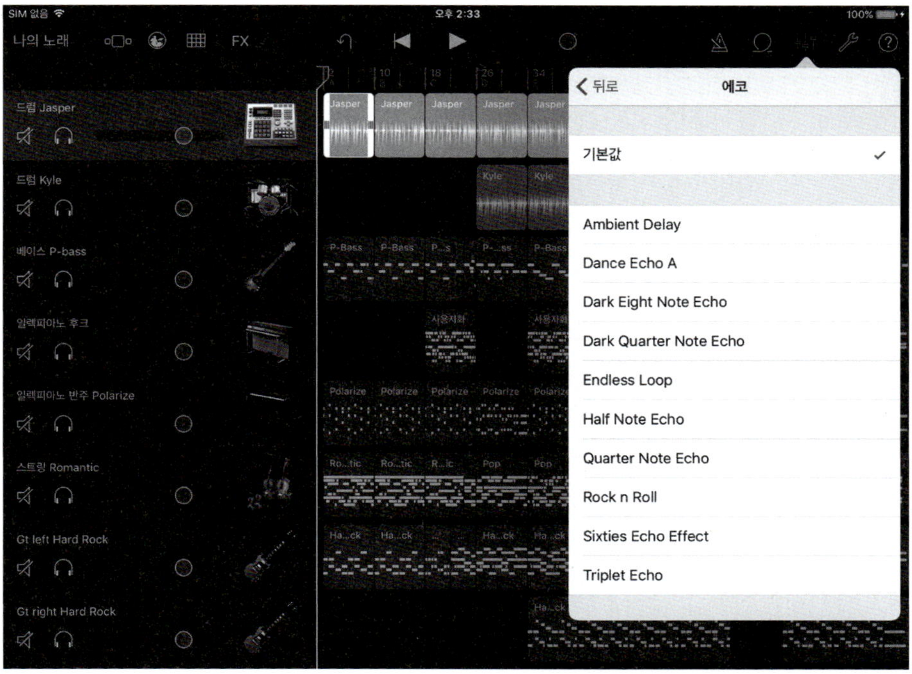

■ 리버브

리버브는 공간감을 더해주는 효과로 사운드의 잔향을 이용하여 다양한 공간에서 연주하는 듯한 느낌을 살려주는 이펙터입니다. 아래와 같이 다양한 프리셋이 있으나 트랙에 맞는 효과를 적용하면 됩니다.

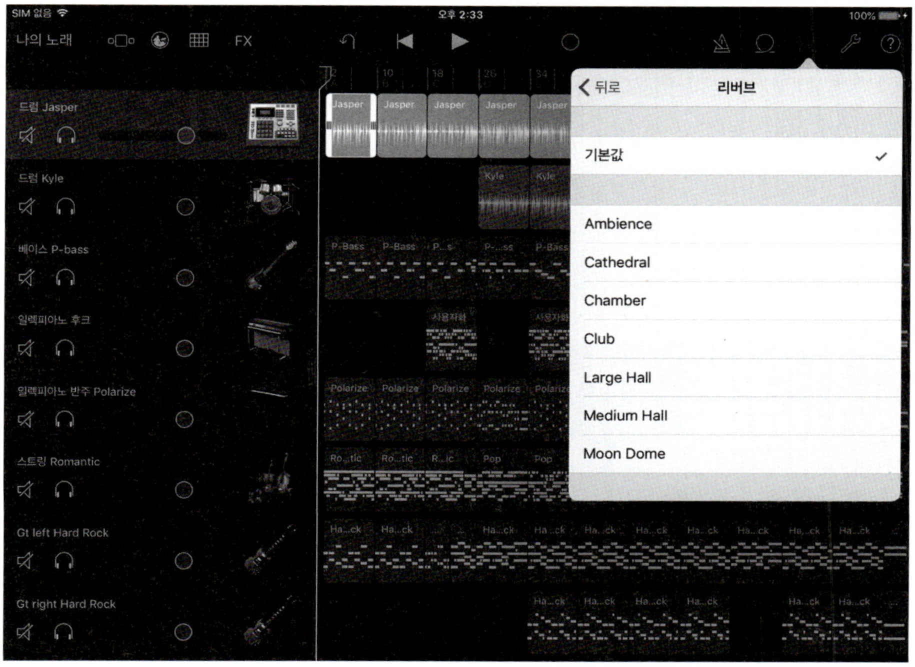

5) 트랙 압축(컴프레서)

컴프레서는 음을 눌러준다는 표현이 적합하겠습니다. 음량의 변화를 주어 보다 다양한 음색을 만들어 내는 것입니다. 트랙에 컴프레서를 걸어서 직접 들어보시길 바랍니다.

6) 트랙 트레블 및 베이스 레벨

트랙 트레블은 높은 음역대를 부스트시켜 보다 선명한 사운드를 만들때 사용하는 것이며 베이스 레벨을 높여주면 상대적으로 저음의 영역대가 부스트됩니다. 무엇보다 중요한 것은 사운드가 커진다는 것은 보다 가까이 들린다는 것을 의미하며, 작아진다는 것은 보다 멀리

들린다는 것을 의미하므로 이 부분에 대한 이해가 필요합니다.

7) 트랙 영역 퀀타이즈

퀀타이즈는 양자화라고도 하며 미디악기를 선택하였을 때 해당 메뉴가 활성화 됩니다. 사용자가 입력한 미디노트들은 사람이 입력하는 것으로 재생헤드가 가리키는 정확한 시점에 입력하는 것이 어렵습니다. 물론 마디마디에 딱딱 들어맞는 미디노트가 입력되었다 할지라도 해당 사운드를 듣는 사람의 입장에서는 사운드가 너무 건조하고 딱딱하게 들리는 경우가 많이 있습니다. 반면 입력되는 미니노트가 입력되어야 할 자리에서 너무 벗어나게 되면 리듬과 박자에 맞지 않은 어색한 음들이 나오게 마련입니다.

퀀타이즈는 이러한 것들을 한 번에 조절하기 위한 기능으로 다음과 같은 음의 길이를 기준으로 조정할 수 있습니다.

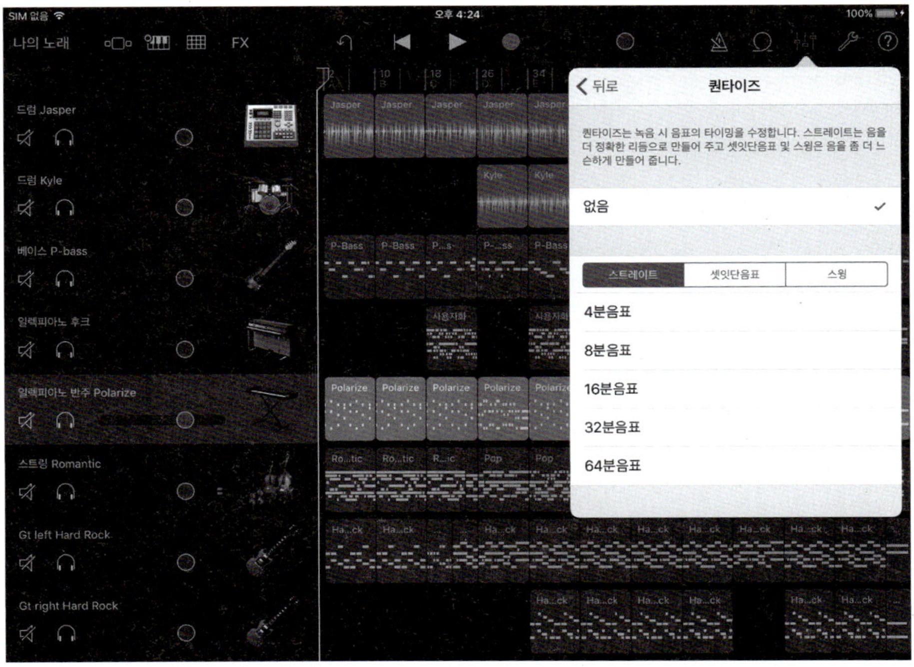

8) 트랙 영역 조변경

입력한 미디노트들의 Key(조)를 옮겨야 할 필요성이 있다면 다음과 같이 한 번에 조를 옮길 수 있습니다. 옮기고 싶은 트랙을 선택하고 옥타브, 반음 단위로 옮길 수 있습니다.

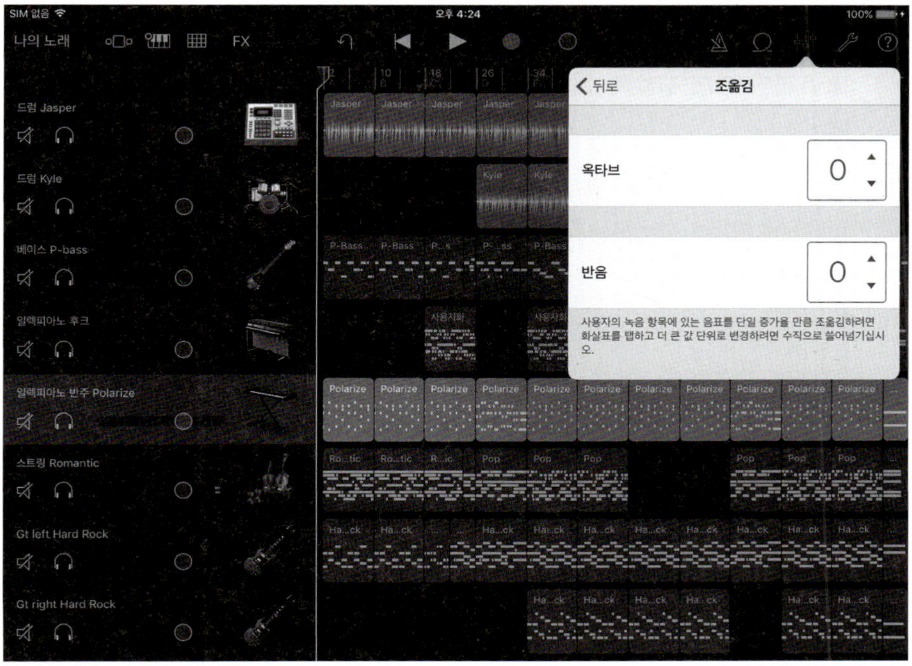

9) 트랙 녹음 병합

트랙 녹음병합 옵션은 한 번에 모든 미디노트를 녹음하지 못하는 경우 선택한 섹션에서 여러 번 녹음을 할 경우에 사용할 수 있는 옵션입니다. 기본적으로 드럼의 경우 킥-스네어-하이햇, 심벌과 같이 여러 개의 악기의 사운드를 병합하여 녹음할 때 사용합니다. 물론 키보드도 스마트기기의 화면크기의 한계로 인하여 보다 폭넓은 사운드에 대한 녹음이 필요할 때 사용하는 방법이기도 합니다.

7.2 사운드 믹싱

사운드(음원)는 어떤 식으로 듣게 될까요?

이어폰이나 거실의 스피커, 매장에서 흘러나오는 스피커, 음식점에서 흘러나오는 사운드 등등 여러가지 환경에서 사운드가 연주되고 있습니다. 그만큼 사용자가 듣게 되는 환경이 다양하다는 뜻이며 반대로 생각하면 만들어야 하는 사운드는 그러한 다양한 환경에서도 거의 같은 수준의 사운드를 들려줄 수 있도록 만들어야 한다는 의미가 됩니다.

사운드의 소리가 크면 클수록 가깝게 들리는 것처럼 인식하게 되고 작으면 작을수록 멀리 있는 것처럼 인식하게 되어 결국 사운드 볼륨의 크기는 전체적인 공간감을 가지게 해 줍니다.

현재 만든 곡에서 보면 드럼, 베이스, 일렉트릭 피아노, 신디사이저 등 각기 다양한 음색을 가진 악기들이 배치되어 있습니다. 이러한 악기들이 낼 수 있는 음역대가 존재하는데 각각의 트랙들이 이러한 음역대를 한 번에 재생함으로써 소리들이 뭉그러지거나 혼탁하고 지저분한 사운드가 만들어지기도 합니다.

보다 명료하고 깔끔한 사운드를 만드는 것이 정답은 아니지만 '사운드를 들려준다', '사운드를 이야기한다'는 의미에서 보면 이것은 컴퓨팅 사고에서 평가하기 단계에 해당한다고 볼 수 있습니다.

좋은 사운드, 각각의 트랙에서 재생되는 사운드의 음색들이 서로 조화롭게 들려줄 수 있는 방법은 무엇일까요?

먼저 음악플레이어 예를 들면 아이튠즈와 같은 프로그램을 실행하여 자신이 선택한 음악의 다양한 이퀄라이저를 변경해 보면서 사운드의 음역대를 이해해 보기 바랍니다.

다음은 아이튠즈의 이퀄라이저를 캡처한 화면입니다.

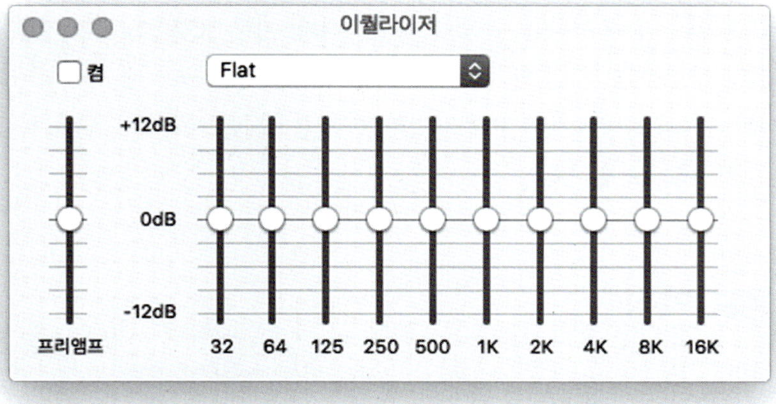

이퀄라이저는 주파수의 특성을 조정하는 기능을 가지고 있습니다. 사운드가 가진 특정한 주파수의 음역대를 올리거나(부스트) 내림(커트)으로써 각각의 사운드가 중첩되어 있는 영역들을 조화롭게 하는 기능을 제공합니다.

아이튠즈의 이퀄라이저를, 예를 들어 보컬의 경우 저음역대인 64~125Hz를 높이게 되면 음색이 둔탁한 소리가 나게 됩니다. 반면 고음역대 중에서 저음역대인 1KHz, 2KHz, 4KHz의 값을 부스트하면 보다 명료한 사운드가 나면서 다른 사운드보다 음이 앞으로 나오는 효과가 있습니다.

사운드 밸런스를 정리해 보면 다음과 같은 그림으로 나타낼 수 있습니다.

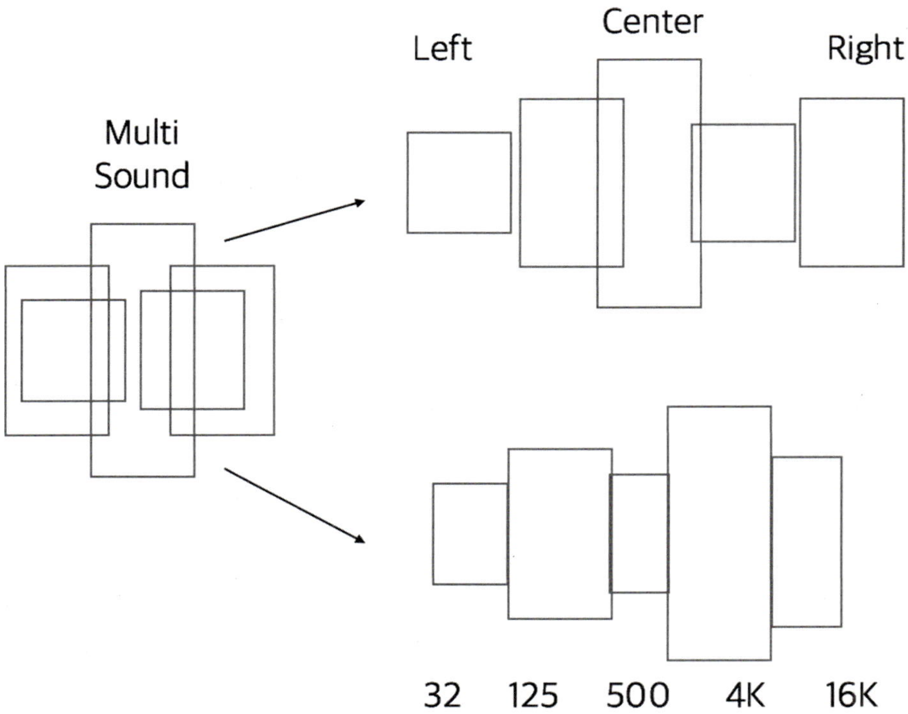

왼쪽에 있는 각각의 사운드들은 현재 5장에서 우리가 만들어 놓은 사운드입니다.

오른쪽 위에 표시되어 있는 사각형들은 패닝을 통해 각각의 사운드 트랙별로 필요한 부분들을 좌우로 배치시켜 주는 것입니다. 아래에 32~16K까지 표시된 것은 트랙별로 필요한 부분을 이퀄라이저의 트레블과 베이스를 적절히 조절하여 서로 겹치는 부분이 없도록 깔끔하고 명료한 사운드로 만들어주는 과정이라 볼 수 있습니다.

사운드는 결국 트랙별에서 나오는 볼륨들이 더해져서 하나의 완성된 형태로 연주된다고 보면 됩니다. 모두가 큰 소리를 내고 떠들면 누가 무슨 얘기를 하는지 알아들을 수 없는 것처럼 사운드도 마찬가지로 소리를 더한다는 개념이 아니라 0dB을 기준으로 소리를 뺀다는 개념으로 접근하는 것이 트랙별로 사운드의 밸런스를 조정할 때 효과적일 것입니다.

또한 사운드 밸런스를 조정할 때 사람이 작업하게 되는 것으로 청음을 하는데 한계가 있기 마련입니다. 가능하면 얼마간의 작업시간 후 충분히 쉬면서 귀의 피로도를 푼 다음 다시 믹싱하고 밸런스를 맞추는 작업을 진행하시기 바랍니다. 또한 다음에서 나오는 트랙별 밸런싱은 어디까지나 저자의 주관적인 감성과 느낌일 뿐 정답이 있는 것은 아니니 여러분만의 밸런싱 기법을 만드시길 추천 드립니다.

iOS 기반의 개러지밴드에서는 자세한 이퀄라이저 조정을 하기는 어렵습니다. 보다 세밀한 조정을 위해서라면 각각의 트랙별 사운드를 별도의 파일로 저장하여 PC 기반에서 믹싱과 마스터링을 진행하는 것을 추천합니다.

7.3 트랙별 밸런싱

7.3.1 드럼과 베이스

드럼 사운드는 곡에 있어서 가장 단단한 뒷받침이 되어야 하는 사운드입니다. 실제 공연을 하게 되면 먼저 사운드를 설정할 때 드럼의 킥 사운드를 맨 처음 셋팅하는 경우가 많이 있습니다.

록 레시피에서 만든 곡은 드럼이 전자드럼, 어쿠스틱 드럼 두 가지 종류를 같이 사용하기 때문에 두 트랙을 솔로로 선택하여 들어보시기 바랍니다.

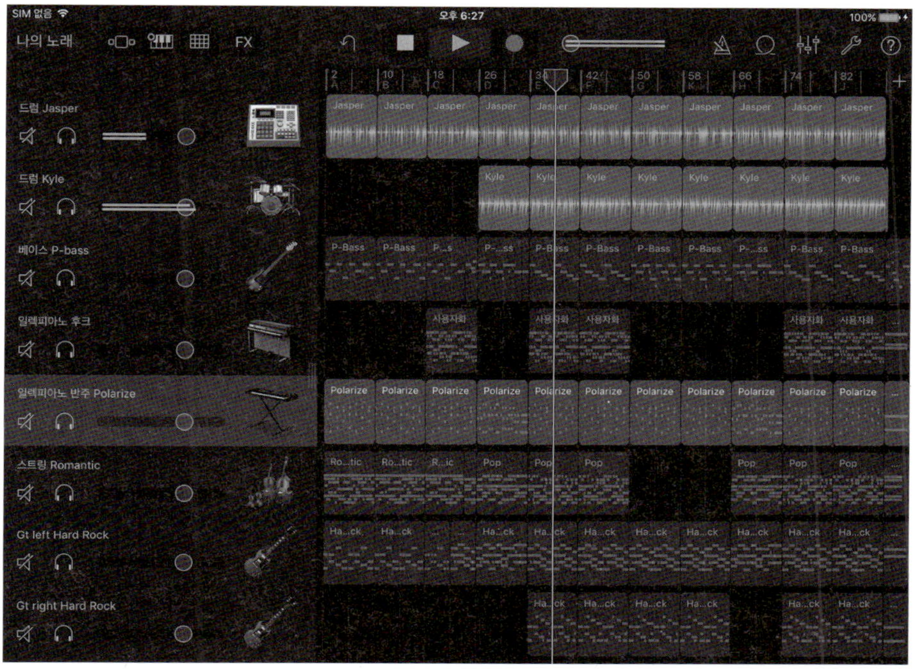

볼륨을 조절하였으면 베이스 솔로를 추가하여 같이 들어보시기 바랍니다. 보다 록적인 느낌을 강하게 하기 위해서 전자드럼의 볼륨을 다음과 같이 줄였습니다.

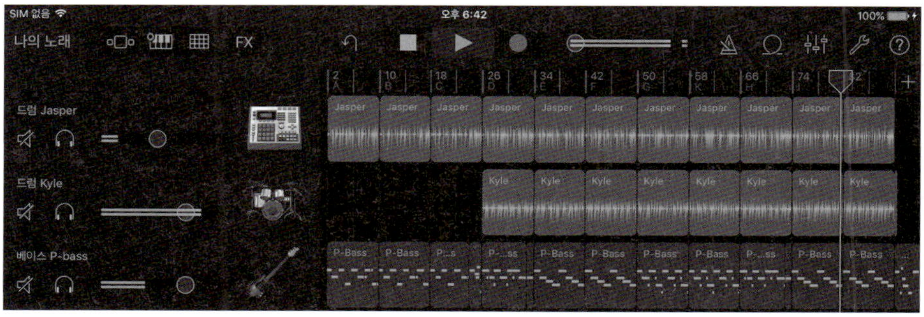

7.3.2 키보드, 스트링

키보드, 스트링 계열의 사운드 볼륨을 조절해 보겠습니다.

먼저 일렉피아노 후크를 솔로로 하여 주로 분포되는 음역대가 어디인지 찾아봅니다. 또한 사운드의 패닝(좌우)이 어떻게 진행되는지도 탐색해 봅니다.

후크되는 부분은 아르페지에이터가 2옥타브 음계로 좌우로 반복하면서 연주하고 있습니다. 사용되는 음역대가 고음 음역대이므로 베이스 음역대를 줄입니다.

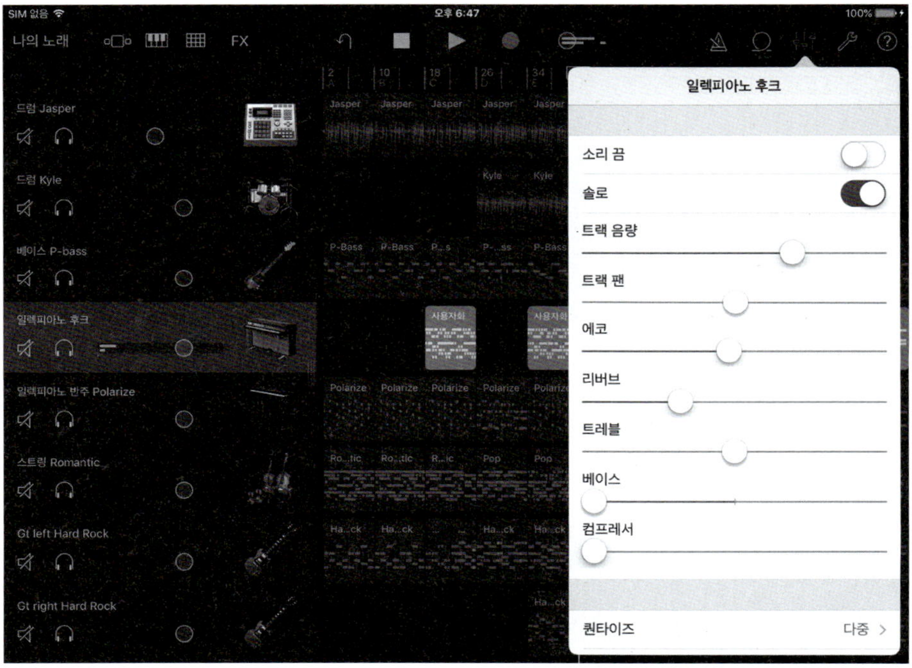

설정한 값을 기준으로 드럼, 베이스와 함께 들어보면서 다시금 사운드 밸런싱을 합니다.

또한 일렉피아노 반주 Polarize, 스트링 Romantic과도 같이 어울리는지 점검하여 봅니다.

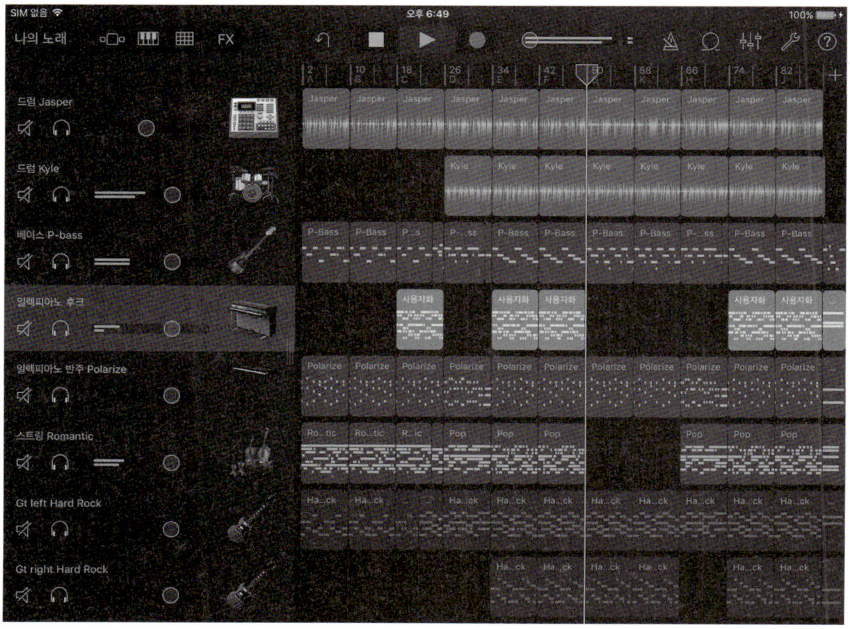

일렉피아노 반주 Polarize의 경우는 리버브를 좀 더 깊게 주었으며 트레블을 부스트하고 베이스를 약간 컷오프하였습니다. 또한 컴프레서 값을 조금 올려서 사운드를 조금 단단하게 만들어 반주의 느낌이 들 수 있도록 해 보았습니다.

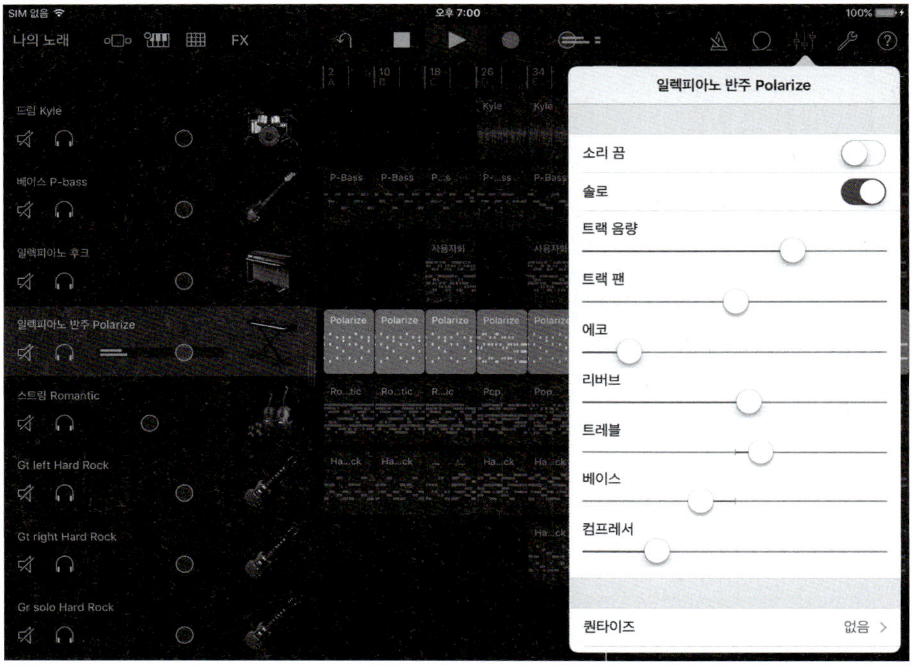

다른 키보드, 스트링 사운드와의 밸런스 조화가 이루어지는지 확인하기 위해 해당 트랙들만 솔로로 구성하여 들어봅니다.

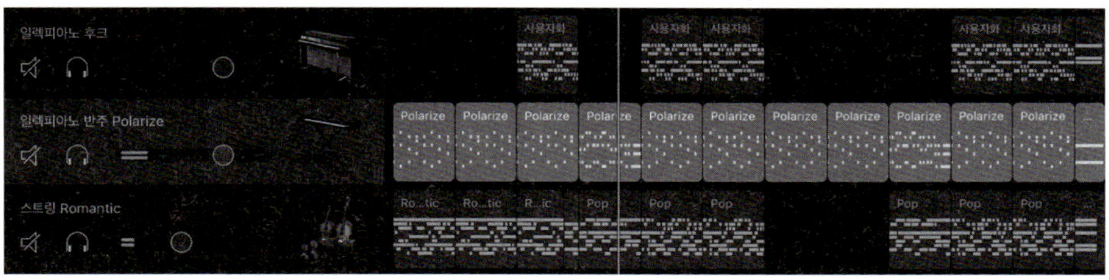

일렉피아노 반주 Polarize의 사운드 패닝을 약간 왼쪽으로 가져가서 연주하게끔 믹싱하였습니다. 또한 트레블, 베이스 및 컴프레서의 값들도 한 번 살펴보시기 바랍니다.

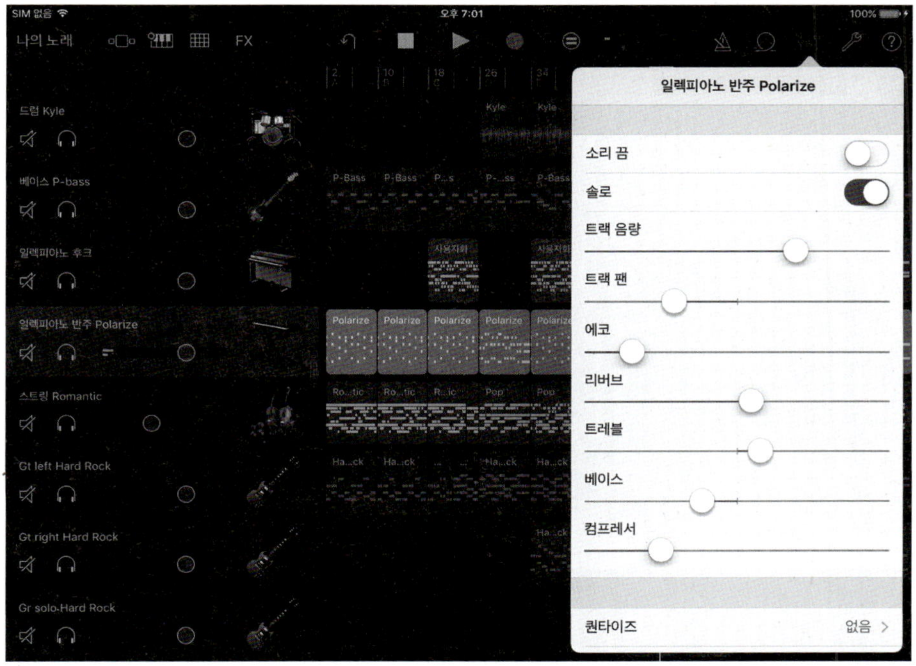

스트링 Romantic 사운드의 경우는 트랙팬을 오른쪽으로 가게끔 하였습니다. 믹싱에서 밸런싱을 하는 방법에는 정답이 없습니다. 사실 어떤 특정한 틀에 박혀있다면 보다 창의적인 음악을 만드는데 방해가 될 수 있습니다. 그렇다고 너무 틀에서 벗어나다보면 자신이 제작하고 있은 음악의 일반적인 구성에서 벗어날 수도 있으니 이러한 경계점에 대해서 잘 살펴보시기 바랍니다.

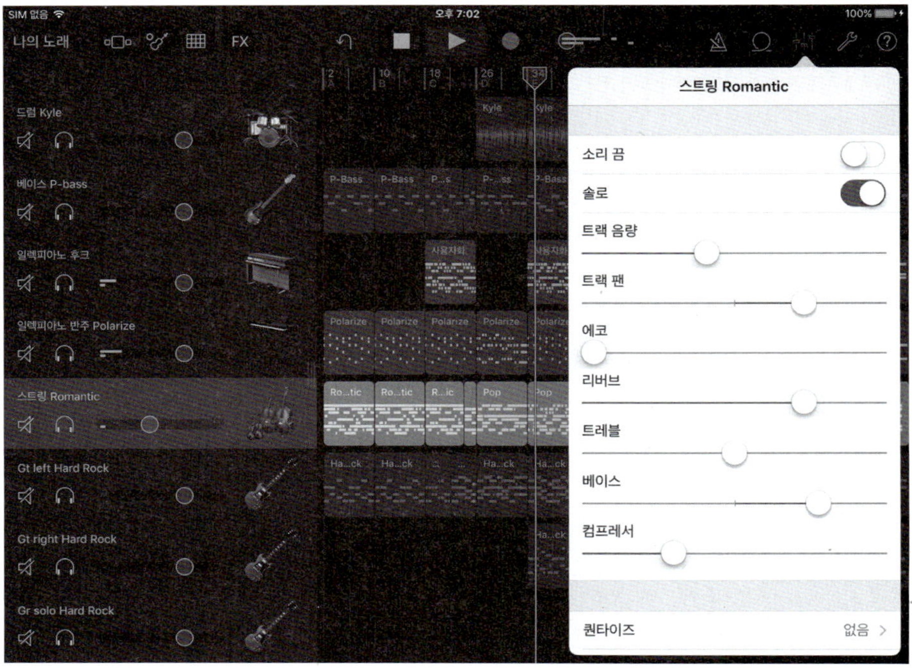
SIM 없음
오후 7:02
100%
나의 노래
FX
드럼 Kyle
베이스 P-bass
일렉피아노 후크
일렉피아노 반주 Polarize
스트링 Romantic
Gt left Hard Rock
Gt right Hard Rock
Gr solo Hard Rock
스트링 Romantic
소리 끔
솔로
트랙 음량
트랙 팬
에코
리버브
트레블
베이스
컴프레서
퀀타이즈
없음

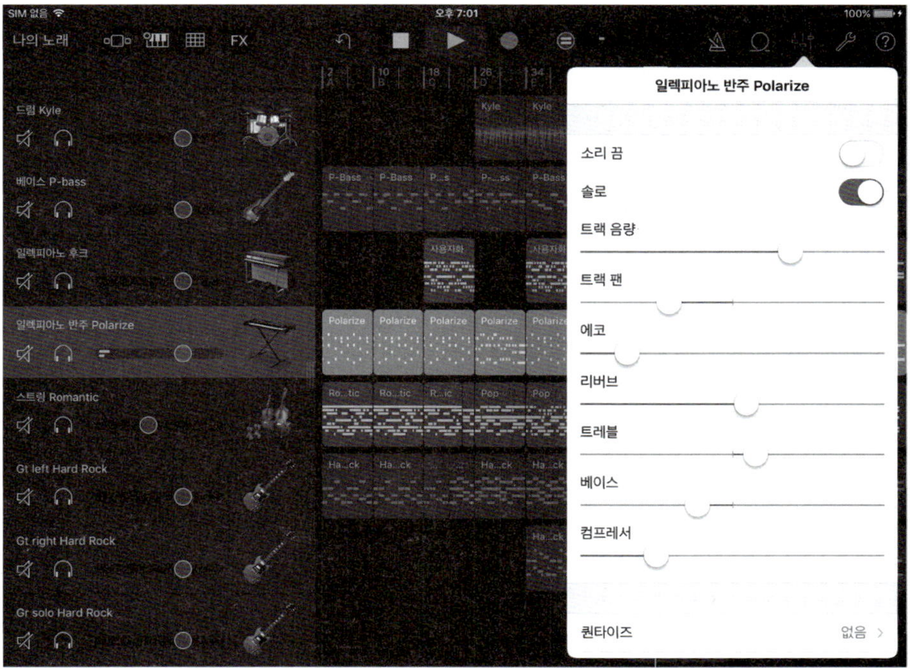
SIM 없음
오후 7:01
100%
나의 노래
FX
드럼 Kyle
베이스 P-bass
일렉피아노 후크
일렉피아노 반주 Polarize
스트링 Romantic
Gt left Hard Rock
Gt right Hard Rock
Gr solo Hard Rock
일렉피아노 반주 Polarize
소리 끔
솔로
트랙 음량
트랙 팬
에코
리버브
트레블
베이스
컴프레서
퀀타이즈
없음

7.3.3 기타

다음으로는 기타 사운드에 대한 밸런싱입니다. 기타 트랙은 크게 3트랙으로 구성되어 있습니다. 기본적인 반주성격의 사운드를 내는 GT left Hard Rock, GT right Hard Rock이 있으며 솔로부분을 담당하고 있는 GT Solo Hard Rock으로 구성됩니다.

우선 GT left Hard Rock과 GT right Hard Rock은 왼쪽과 오른쪽으로 슬라이드를 각각 패닝합니다.

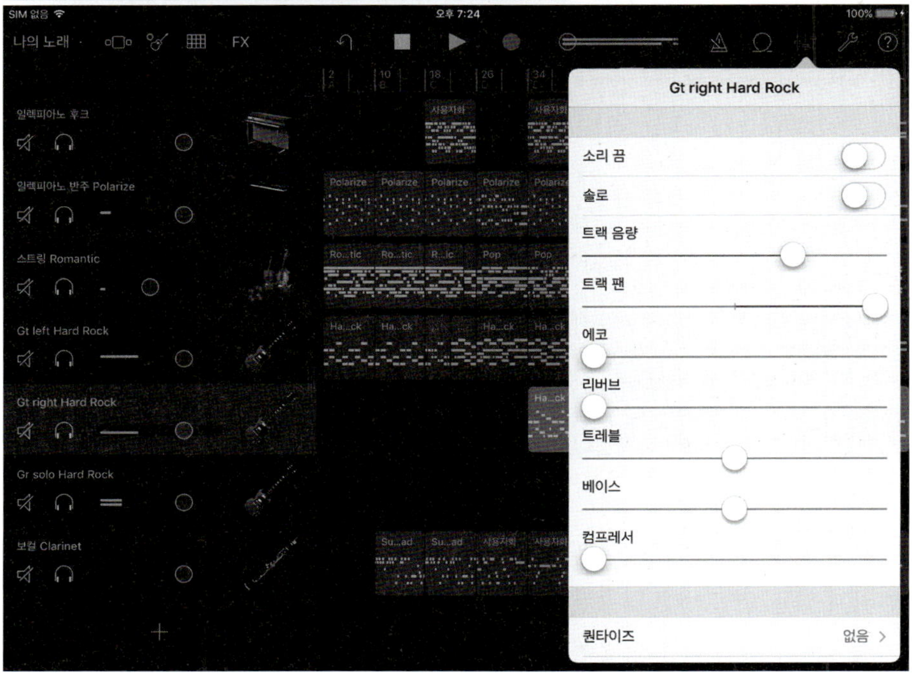

기타 솔로와 관련된 Gt Solo Hard Rock의 부분은 에코와 리버브의 값을 약간 줍니다.

7.3.4 보컬 Clarinet

보컬의 역할을 하고 있는 클라리넷의 경우 사운드의 크기가 너무 크기 때문에 볼륨만 약간 줄여주도록 합니다.

7.3.5 트랙별 자동화

전체 트랙을 다시금 들어보면서 부족한 부분을 밸런싱합니다.

음악이 시작되면서 바로 드럼사운드의 크래쉬 소리가 강하게 나오므로 사운드의 볼륨이 천천히 올라가도록 할 필요가 있습니다. 이를 위해 다음과 같이 자동화를 추가해 줍니다.

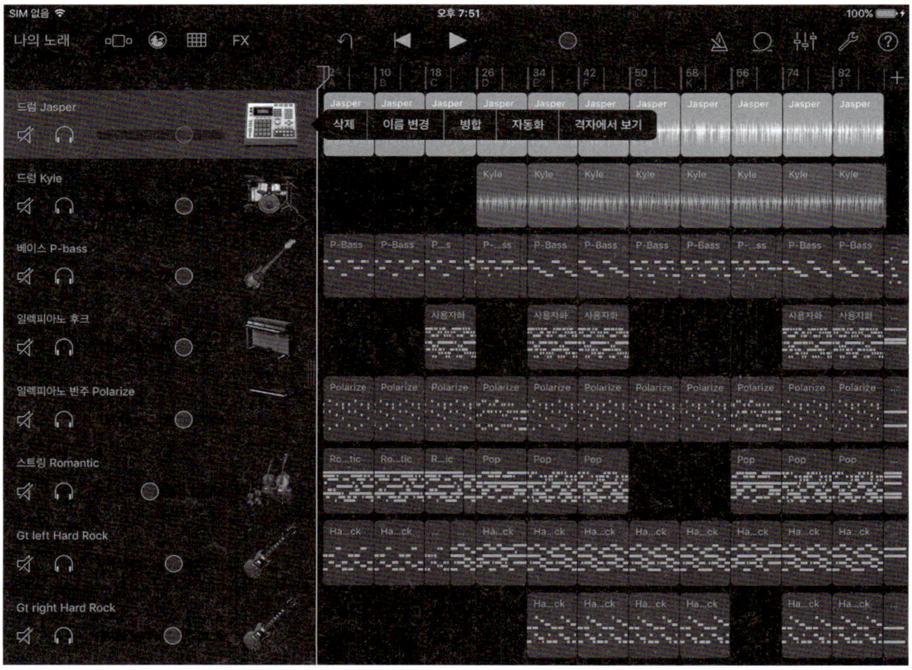

자동화 할 트랙을 이중탭하면 위와 같이 팝업메뉴가 나옵니다.

왼쪽 위에 있는 연필 버튼을 오른쪽으로 슬라이드 한 다음 편집모드에서 자동화 할 시점에 손가락으로 탭하면 다음과 같이 포인터가 생깁니다. 원하는 영역으로 포인터를 드래그하여 자동화 그래프를 완성합니다.

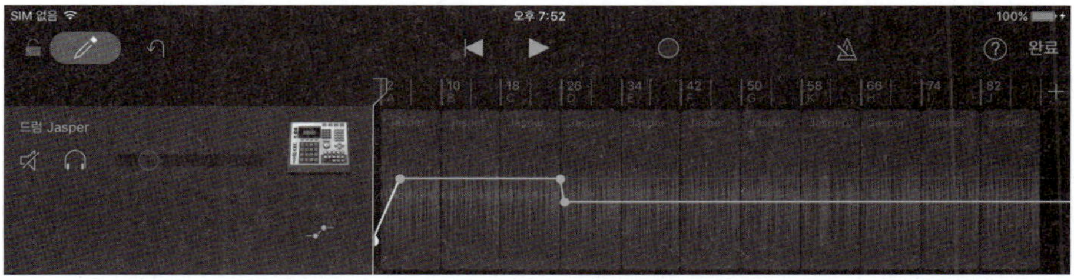

스트링 부분에서도 아래와 같은 자동화 포인터를 추가하였습니다.

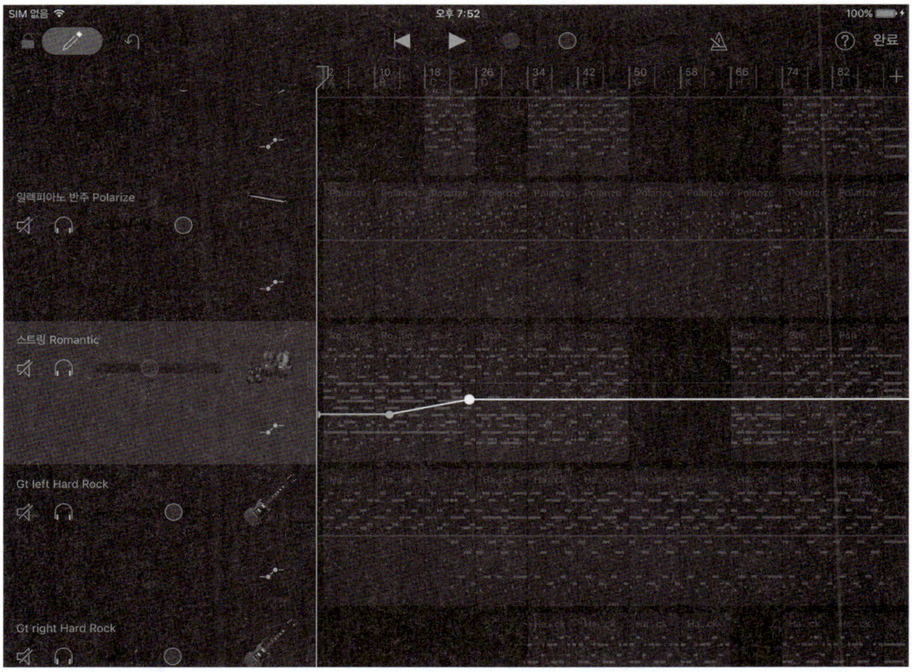

7.3.6 전체 트랙 평가(Evaluation)

전반적인 트랙에 대한 평가를 거쳐서 전체적인 밸런싱을 조정합니다. 또한 밸런싱하는 가운데 필요한 부분을 추가하거나 보완하여 곡을 완성하면 됩니다.

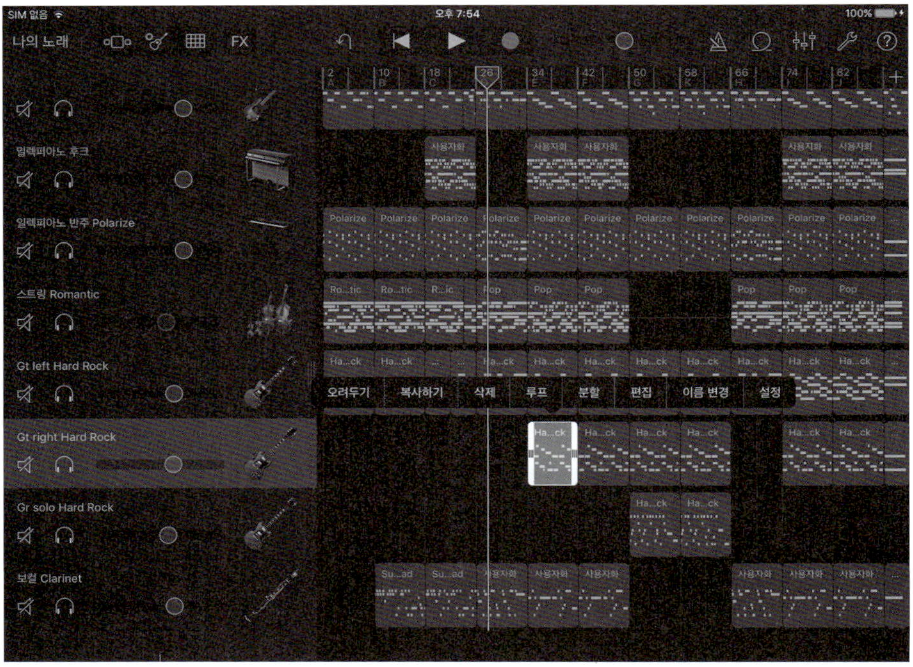

아래에서 기타 사운드의 한 패턴을 앞소절에도 추가하였습니다.

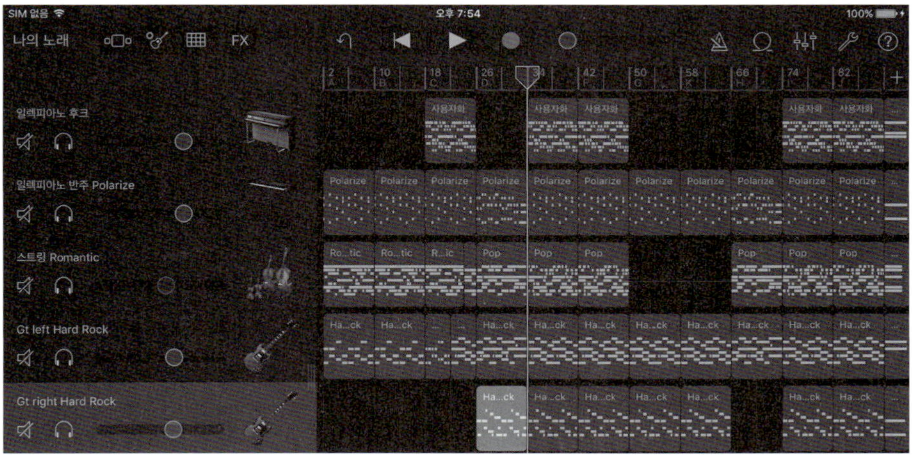

7.3.7 루프로 간략화

트랙별 멜로디 로직이나 패턴이 반복된다면 루프 기능을 활용하여 프로세서 처리 부담을 덜어주어 사운드 처리속도를 개선할 수 있습니다. 곡을 만들때부터 루프를 활용하면 더욱 좋겠지만 곡을 완성하는 마지막 단계에서 전체적인 흐름을 보고 판단하는 것도 나쁘지만은 않은 방법입니다.

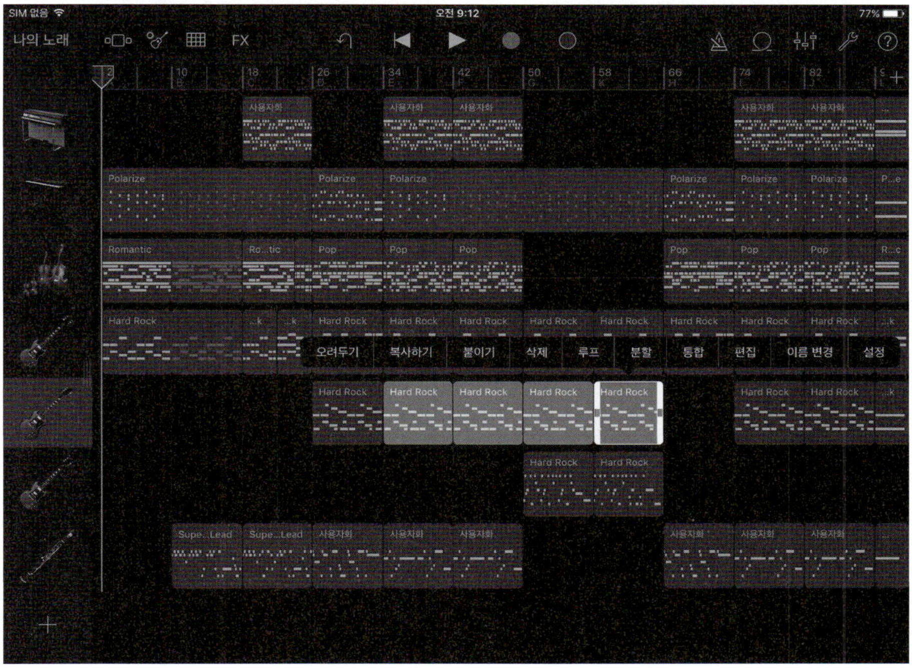

위와 같이 반복되는 패턴에서 맨 앞부분을 제외하고 나머지는 삭제합니다. 그 다음 맨 앞부분을 선택하여 이중탭한 다음 루프를 탭하게 되면 나머지 마디까지 루프된 패턴이 채워지게 됩니다.

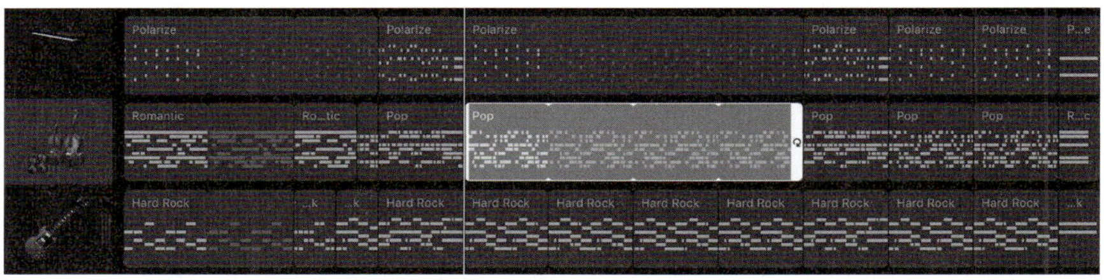

마찬가지로 다른 부분들도 반복되는 부분이 있다면 루프처리를 해 주면 사운드 프로세서 처리 속도를 높일 수 있습니다.

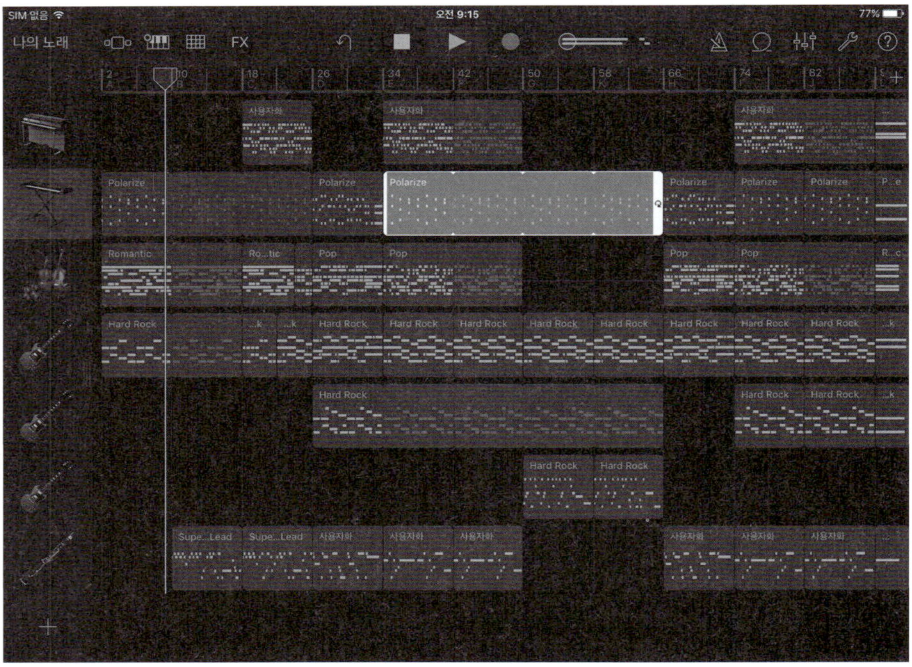

CHAPTER 8

퍼블리시

컴퓨팅 사고를 기반으로 곡을 만들기 위해 작업했던 일련의 절차들을 다시 한 번 살펴봅시다.

첫 번째, 처음에 만들고자 하는 곡과 스타일이 비슷한 여러 가지 곡들을 찾아보면서 그 곡에 대한 분해(Decomposition)를 통해서 기초적인 로직(멜로디)를 찾아보았습니다.

두 번째, 로직을 찾고나면 반복되는 패턴들(Patterns)을 찾아보면서 그 로직이 어떻게 진행되며 흘러가는지에 대해서 살펴보았습니다.

세 번째, 이제 패턴들을 찾아보았으니 그 패턴들의 결합으로 이루어진 하나의 흐름, 즉 곡의 구성(Intro-Verse-Pre Chorus-Chorus-Solo-Verse-Bridge-Chorus)으로 연결되는 하나의 알고리즘에 대해서 알아보았습니다.

네 번째, 만들어진 알고리즘을 여러 번 다시 듣고 평가(Evaluation)하면서 패턴을 고치기도 하고 수정하는 과정 속에 하나의 곡을 완성하였습니다.

사실 이 책에서는 곡을 만드는 과정 속에서 컴퓨팅 사고의 절차를 학습하고 이해하는 가운데 여러 가지 문제들(곡을 쓰는 것)을 직면하였을 때 어떻게 그 문제들을 해결해 나가는지에 대해서 배워본 것입니다. 삶을 살아가면서 음악을 하는 것 이외에도 여러 가지 다양한 문제들에 직면하게 됩니다. 이러한 문제들을 자신의 경험을 살려 컴퓨팅 사고 기반의 절차적 사고로 해결해 나간다면 보다 새롭고 참신한 아이디어를 자신의 것으로 만들 수 있는 능력이 길러질 것이라 생각합니다.

이번 장에서는 자신이 만든 곡을 이제 다른 사람들과 공유하는 방법에 대해서 알아보도록 하겠습니다. 음원을 유통하는 방법은 많이 있습니다. 디지털 싱글, 디지털 앨범, 음원 유통사 등을 검색하면 수 많은 디지털 콘텐츠를 유통하는 회사들을 찾아볼 수 있습니다.

8.1 공유

자신이 만든 곡을 새롭게 편집하거나 아이디어를 다른 사람들과 공유하고 싶을 때 다음과 같은 방법을 사용할 수 있습니다.

선택을 탭하여 자신이 만든 곡을 선택합니다. 저는 화면 맨 왼쪽에 있는 07 루프 알고리즘 록 레시피라는 곡을 선택하였습니다.

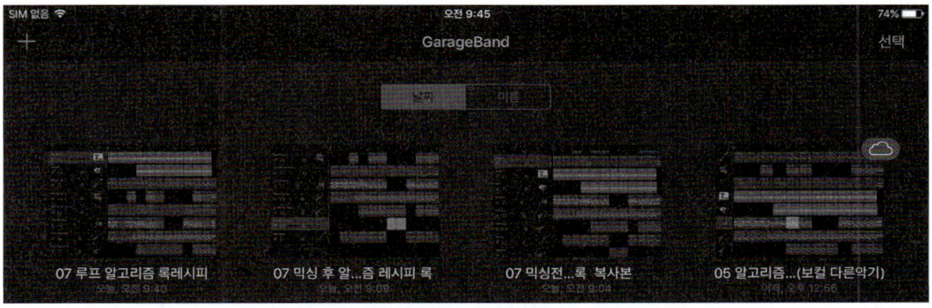

왼쪽 위에 있는 공유 아이콘 을 탭합니다.

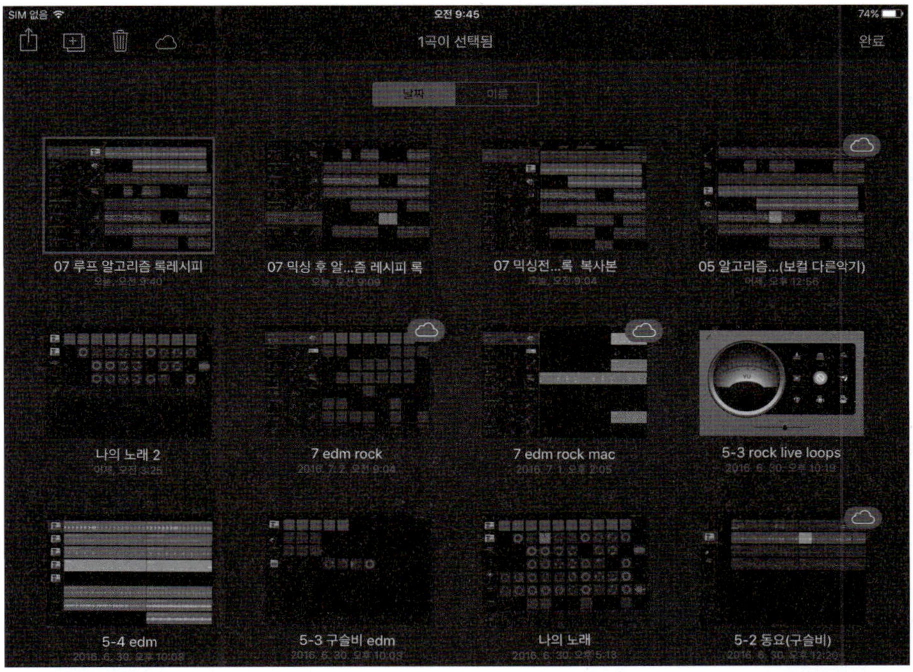

다음과 같이 공유할 수 있는 아이콘을 탭합니다.

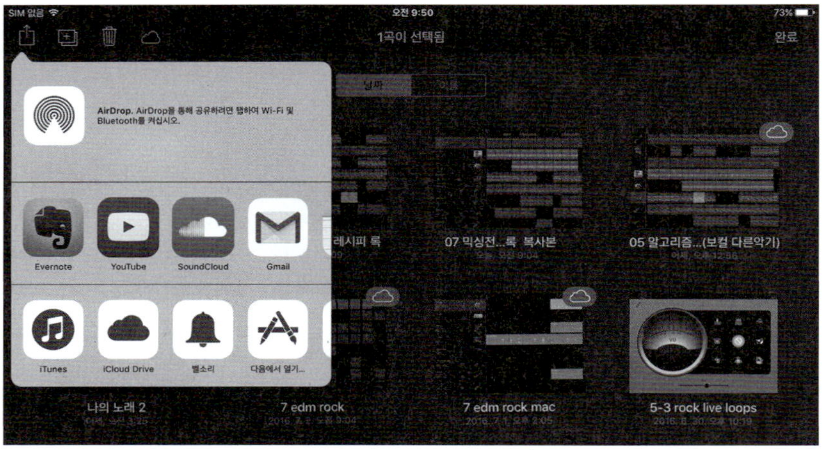

8.1.1 파일 공유

1) 메일

Gmail 또는 기본 메일로 공유하는 방법입니다. 공유할 곡의 파일이 첨부되어 메일로 전송됩니다.

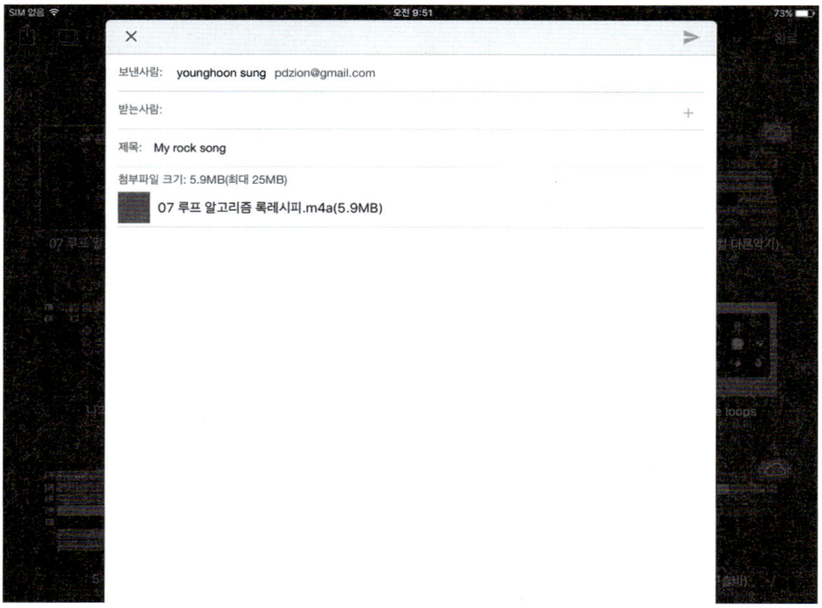

2) 에버노트

간단하게 입력할 내용과 카테고리 등을 선택하고 저장하면 됩니다.

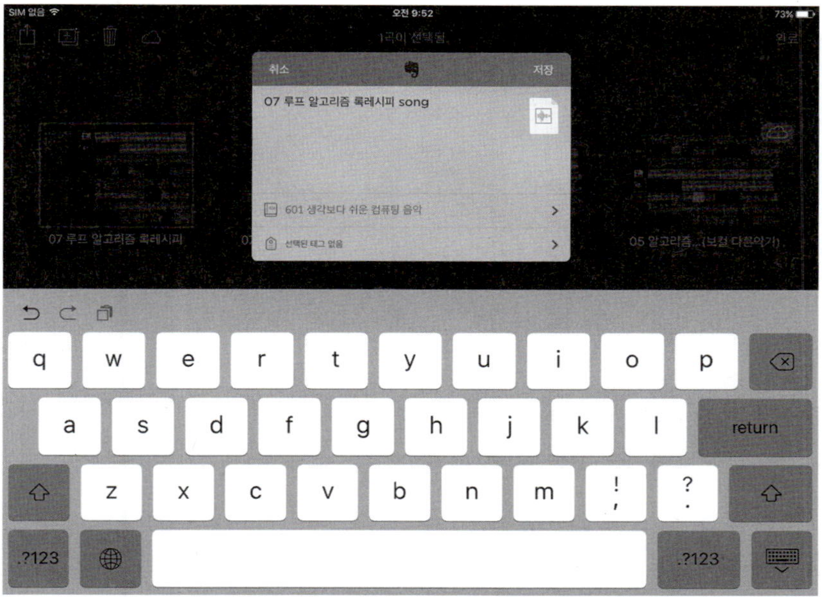

3) iCloud

아이클라우드는 믹스다운된 음원를 업로드하는 방법과 개러지밴드 프로젝트 파일을 다른 기기들과 공유하는 방법이 있습니다.

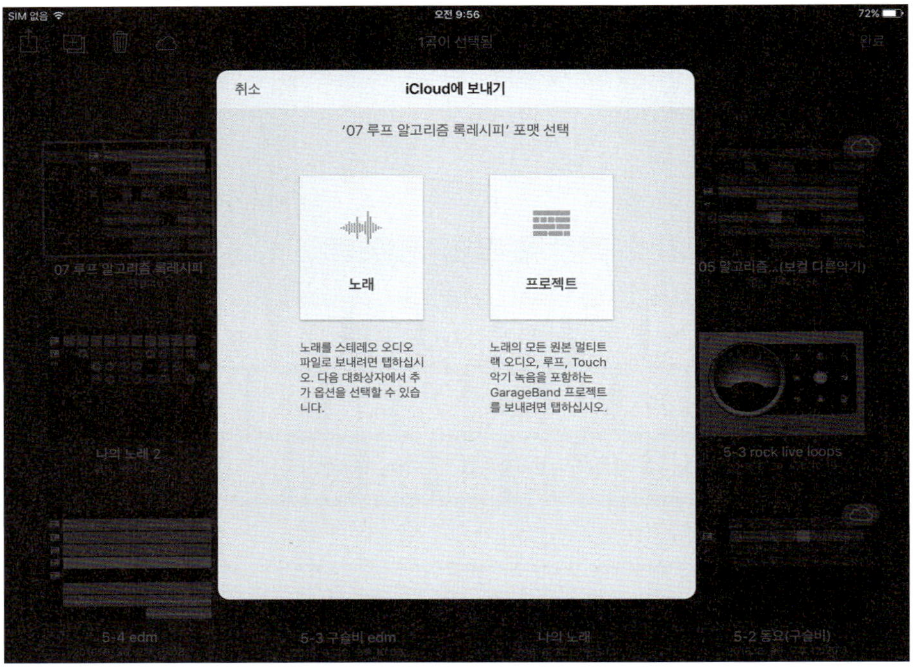

■ 노래(음원)로 공유

노래(음원)로 공유하는 방법은 오디오 음질을 선택할 수 있습니다. 저음질(64kBit/s)에서부터 압축되지 않은 음원(AIFF, 44.1kHZ/16비트)까지 다양한 음원파일 형식으로 공유할 수 있습니다. 물론 압축되지 않은 음원의 경우에는 파일의 크기가 늘어날 수 있으니 이 점 유의하시기 바랍니다.

또한 다음과 같이 음원의 사진을 별도로 선택할 수 있습니다.

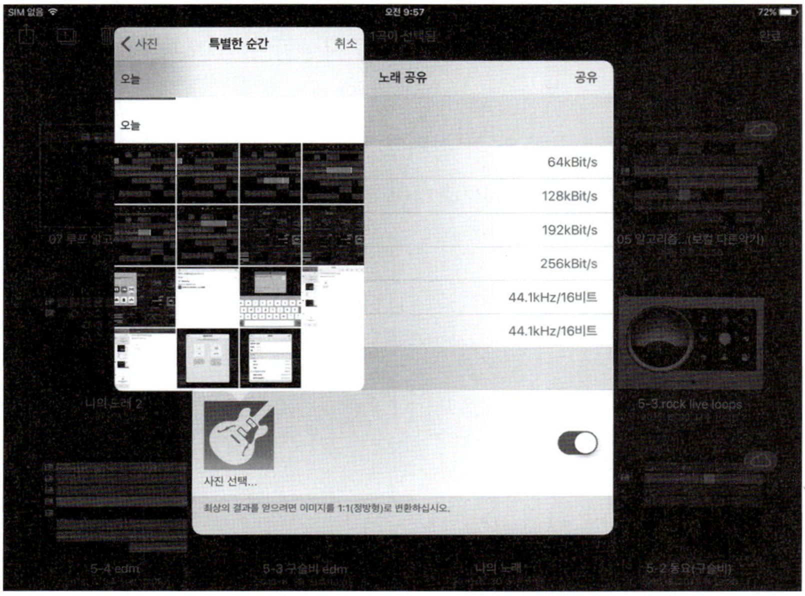

기본적인 설정을 마치고 공유를 탭하면 공유하는 파일을 저장하는 위치를 선택하는 화면이 나타납니다.

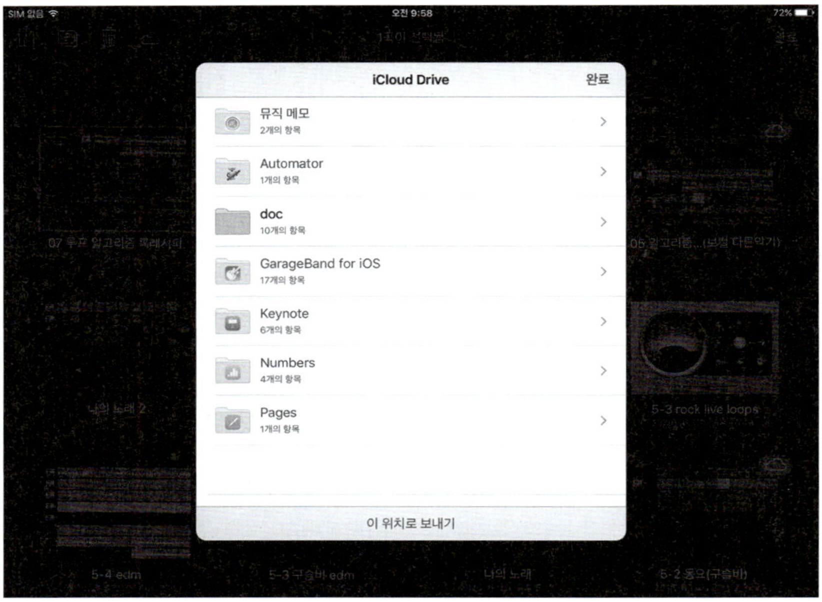

개러지밴드 프로젝트 파일이 아니므로 뮤직메모나 GarageBand for iOS 폴더 등 다른 폴더에는 저장할 수 없으며 사용자가 생성한 폴더에 저장할 수 있으니 이 점 확인하시기 바랍니다.

저장하고 싶은 폴더를 선택한 다음 이 위치로 보내기를 탭하면 음원(파일)이 업로드 되어 다른 기기에서 iCloud를 통하여 파일을 내려받아 활용할 수 있습니다.

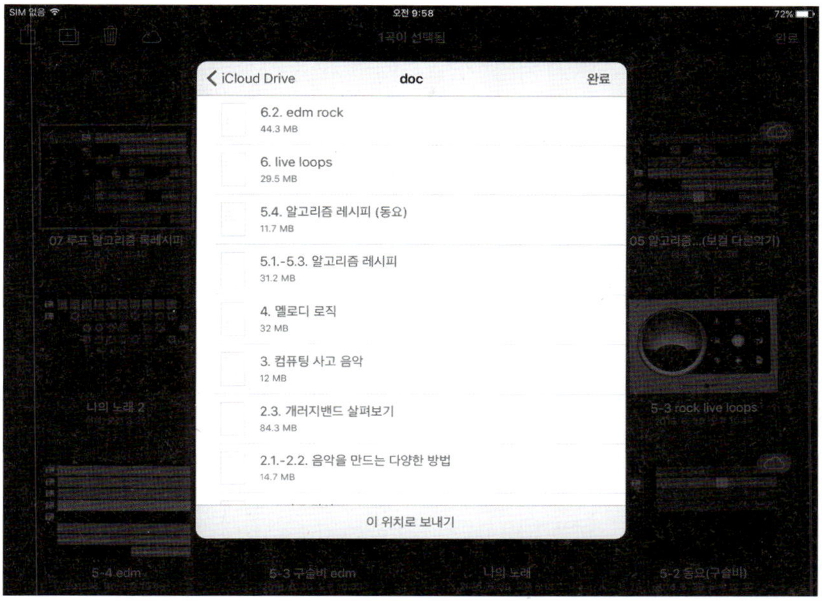

■ 프로젝트 파일 공유

프로젝트 파일로 보내려면 iCloud에 보내기에서 프로젝트를 탭하면 됩니다.

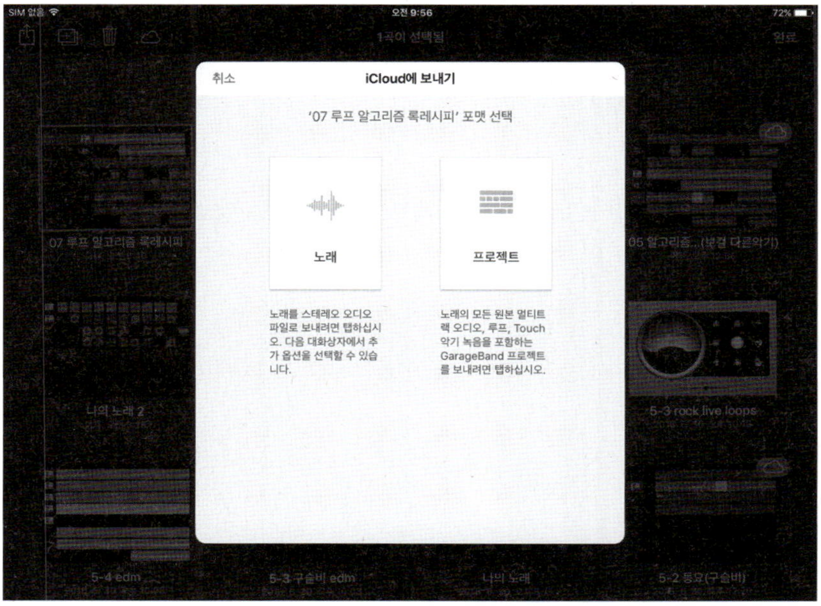

보내고 싶은 폴더의 위치인 뮤직메모, GarageBand for iOS 폴더 중에서 선택하여 프로젝트 파일을 보내면 됩니다. 사용자의 앱 설치환경에 따라서 화면의 내용이 달라질 수 있습니다.

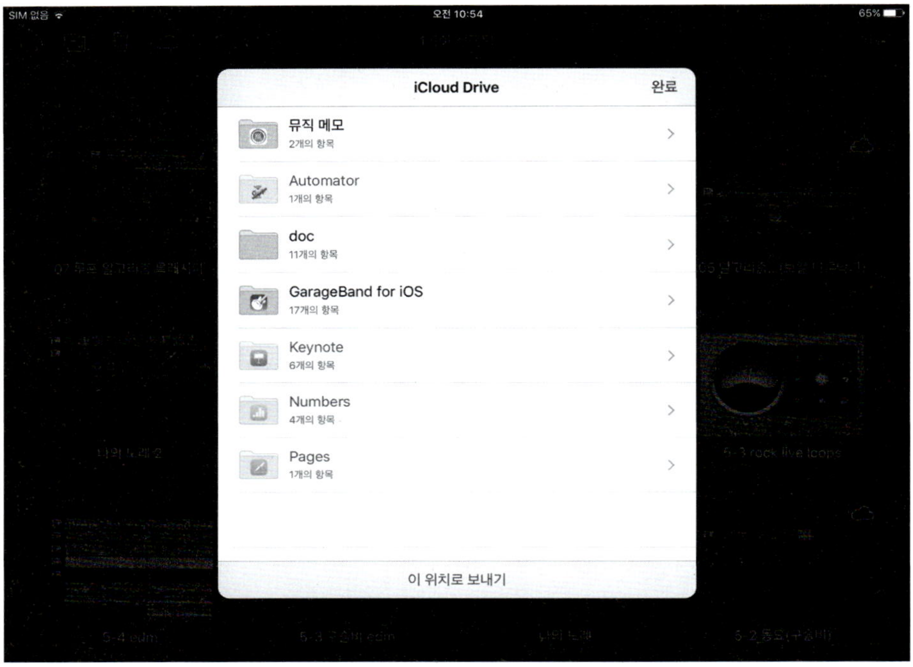

■ iCloud에 노래 업로드

다음과 같이 을 탭하면 iCloud에 프로젝트 파일을 바로 업로드 할 수 있습니다.

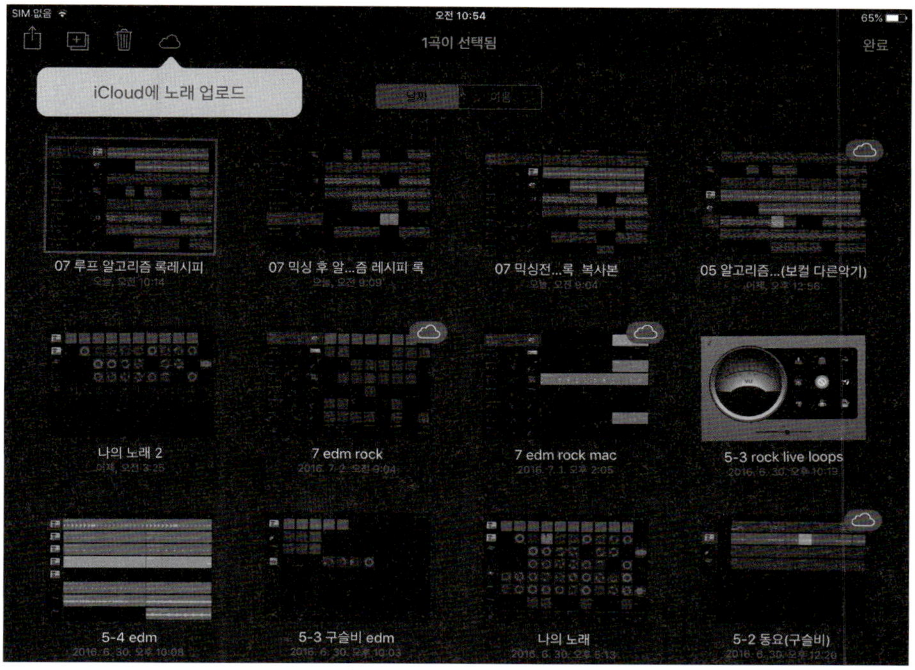

8.1.2 포털 공유

만든 노래 음원을 다양한 음원 공유 스트리밍 서비스 업체 및 소셜네트워크 업체에 다음과 같이 공유할 수 있습니다.

1) 사운드클라우드

사운드 클라우드(www.soundcloud.com)는 독일 베를린에 본사가 있는 음악 스트리밍 업체로 사용자가 만든 음원을 자유롭게 공유하고 다운받을 수 있는 음원 공유 스트리밍 업체입니다. 사용자들이 자신의 음원을 공유하고 있기도 하고 전세계 음악가들이 공식적으로 곡을 공개하는 플랫폼으로서도 활발히 사용되고 있습니다.

선택한 노래를 사운드클라우드로 보내기 위해 탭하면 계정이 로그인 상태인지 체크합니다. 계정이 로그인 되어 있지 않다면 다음과 같은 화면이 나타납니다.

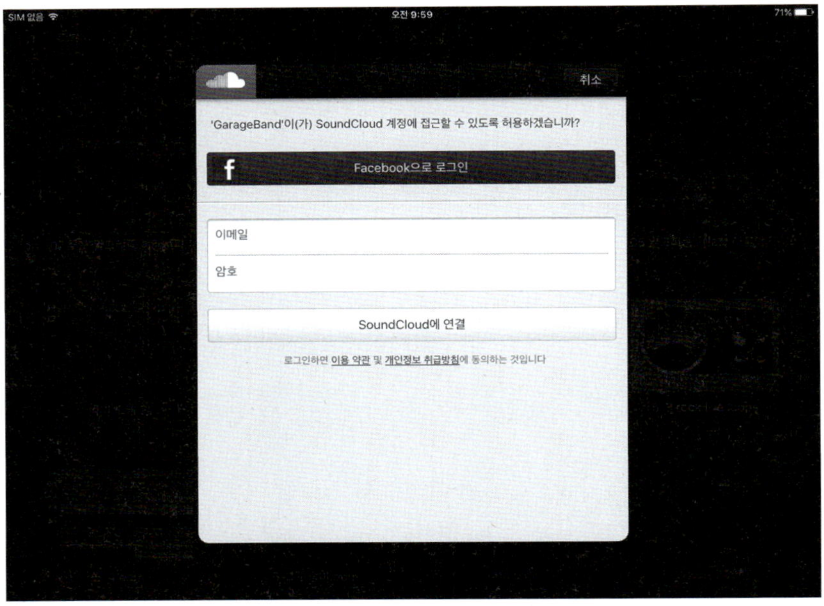

페이스북 계정으로 접속해 보겠습니다.

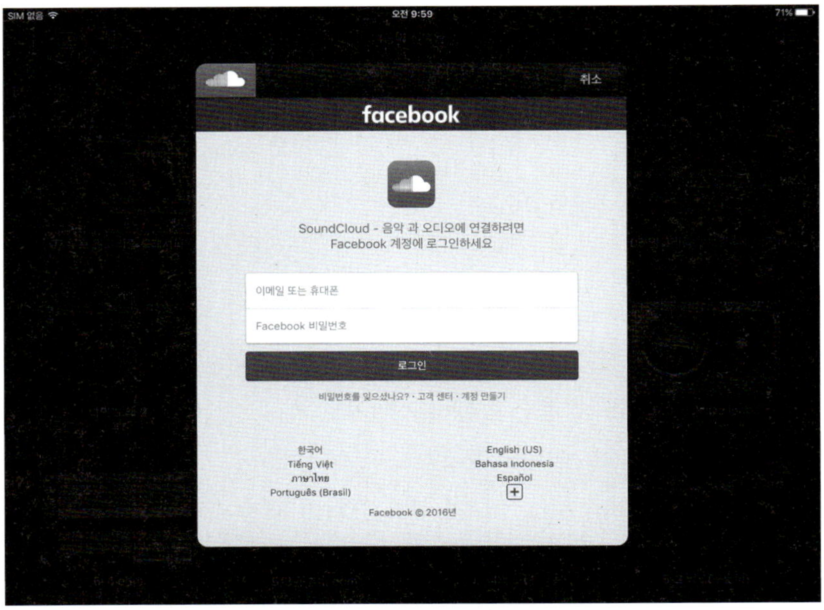

간단하게 로그인하고 사운드클라우드에 공유권한 설정을 완료하고 나면 다음과 같은 화면이 나타납니다.

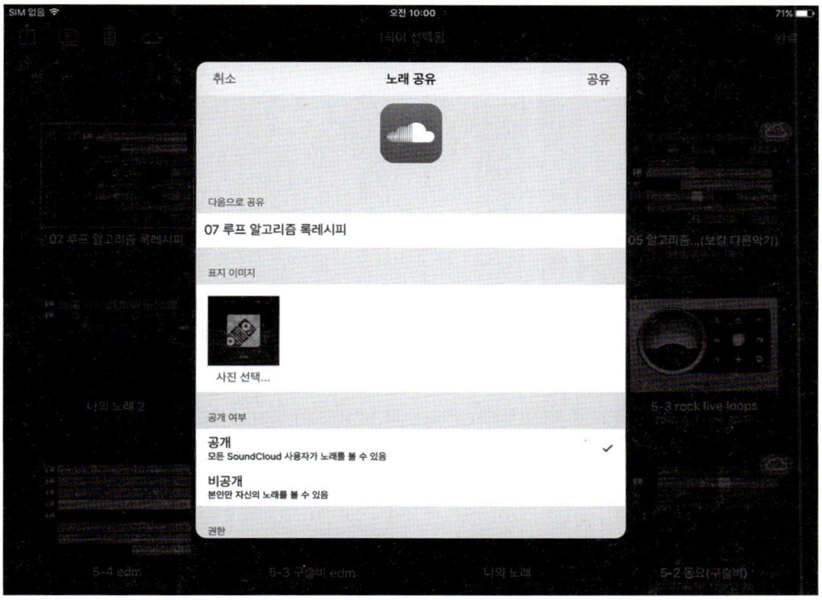

공유하고 싶은 내용을 적고 대표 사진을 선택한 다음 공개여부에 대한 권한 설정(공개, 비공개)을 합니다. 공유될 음원의 품질을 저음질(64kBit/s)부터 압축되지 않음(44.1kHz/16비트)까지 선택할 수 있습니다. 설정을 마치고 상단의 공유를 탭합니다.

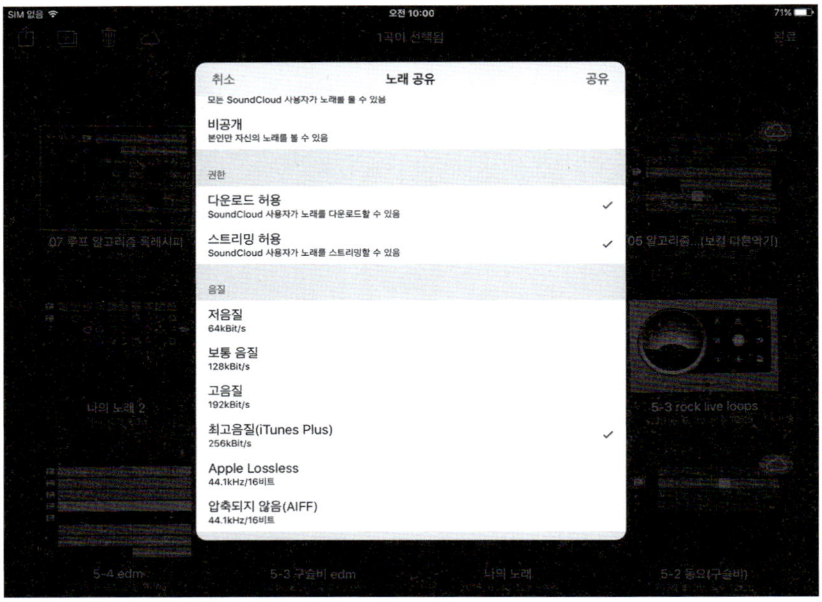

다음의 화면은 사운드클라우드에서 공유된 화면입니다.

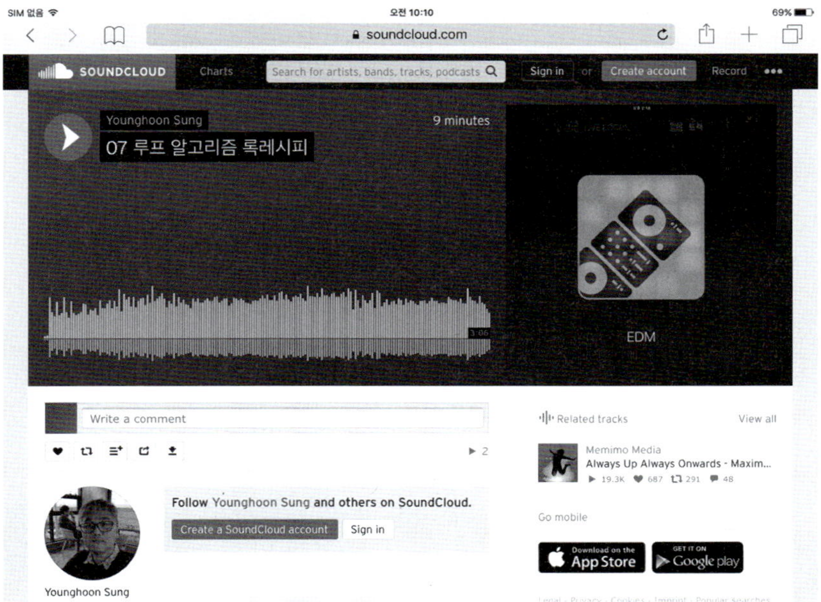

2) 유튜브

다음과 같이 공유할 파일을 선택하고 유튜브 아이콘을 탭하면 유튜브 계정으로 로그인 되어 있는지를 체크합니다.

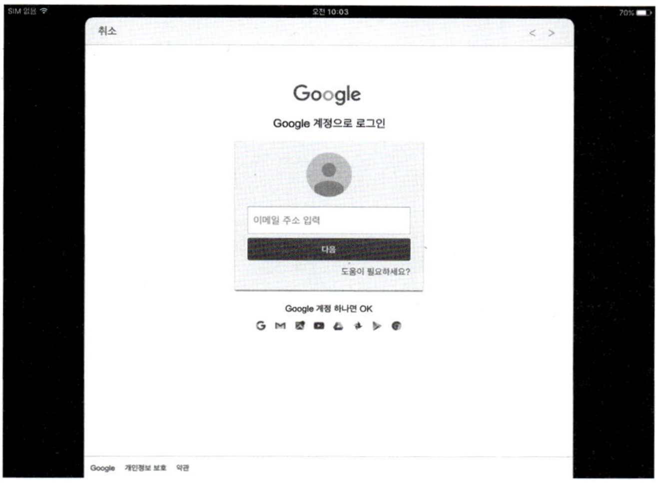

간단한 로그인 과정을 거치면 다음과 같이 공유할 수 있는 화면이 나타납니다.

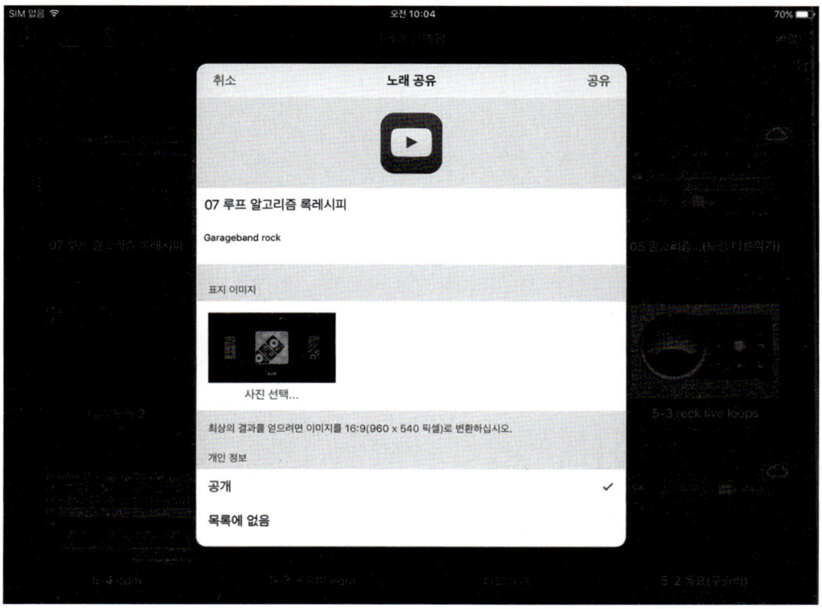

간단한 옵션을 설정하고 공유를 탭하면 유튜브에 만든 음원을 공유할 수 있습니다.

3) 페이스북

페이스북에 자신의 음원을 공유해 보겠습니다.

페이스북 아이콘을 탭합니다. 자신의 스마트기기에 계정설정이 되어 있지 않다면 계정정보를 입력하시면 됩니다.

마찬가지로 공유하는 방법은 똑같습니다. 간단한 정보와 사진입력, 공유권한 범위를 설정하고 공유를 탭하시면 됩니다.

자신이 만든 음원이 공유된 화면입니다.

컴퓨팅 사고를 기반으로 뮤직코딩을 통해 자신만의 음악을 만들고 이것을 다른 사람들과 공유하는 방법에 대해서 전체적으로 살펴보았습니다. 알파고가 인간과의 대결에서 승리하여 인공지능에 대한 다양한 이슈를 불러온 것도 분명 중요한 사건 중의 하나이지만 예술적인 영역에서 만큼은 인간의 감수성을 따라잡기에는 아직은 부족하다고 생각하고 있습니다.

여러분들은 이 책을 통해서 자신의 영감을 뮤직코딩을 통한 방법으로 음악적으로 어떻게 표현하는가에 대해서 배웠습니다. 거리를 걷다가 무심코 바라 본 하늘 위에 떠오르는 자신의 행복감을 세상 속에 단 하나뿐인 자신만의 예술적인 음악으로 표현하고 공유할 수 있게 되기를 기대해봅니다.

찾아보기

성영훈 *yhsung@cue.ac.kr*

공학박사
컴퓨터과학전공(컴퓨터시스템)
진주교육대학교 컴퓨터교육과 교수
컴퓨팅융합교육연구소 소장

정가 20,000원

개러지밴드로 풀어보는 컴퓨팅 사고

2016년 9월 20일 초판 인쇄
2016년 9월 30일 초판 발행
저 자 : 성영훈
발행자 : 우명찬 · 송 준
발행처 : 홍릉과학출판사
주 소 : 서울시 강북구 인수봉로 50길 10
01093
등 록 : 1976년 10월 21일 제5-66호
전 화 : (02) 999-2274~5, 903-7037
팩 스 : (02) 905-6729
e-mail: hongpub@hongpub.co.kr
http://www.hongpub.co.kr
ISBN: 979-11-5600-466-0

저자와의 협의하에 인지생략